연변 지역어의 접미파생법 연구

연변 지역어의 접미파생법 연구

초판 1쇄 발행 2022년 12월 30일

지은이 이춘영(李春英)
펴낸이 김길준
펴낸곳 (학)신구학원신구문화사

등록 1968. 6. 10. 제1-205호
주소 경기도 성남시 중원구 광명로 377, 1층(금광동, 우촌학사)
전화 031-741-3055~6
팩스 031-741-3054
이메일 shingupub@naver.com
홈페이지 www.shingubook.com

ISBN 978-89-7668-271-0 93700

* 지은이와 협의에 따라 인지는 생략합니다.
* 값은 뒤표지에 있습니다.

연변 지역어의 접미파생법 연구

이춘영(李春英) 지음

(학)신구학원 신구문화사

머리말

필자는 태어나서 대학교를 졸업할 때까지 줄곧 연변 지역에서 살며 함북 방언에 기초한 연변 지역어를 써 왔다. 대학교에 입학하기 전까지는 연변 지역어 외에 중국에서 쓰이는 한국어의 다른 방언에 대해서는 잘 알지 못했었다. 간혹 우리와 억양이 다른 말투를 쓰는 사람들이 있었는데 막연하게 그들을 '남도치' 혹은 '안쪽 사람'이라 불렀던 기억은 있지만 그들이 사용하는 언어에 대해 크게 의미를 두고 생각해 본 적은 없었다.

대학교에 입학해서 연변 지역이 아닌 다른 지역에서 온 친구들을 통해 중국에서 연변 지역어 외에도 한국어의 여러 방언들이 쓰인다는 사실을 알게 되었다. 휴대폰이 보급되지 않았던 때라 저녁이 되면 공중전화기 앞에는 항상 고향 집이나 친구에게 안부전화를 하는 학생들이 길게 줄을 서서 자기 차례를 기다리고 있었다. 그때 얼떨결에 들었던 친구와 아버지와의 통화는 나에게 신선한 충격으로 다가왔었다. "뭐? 친구가 아니라 아버지였어?", "아버지에게 반말을 한다고?"...... 전공 수업을 들으면서 이런 의문들도 해소되었고 중국에서 쓰이는 여러 방언들에 대해 알아 가게 되었다. 무슨 수업이었던지, 어느 선생님이었던지는 기억이 나지 않지만 방언의 특성을 설명하면서 들었던 예문 "덩거당에 던기불이 번떡번떡한다"는 20여 년이 지난 지금도 기억에 생생하다.

함북 방언 나아가 연변 지역어에 대해 관심을 가지게 된 것은 대학원 과정에 입학하여서부터였다. 한국어 방언 중에서 가장 보수적이면서도 이질적인 요소를 많이 지닌 고립 방언으로 알려져 있는 함북 육진 방언은 음운, 어휘, 문법 면에서 고어의 형태가 많이 남아 있다. 뿐만 아니라 아직 파생어 형성 연구에서는 종합적이고 본격적인 연구가 이루어지지 않았다. 이러한 실정으로부터 출발하여 필자는 함북 방언에 기반을 둔 연변 지역어의 접미파생의 양상을 밝히는 것을 학위논문 주제로 잡게 되었다. 바로 방언조사를 진행하였고 오랜 방황과 시련 속에서 기나긴 집필 과정을 거쳐 논문을 완성하였다. 이 책은 바로 2016년 2월 서울대학교 대학원에 제출하였던 박사학위논문을 수정하고 보완한 것이다.

방언의 파생어 형성 과정에 대한 고찰을 통하여 단어형성에서의 파생법의 문제들을 더 심도 있고 폭넓게 기술해보고자 큰 결심을 하고 시작하였지만 지식의 한계와 능력 부족으로 해당 방언의 접미사 목록을 작성하고 각 유형별 접미사들의 실현양상을 고찰하고 그 특징을 밝히는 데 그쳤다. 이 연구가 전 함북 방언 나아가서는 한국어 방언의 형태론적 연구, 한국어의 통시적 연구에 조금이나마 보탬이 될 수 있기를 바라며 또한 파생접미사를 중심으로 한 기타 방언과의 비교 연구에도 기여하는 바가 있기를 바랄 뿐이다.

비록 졸저이지만 이렇게 책으로 출간하기까지 많은 분들의 은혜를 입었다. 우선 한국어에 대한 이론적 틀을 가르쳐 주시고 한국어학에 대한 애착을 갖게 해 주신 중국 연변대학교 조문학부의 선생님들께 감사를 드린다. 특히 고 전학석 선생님은 필자가 석사학위논문을 위해 찾아 뵀을 때 아낌없는 조언을 해 주신 고마운 분이다.

그리고 석, 박사 과정 동안 필자를 지도학생으로 받아 주시고 세심하고 엄격한 학문지도와 함께 생활상의 어려움까지도 헤아려 주신 송철의 선생님에 대한 감사의 마음은 이루 말로 표현할 수 없다. 한국어학의 일반이론으로부터 시작하여 한국어학에 대한 연구의 기초를 잡아주셨으며 학문함에 있어서는 늘 엄격함과 철저함을 강조하셨다. 또한 바쁘신 중에도 시간을 쪼개어 필자를 포함한 유학생들에게 스터디를 해주셨으며 항상 배려와 격려를 아끼지 않으셨다. 선생님을 통하여 학문 연구의 방법과 자세뿐만 아니라 따뜻하고 너그러운 인성까지도 배울 수 있게 되었다.

석, 박사 과정 동안 필자는 여러 선생님들의 아낌없는 가르침을 통하여 한국어학에 눈을 뜨고 공부하는 방향과 방법을 알 수 있는 귀한 시간을 가졌다. 멋진 강의로 넓은 학문의 세계와 학자의 모습, 학문을 대하는 태도를 보여 주시고 학문의 세계로 인도해 주신 서울대학교 국어국문학과 선생님들께도 깊이 감사를 드린다. 유학생들을 따뜻하게 대해 주시고 유학생활의 어려움을 헤아려 주신 이익섭 선생님, 송기중 선생님, 이상억 선생님, 늘 학문적인 조언과 격려를 아끼지 않으셨던 최명옥 선생님, 이현희 선생님, 김성규 선생님, 논문을 읽으시고 부족한 점을 지적해 주시고 많은 조언을 해 주신 김창섭 선생님, 김현 선생님, 구본관 선생님, 소신애 선생님께 진심으로 감사의 마음을 전한다. 특히 흔쾌히 필자를 지도학생으로 받아 주시고 학위논문을 완성할 수 있게 도와주신 정승철 선생님께는 고맙기 그지없다. 선생님의 깊은 배려 덕분에 끝이 안 보이는 터널 같던 기나긴 유학생활을 아름답게 마무리 지을 수 있게 되었다. 또한 본서가 책으로 나올 수 있게 큰 도움을 주신 장소원 선생님과 한재영 선생님께도 감사의 마음을 전한다.

그리고 어려운 형편에서도 긴긴 시간 동안 물심양면으로 지원을 아끼지 않으신 부모님과 유학공부의 길을 열어 주고 학문의 길에서 정진할 수 있도록 힘이 되어 주고 의지가 되어 준 언니에게 이 자리를 빌려 미안함과 고마움을 전한다. 이 책이 모두에게 위로가 되었으면 한다.

끝으로 본서의 출간을 기꺼이 맡아 주시고 단행본의 모습을 갖출 수 있도록 잘 다듬어 주신 신구문화사의 관계자 여러분께도 진심으로 고마움을 전한다.

2022년 12월

李春英

차례

표 차례

그림 차례

1. 서론

1.1. 연구 목적과 의의

본서는 연변 지역에서 쓰이는 원 함북 경원 지역어(함북 육진 방언에 속함)의 접미파생의 양상을 밝히는 것을 목적으로 한다. 이를 위해 이 지역어의 접미사 목록을 작성하고 각 접미사의 형태, 분포와 의미 기능을 살핀다.

접미사에 대한 연구는 단어형성론 연구에서 가장 중요한 과제 중의 하나이다. 접미사는 접두사에 비해 그 종류가 많고 어기와의 결합을 통하여 새로운 단어의 형성에 빈번하게 참여하여 무수히 많은 새로운 단어를 만들 수 있다.

주지하는 바와 같이 지금까지 표준어의 접미사에 대한 연구는 활발히 이루어져 왔으나 어느 특정 방언[1]의 접미사에 의한 파생을 본격적인 연구 대상으로 삼은 업적은 그렇게 많지 않다. 김웅배(1971), 송상조(1991), 정향란(2004), 정의향(2010), 정성경(2013), 임홍연(2015)가 거의 전부라고 할 수 있다.[2] 방언자료에서는 문헌자료에

---

1) 방언은 한 언어 내부에 나타나는 지역적 변이 양상으로서 언어의 역사를 반영한다. 표준어가 방언 간의 차이를 해소하여 의사소통을 원활하게 하기 위해 만들어진 인위적, 교육용 언어라면, 방언은 입말의 언어로서 인위적 표준화가 시도되지 않은, 있는 그대로의 언어이며 변화의 속도와 방향을 달리하면서 독자적인 변화를 일으킨다(이기갑 2003:20).

2) 김웅배(1971)과 정성경(2013)은 전남 방언의 파생접사에 대한 연구이고 송상조(1991)은 제주도 방언의 접미 파생어에 대한 연구이며 정의향(2010)은 평북 철산 지역어의 접미파생법에 대한 연구이다. 정향란(2004)는 연변 지역어의 파생접미사에 대한 연구이고 임홍연(2015)는 『함

나타나지 않는 많은 언어자료들을 찾을 수 있으므로 그 어떤 언어의 경우에서든지 언어의 발달사를 과학적으로 해명함에 있어서 문헌자료에 대한 연구와 함께 결정적인 요소가 된다. 그러므로 한국어 방언에 대한 연구는 한국어 연구에 있어서 중요한 의의를 지닌다고 할 수 있겠다. 따라서 한국어의 단어형성에 대한 전체적인 양상을 밝히기 위해서는 특정 방언의 단어형성에 대한 연구도 폭넓게 진행되어야 한다고 본다. 방언마다 단어형성 과정이나 규칙 등에 차이가 있을 수 있기 때문이다. 본서에서 연구대상으로 삼은 접미사에 의한 파생어 형성에서도 마찬가지로 방언마다 파생접사의 목록 및 파생어 형성 규칙 등에 차이가 있을 수 있다.

본서는 한국어 방언 중에서 가장 보수적이면서도 이질적인 요소를 많이 지닌 고립 방언으로 알려져 있는 함북 육진 방언에 속하는 경원 지역어를 중심으로 파생접미사에 의한 단어형성 과정을 살펴보려 한다. 함북 육진 방언은 음운, 어휘, 문법 면에서 고어(古語)의 형태가 많이 남아 있다. 뿐만 아니라 아직 파생어 형성 연구에서는 종합적이고 본격적인 연구가 이루어지지 않았기 때문에 본 연구는 전(全) 함북 방언 나아가서는 한국어 방언의 형태론적 연구, 한국어의 통시적 연구에 귀중한 자료를 제공해 줄 수 있다는 점에서 중요한 의의를 가진다. 또한 파생접미사를 중심으로 한 기타 방언과의 비교 연구에도 자료를 제공해 줄 수 있다.

1.2. 연구사 개관

한국어의 형태론 연구는 전통문법적 연구, 구조문법적 연구, 생성문법적 연구로 나눌 수 있다.[3] 전통문법적 연구는 주시경(1910, 1911)

북방언사전』을 중심으로 한 함북 방언의 파생접미사에 대한 연구이다.

3) 각 시기별 연구 업적들에 대해서는 고영근(1989/1999), 하치근(1989), 이경우(1990), 구본관(2002b), 송철의(1997), 김창섭(1996c) 등을 참조

에서 시작한다고 볼 수 있는데 그 뒤로 김두봉(1916, 1922), 김희상(1927), 최현배(1937), 이희승(1955), 정인승(1956)에서 논의가 계속되었다.4)

전통문법적 연구는 주로 품사분류에만 관심을 집중하여 품사체계를 세우는 것에 치중하였으며 조어법을 독립된 분야가 아니라 품사론 속에서 다루었다. 따라서 단어연구는 형태의 결합, 의미의 변동 등에 따라 간단하게 하위분류하는 작업에 머무르고 있다(이경우 1990).

1950년대 후반 이후 미국 기술언어학의 영향을 받은 한국어의 구조문법적 형태론 연구는 중세한국어와 현대한국어 방언에까지 그 태도와 방법이 적용되었는데 단어와 형태소 등의 구조를 분석함과 동시에 그 결합 형태에 대한 관심이 고조되면서 파생법과 합성법의 연구가 정밀해졌으며(이경우 1990, 김창섭 1996c) 조어법이 독자성을 띠게 되었다.

구조문법이 한국어학계에 소개되기 시작하면서 이숭녕(1957a, b, 1961), 안병희(1959), 허웅(1963) 등 일련의 조어법 연구를 계기로 기술언어학적 분석에 의한 조어법 연구가 본격화되었다. 이숭녕(1957b)은 방언을 대상으로 한 최초의 형태론적 연구로서 제주도 방언을 대상으로 이 방언의 조어론의 일부로 어간형성에 대해 기술하였고 이숭녕(1961)은 구조언어학적 이론을 바탕으로 조어론을 줄기의 구조를 연구하는 학문이라고 정의하고 조어론을 독립시켰다. 안병희(1959)는 15세기 한국어 활용어간의 교체와 단어형성을 기술언어학적 방법으로 기술한 것인데 이로써 15세기 한국어 활용어간의 형태론적 구조가 전반적으로 드러나게 되었다. 허웅(1963)은 형태론

하였다.

4) 이희승(1955)로써 한국어 형태론은 특히 단어형성론 분야에서 이론적 형태론으로 발전하는 준비를 마치게 된다고 할 수 있는데 여기에서 품사의 분류는 "문법론" 속에서 다루어지고 조어론은 "어휘론" 편(編)의 "단어의 구성(어형론(語形論))"에서 전개된다(김창섭 1996c/2008:19).

의 영역을 조어법과 굴곡법으로 나누어 조어법의 범위를 명확히 하였다.

이런 업적들을 바탕으로 1965년부터는 기술언어학적 분석에 의한 연구가 더 활발해졌다. 이익섭(1965)는 IC분석을 통하여 복합어(compound)와 파생어의 구별을 명확히 하였고 안병희(1965)에서는 파생법의 종류를 구체적으로 분류하였는데 접요사는 인정하지 않고 내적변화파생과 영변화파생을 구분하여 설명하고 있으며 형태론의 파생법은 기술적(記述的)인 것이지 사적(史的)인 것이 아니므로 사적(史的)인 고려는 배제되어야 한다고 보았다. 이 파생법 체계는 지금까지 한국어의 파생을 분류하는 보편적인 방식으로 받아들여지고 있다.

허웅(1966)은 기술언어학의 조어법 이론 체계를 설명하고 15세기 한국어 조어법의 윤곽을 기술하였고 허웅(1975)는 구조주의가 주가 되지만 생성문법도 반영된 방법으로 15세기 한국어의 조어법과 굴절을 전반적으로 다루었다.

고영근(1965, 1967 등. 고영근 1989/1999에 수합(收合)됨)는 독립형식이 못 된다는 점에서 형태론적 항목으로 간주된 어미, 파생접미사, 조사, 형식명사들에 대해 전면적이고 체계적으로 다루었고, 고영근(1973)은 파생은 품사론을 떠나 파생어 중심으로 기술되어야 한다는 인식을 명확하게 해주었다.

김계곤(1968, 1969a), 고영근(1974)은 한국어의 다양한 파생어와 합성어들을 IC분석하거나 사전학적 관점에서 다루었다.

1970년대 생성문법의 도입으로 한국어의 파생법 연구는 생성형태론적 연구로 발전하게 되었는데 생성형태론에 입각한 초기의 업적으로는 송철의(1977)을 들 수 있다. 송철의(1977)은 형태론을 단어형성과 굴절로 나누고 단어형성의 하위 분야로 파생(derivation)과 합성(compounding)을 다루면서 Aronoff(1976)의 '규칙'과 '제약'을 중심으로 하는 단어형성 이론[5]에 근거하여 형태론적 현상과 음운론적 현상을 고찰하였다. 그 뒤로 많은 논의들이 이어져 왔다.

구본관(1998a, 1999c)는 중세한국어를 논의의 대상으로 한 연구인데 구본관(1998a)에서는 15세기 한국어 파생법 전반에 대하여 다루었고 구본관(1999c)에서는 중세한국어 이후의 문헌자료와 현대한국어 방언을 대상으로 한 축소접미사에 대해 다루었다. 기주연(1994), 류성기(1997)은 근대한국어를 논의의 대상으로 한 연구인데 주로 문헌자료를 대상으로 하여 파생접사 목록을 제시하고 그 의미와 기능을 파악하는 데 중점을 두었다.

현대한국어를 대상으로 한 논의에는 이경우(1981), 김창섭(1983, 1985), 김성규(1987), 전광현(1988), 조남호(1988), 하치근(1988, 1989, 1993, 1999), 구본관(1990, 1993), 양정호(1991), 송철의(1983, 1992, 1998), 시정곤(1993/1998, 1999) 등이 있다. 이 논의들은 특정 접미사 혹은 접미사 전반에 대한 논의로서 파생어 형성 규칙과 제약을 밝히는 데 초점을 둔 것이다.

최근에는 일반적인 단어형성이 규칙에 의하여 이루어지는 것이 아니라 어휘부 안에 배열된 관련 어휘들에 유추되어[6] 이루어진다는 주장이 제기되었는데 그 대표적인 논의로는 채현식(1999, 2000, 2003), 송원용(2005) 등이 있다.

---

5) Aronoff(1976)은 기존의 Halle(1973), Siegel(1974)에서 제안했던 주장들을 종합하여 어휘론적 가설(cf. 단어어기가설)에 입각한 형태론의 이론을 제안하였으며, 형태규칙을 세련되게 하는 어형성규칙을 시사하며, 단어형성 규칙의 힘을 억제하기 위한 몇 가지 제약을 공식화하였으며 나아가 재조정규칙(단어형성 규칙의 출력부를 재조정하는 일련의 규칙)을 제안하였다(전상범 1987:47).

6) 배주채(1991)에서 유추는 언어변화의 한 유형으로 유추적 평준화, 유추적 확대, 잘못된 분석에 의한 유추 등에 대한 의미라고 하였고, 김창섭(1994:6)는 Hock(1986:167)의 논의에 따라 유추란 형태, 통사, 의미상으로 유관된 형식들을 음성구조나 형태 구조적으로 서로 비슷하게 만드는 과정이라고 하였으며, 송원용(2005:20)에서는 채현식(2000:72-82)의 논의에 따라 유추는 유사성에 기반한 추론 작용을 총칭하는 개념으로 어휘부에 저장된 어휘항목 간의 유사성에 근거하여 새로운 단어를 만들어 내는 창조적 사고 작용이라고 하였다.

방언을 대상으로 한 파생접사 연구에서 지역 방언 전반을 대상으로 한 연구에는 이숭녕(1961), 김형규(1974), 방언연구회 편(2001), 이상규(2004)가 있고 특정 지역 방언을 대상으로 한 연구에는 전남 방언을 대상으로 한 김웅배(1971), 정인호(1999), 이기갑(2005a, 2005b), 오청진(2012), 정성경(2012, 2013)과 제주도 방언을 대상으로 한 송상조(1991), 정승철(1994), 평북 방언을 대상으로 한 정의향(2010), 함북 방언을 대상으로 한 곽충구(1994b, 1998, 2004, 2013), 정향란(2004, 2007), 이춘영(2015), 임홍연(2015) 등이 있다.

함북 육진 방언에 대한 최초의 연구로는 小倉進平(1927)을 들 수 있다. 이 연구는 함경도 방언을 음운, 어법, 어휘(차용어) 등으로 나누어 이 방언에 나타나는 음운특징을 밝혔으며 지역별로 특징적인 서법어미도 밝혔다. 그러나 이 연구는 함경도 전 지역을 조감한 것으로 육진 방언에 대한 체계적인 연구라고 할 수 없다.

이 외에도 많은 논의가 있었다. 김병제(1959, 1965, 1975, 1988), 한영순(1967), 김영황(1982), 황대화(1986, 1998, 1999), 리동빈(2001)은 한국의 전반 방언에 대해 논의하면서 단편적으로 함경도 방언의 음운특징을 언급하였다. 그중 황대화(1986)은 함경도와 강원도 해안 지역의 방언을 대상으로 각 지역의 음운·형태론적 특성을 비교한 것이다.

김태균(1982, 1983, 1986), 최학근(1991), 趙習·宣德五(1986), 한진건(2000)에서는 함북 육진 방언의 음운 및 어휘상의 특징에 대해 서술하였고 정용호(1988)은 함경도 방언(육진 제외)을 음운, 어휘, 문법 등으로 나누어 그 특징을 기술하였으며 전학석(1993)은 회령, 경성, 함주 지역어의 음조를 중심으로 함경도 방언의 음조에 대하여 연구하였다.

곽충구(1992, 1994a, 2000, 2001a, 2001b, 2003, 2005), 전학석(1996), 최명옥(2000), 최명옥·곽충구·배주채·전학석(2002), 소신애(2002, 2005b) 등에서도 함북 육진 방언의 음운현상을 본격적으

로 연구하였다. 특히 곽충구의 일련의 논의들은 이 지역의 연구사에서 매우 중요한 지위를 차지한다.

곽충구(1992)는 함경도 방언에 대한 기왕의 모든 관심, 자료, 논저들을 망라한 이 방언의 연구사에 대해 기술하였고 곽충구(1994a)는 러시아의 KAZAN에서 간행된 자료를 바탕으로 20세기 초의 함경북도 육진 방언의 음운론에 대하여 다루었는데 함경북도 육진 지역 방언의 음운체계를 수립하고 그와 관련된 제반 음운현상들의 공시적 혹은 통시적 음운과정을 논의하고 체계화하였다. 최명옥(2000)은 연변 지역어(원 함북 육진 방언)를 음운면, 문법면, 어휘면으로 나누어 개관하였고 최명옥・곽충구・배주채・전학석(2002)는 함북 북부지역어의 음성・음운・형태・통사 및 어휘적인 특징을 종합적으로 기술하였다. 소신애(2002)는 연변 훈춘 지역어(원 함북 경흥 방언)의 구개음화 현상을 '진행중인 변화'로 보고 어휘확산이론과 사회언어학적 분석 방법에 기대어 변화의 기제를 밝히고자 하였다. 소신애(2005b)는 함북 육진 방언을 중심으로 공시적 음운 변이와 통시적 음운변화의 상관성을 기술하였다.

채옥자(2002, 2005)는 함북 방언에 기반을 둔 중국 연변지역 한국어의 음운체계를 세우고 그 체계와 관련된 음운현상을 공시론적으로 기술하였고 오선화(2010)은 함북 부령 지역어의 통시적 음운변화를 기술하였다.

이처럼 함북 방언을 대상으로 한 연구는 음운 체계를 세우거나 음운론적 현상을 고찰하여 음운론적 특징을 밝히는 연구는 활발하게 이루어졌으나 형태론적 연구 특히 파생법에 관한 연구는 많은 편이 아니다. 곽충구(1994b, 1998c, 2004, 2013), 정향란(2004), 정향란(2007), 이춘영(2015), 임홍연(2015) 정도이다.

곽충구(1994b)는 북한 지역의 방언 자료를 중심으로 강세접미사 '-뜨리다/트리다'와 문법적 기능이 일치하거나 유사한 북한지역(함경, 평안)의 방언형들을 추출하고, 이들 접미사의 통합상의 제약, 의미특성 등을 살펴보았다. 그리고 해당 방언의 음운사와 중세 및 근대국어의 문헌자료를 검토하여 문법화 이전의 어간을 재구하고, 재구된 어간들의 문법화를 유도한 의미자질과 그 어간들의 문법화 과정, 지리적 분화에 대해 논의하였다.

곽충구(1998c)는 감각용언 '냅(烟)-', '시(酸)-', '짜(鹹)-', '쓰(苦)-', '차(冷)-', '뜨겁(熱)-'의 방언형에는 각각 어떠한 접사가 결합되어 있고, 접사별로 그 기능과 지리적 분포는 어떠한지를 밝혔다. 또한 방언형에 대한 비교를 통해 접사들의 통시적 발달 과정과 그에 의한 방언 분화를 논의하였고 곽충구(2004)는 함북 방언의 피·사동사에 대해서 논의하였고 곽충구(2013)은 동북 방언에 나타나는 어근의 말음이 치음인 'X자/사/다-'류 형용사의 내부 구조 변화와 관련된 음운과 어형성의 문제를 논의하였다.

정향란(2004)에서는 함북 방언에 기반을 둔 연변 지역어의 파생접미사를 생산력이 비교적 높은 접미사들을 중심으로 살펴보았고 정향란(2007)에서는 연변 지역어의 인칭접미사 '-이', '-개', '-재:', '-배:'를 비교 분석하여 그들의 공통점과 차이점을 밝혔다. 이춘영(2015)에서는 연변 지역어의 고유어 인칭접미사(생산성을 보이는 것)를 의미유형에 따라 그 목록을 제시하고 그 분포와 기능을 살펴보았다. 임홍연(2015)에서는 『함북방언사전』에 등재되어 있는 단어들을 중심으로 분석, 분류를 거쳐 접미사들의 목록을 확인하고 그 기능과 의미를 살펴보고 있다.

1.3. 연구 대상 및 방법

본서는 중국 연변 지역의 함북 경원 지역어를 대상으로 이 지역어에 나타나는 비교적 생산적이고 사용빈도가 높은 접미사들을 중심으로 논의를 진행할 것이다. 또한 예전에는 생산적이었던 접미사가 현재에 공시적인 생산성을 보이지 않더라도 파생어 수가 많고 파생어의 사용빈도가 높은 것은 논의에 포함시킨다('-브-'). 그리고 한자어계의 접미사는 단어형성의 측면에서 고유어계 접미사와 다른 차원에 속하는 것이므로 본서의 논의에서 제외하기로 하며 접두사에 의한 파생, 영파생, 내적변화에 의한 파생 역시 논의에서 제외한다.

한편 파생접사는 원칙적으로 단어형성 요소이므로 통사적 구성에 결합되는 요소는 파생접사라고 보기 어렵지만 수량 명사구에 결합되는 경우는 예외적인 것으로 보아 논의에 포함시킨다('-들이', '-재비'). 그러나 '-아/어 지-', '-아/어 치-', '-아/어 떼리-' 등의 경우는 통사적 구성으로 보아 논의에서 제외한다.

중국 연변 지역의 함북 경원 지역어라 함은 함북 경원 지역에서 중국 연변지역으로 이주한 사람들이나 그 후손들이 사용하는 언어를 뜻한다.

함북 경원군(현 함경북도 새별군)은 함경북도 두만강 하류 연안에 위치해 있는 군으로 남쪽은 경흥군, 회령군과 접해 있고 서쪽은 온성군, 북쪽과 동쪽은 두만강을 사이에 두고 중국 동북지방과 접해 있다. 현재 행정구역은 1읍 3구 21리로 되어 있으며 군 소재지는 경원읍이다.

그 지리적 위치는 다음의 [지도 1]과 [지도 2]를 참고할 수 있다.

본서에서 사용될 주된 자료는 필자가 2010년 8월 16일부터 20일까지 직접 조사를 통해 수집한 것으로 송철의(2001)에 제시된 표준어의 접미사 목록과 파생어, 그리고 특정 지역 방언을 대상으로 한 파생접미사 연구들에서 제시된 접미사 목록과 파생어들을 조사항목으로 삼은 것이다. 그리고 『함북방언사전』(김태균 1986)과 『함북 북부지역어 연구』(최명옥 · 곽충구 · 배주채 · 전학석 2002) 및 기타 논문들에 나타나는 함북 경원 지역어 자료들을 추출하여 보충자료로 삼는다. 그리고 전자 자료로는 『21세기 세종계획: 2003 한민족 언어 정보화 통합 검색 프로그램』, 『겨레말 큰사전-통합검색기』 등도 참고할 것이다.

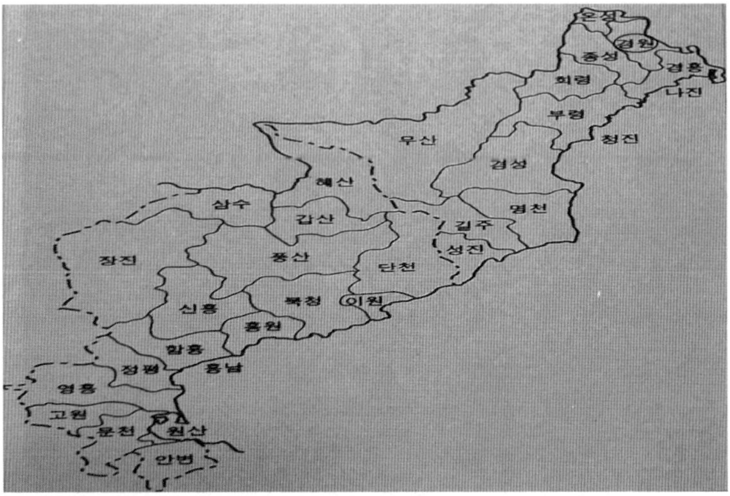

[지도 1] <해방 전 함경북도의 행정구역도>

[지도 2] <현행 함경북도의 행정구획도>

김태균(1986), 최명옥 · 곽충구 · 배주채 · 전학석(2002), 『21세기 세종계획: 2003 한민족 언어 정보화 통합검색 프로그램』에서 인용한 자료는 각각 (A), (B), (C)로 표시하여 밝힌다.

본서의 자료 수집이 이루어진 지역과 조사 지점 및 제보자의 인적 사항은 다음과 같다.

제 보 자: 손춘관(孫春官), 남, 1929년 생
출 생 지: 중국 길림성 훈춘시 숭례촌 홍기하둔 광명동(현 훈춘시 양포향 홍기촌)
부　　모: 함경북도 경원군(현 함경북도 새별군) 출신
조사지역: 중국 길림성 도문시
조사일시: 2010년 8월 16일~20일

조사 지점인 中國 吉林省 延邊朝鮮族自治州 圖們市에는 1900년대 초·중기부터 주로 함경북도 북부지역에서 이주 해 온 사람들과 그 후손들이 집단 거주하고 있다. 이들이 구사하는 언어는 현재 북한의 함경북도 북부에 거주하는 주민들이 사용하는 방언에 비해 더 보수적이고 전형적이다(최명옥·곽충구·배주채·전학석 2002:17).

그 지리적 위치는 다음의 [지도 3]을 참고할 수 있다.

제보자 손춘관 할아버지는 조사 당시 82세였으며 함경북도 경원군 출신의 2세로서 해방 전 6년간의 학교 교육을 받았다(2년은 조선어(한국어), 4년은 일본어). 출생지는 中國 吉林省 琿春市 崇禮村 红旗河屯 光明洞(현 琿春市 楊泡鄉 红旗村)이고 1962년에 도문으로 이주하였다. 그 당시 광명동은 5가구가 모여 사는 아주 편벽한 산골에 위치한 작은 마을이었으며 구성원들은 모두 경원군 출신들이었다. 조사지역이 도시이기 때문에 농촌보다 교육 수준이 높고 인구의 이동이 많지만 경상도나 전라도, 평안도 방언권의 화자는 보기 드물어 다른 방언권의 간섭을 거의 받지 않았다고 볼 수 있다. 물론 텔레비전이나 라디오 같은 대중매체의 영향을 받았을 가능성은 무시할 수 없다.

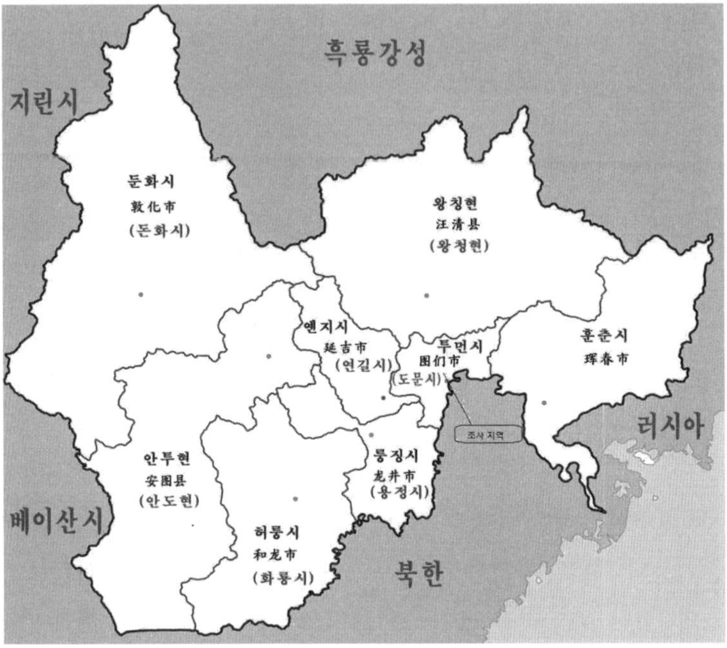

[지도 3] <연변조선족자치주 행정구획도>

손춘관 할아버지는 적극적으로 조사에 응해 주었으며 발화에 가끔 중국어가 나타나기도 하였으나 발음이 비교적 정확하고 조사과정에서 어떻게든 정확한 자료를 제시하려고 노력하였다. 조사결과와 이미 조사된 기존의 자료들을 비교해 본 결과 기존의 연구에서 제시된 자료들과 거의 일치하는 모습을 보였다.

파생어 형성을 다루는 방법에는 구조주의적인 방법, 생성형태론적인 방법, 인지언어학적인 유추 중심의 방법 등이 있다. 본서는 생성어휘론자 가설을 바탕으로 파생도 다른 언어현상과 마찬가지로 규칙의 지배를 받는다는 가정 하에 파생어 형성 규칙과 제약을 중심으로 단어의 형성과정을 살펴볼 것이다. 또한 생산성이 낮은 소수의 파생어 형성 과정은 유추에 의한 형성으로 이해될 수 있고 경우에 따라 유추가 규칙으로 발달하는 경우도 있으므로 유추에 의한 형성의 설명 방법도 곁들이고자 한다.

한편 단어형성에 대한 연구는 단어의 분석을 중시하는 관점과 단어의 형성을 중시하는 관점의 연구가 조화롭게 이루어져야 하며 형성을 중시하는 관점의 연구를 통해 화자가 단어를 어떻게 형성하는가를 알기 위해서는 먼저 기존의 단어를 분석하고 이를 형성의 관점에서 해석할 수밖에 없다(고영근·구본관 2008:200). 그러므로 본서는 분석의 방법도 병용하기로 한다. 파생어에 대한 분석 작업이 선행되지 않고서는 파생어의 생성을 논의하기 어렵기 때문이다(송철의 1992:10).

본서에서는 우선 분석 작업을 거쳐 이 지역어에 나타나는 비교적 생산적이고 사용빈도가 높은 접미사들을 찾아내어 목록을 작성하고 개별 특성과 의미 기능에 따라 분류하는 작업을 한다. 파생접미사는 기본 형태를 중심으로 기술하되 이형태도 함께 제시한다. 다음 분류 작업을 거친 접미사들에 의한 파생을 1차적으로 명사 파생, 동사 파생, 형용사 파생, 부사 파생, 어근 파생으로 나누고 다시 접미사의 의미 기능을 세분화하여 2차적인 분류를 한다. 이때 복수의 의미기능을 가지고 있거나 의미 기능을 규정짓기 어려운 것은 서술의 편의상 여러 가지 의미 기능 중에서 기원적으로 가장 기본이 되는 의미 혹은 생산성이 높은 의미를 기준으로 한다. 3차적으로 어기를 품사별로 분류하여 그 결합 양상을 살피고 그 결합 양상에 대한 관찰을 통해 접미사들의 분포와 의미 기능, 특성을 밝히고 결합 규칙 및 제약을 밝힌다. 표준어와 차이를 보일 경우에는 그 차이점도 밝힌다.

본 연구의 대상은 공시적으로 사용되는 파생접미사이지만 필요한 경우 통시적인 자료나 통시적인 설명방법도 곁들이려고 한다. 그것은 공시적인 언어체계라는 것이 결국은 통시적인 변화의 결과일 것이므로 공시적인 현상의 올바른 이해를 위해서는 통시적인 사실의 참조가 필요하기 때문이다(송철의 1992:11). 이때 주로 참조할 문헌자료는 중부 방언을 반영한다고 보이는 중세한국어와 근대한국어의 자료이다. 왜냐 하면 함북 경원 지역어의 선대형을 보여주는 문헌자료가 전무하기 때문이다.

상술한 순서에 따라 본 연구는 본론 부분에서 이 지역어의 파생을 명사 파생, 동사 파생, 형용사 파생, 부사 파생, 어근 파생 5개 부분으로 나누어 각 유형별 접미사에 의한 파생을 논의한다.

명사 파생은 행위명사 파생, 사물명사 파생, 인칭명사 파생, 그 밖의 접미사에 의한 파생으로 나누어 논의하는데 행위명사 파생은 다시 '-이$_1$', '-음', '-기', '-질', '-내기$_1$'에 의한 파생으로 나누어 논의하고 사물명사 파생은 다시 '-개', '-애', '-대기$_1$', '-붙이'에 의한 파생으로 나누어 논의한다. 인칭명사 파생은 다시 '-재:', '-꾼', '-보', '-애:/-에:', '-배:', '-뚜거리', '-대기$_2$', '-채:', '-바리', '-꾸레기', '-이$_2$', '-뒤:', '-돌이', '-내미', '-내기$_2$', '-치'로 나누어 논의하고 그 밖의 접미사에 의한 파생은 '-백이', '-들이', '-잽이', '-시', '-에기', '-아지', '-악지', '-이$_3$'에 의한 파생으로 나누어 논의한다.

동사 파생은 주로 사·피동사 파생, 반복접미사에 의한 파생('-거리-', '-대-', '-이-'), 강세접미사에 의한 파생('-떼리-', '-치-')으로 나누어 고찰하고 형용사 파생은 주로 '-스럽-', '-롭-', '-답-', '-압/업-', '-ㅂ-'과 '-브-', '-앟/엏-', '-다마-', '-지-', '-차-'에 의한 파생으로 나누어 고찰한다.

부사 파생은 주로 '-이', '-히', '-우', '-껏', '-나/으나', '-르', '-대르'에 의한 파생으로 나누어 고찰하고 어근 파생에 대해서는 주로 '-으스르-', '-끄레-', '-으레-', '-스그레-', '-즈그레', '-음-', '-죽-', '-즉-', '-적-', '-으막-', '-음직-', '-읏-', '-각-~-걱-', '-악-~-억-', '-박-'에 의한 파생으로 나누어 논의한다.

1.4. 음운론적 특징과 표기 방법

함북 경원 지역어의 파생어 형성을 논하기에 앞서 먼저 이 지역어의 음운체계 및 음운론적 특징에 대하여 간단히 알아볼 필요가 있다.

어기와 접미사의 정확한 분석과 형태적 변이의 기술을 위해서는 이 지역어의 음운체계 및 음운현상에 대한 정보가 필요하기 때문이다.

본서는 이 지역어의 음운체계와 음운현상을 별도로 연구할 상황이 아니므로 편의상 이 지역어가 속하는 함북 육진 방언의 음운체계와 음운론적 특징을 개관하기로 한다.

함북 육진 방언의 음운체계를 제시하면 다음과 같다.[7)]

[표 1] 함북 육진 방언의 자음체계

	양순음	치음	치조음	경구개음	연구개음	후음
폐쇄음	ㅂ, ㅍ, ㅃ	ㄷ, ㅌ, ㄸ			ㄱ, ㅋ, ㄲ	ㆆ(ʔ)[8)]
마찰음		ㅅ, ㅆ				ㅎ
파찰음			ㅈ, ㅊ, ㅉ			
유음		ㄹ				
비음	ㅁ	ㄴ			ㅇ	

[표 2] 함북 육진 방언의 모음체계

구분	전설모음		후설모음	
	평순모음	원순모음	평순모음	원순모음
고모음	이(i)		으(ɯ)	우(u)
중모음	에(e)		어(ə)	오(o)
저모음	애(ɛ)		아(a)	

7) 함북 육진 방언의 음운체계와 음운론적 특징은 최명옥·곽충구·배주채·전학석(2002:33-37)을 참조하였다.

8) 최명옥·곽충구·배주채·전학석(2002:33-35)에서는 '들-(擧)'와 '듣-聞)', '앓-(痛)'와 '잃-(失)'의 활용형들을 예로 들어 현대한국어에서 유성음 사이에서 탈락하는 자음은 후음 'ㅎ'뿐이라는 것에 근거하여 'ㆆ(ʔ)' 음소를 설정하였다.

[표 3] 함북 육진방언의 이중모음

이중모음	j계 이중모음	예(ye), 얘(yɛ), 여(yə), 야(ya), 요(yo), 유(yu)
	w계 이중모음	위(wi), 웨(we), 왜(wɛ), 워(wə), 와(wa)

자음체계상 특징적인 것은 첫째, 표준어에서 'ㄷ, ㅌ, ㄸ, ㄴ, ㄹ, ㅅ, ㅆ'와 'ㅈ, ㅉ, ㅊ'의 음가가 각각 치조음과 경구개음이지만 이 지역어에서는 음가가 각각 치음과 치조음인데 이러한 조음점의 차이가 음소의 분포나 음운과정에서 다른 방언과의 차이를 일으키는 요인이 된다는 점이다(최명옥・곽충구・배주채・전학석 2002:36). 이런 원인으로 이 지역어에서는 일반적으로 'ㄷ'구개음화를 겪지 않았으며('티-(치-打)', '밭이[바티](田)') 'ㅈ, ㅉ, ㅊ'이나 'ㅅ, ㅆ' 뒤에서 'ㅡ'의 전설고모음화를 겪지 않아 공시적으로 'ㅡ' 앞에 경구개음 'ㅈ, ㅉ, ㅊ'이나 치조마찰음 'ㅅ, ㅆ'이 분포한다('쯪-(찢- 裂)', '즐-(질- 泥)', '슳-(싫- 憎)'). 그리고 어두 위치에 'ㄴ'이 분포될 수 있다('니(이 齒)', '닙-(입-着衣)', '닑-(읽- 讀)'). 둘째, 후두폐쇄음 'ㆆ(ʔ)'이 존재한다는 것이다.

그러나 경우에 따라서는 구개음화를 겪지 않은 형태와 구개음화를 겪은 형태가 함께 나타나기도 한다. 이는 이 지역어에서 구개음화가 진행 중임을 나타내 주는 것이라고 할 수 있겠다.

이 지역어에는 'ㅂ'불규칙이 존재하지 않는다('덥이[더비](더위)', '가찹이[가차비](가까이)').

모음체계에서는 (1가, 나)에서 보는 바와 같이 '에, 애, 으, 어'는 변별적 기능을 가지므로 단모음소로 인정되지만 '위', '외'는 이중모음소이다. (1다)에서 보듯이 이중모음은 일반적으로 앞에 자음이 없을 때에 분명히 드러나며 자음 뒤에서는 분포가 매우 한정된다.

(1) 가. [테](輪): [태](胎); [틀](機):[털](毛)

나. [위(wi)](胃), [쥐(tswi)](鼠), [에′삼촌(esamts^{h}on)](외삼촌), [쇄′(swɛ)](쇠, 鐵)

다. '[구′신](귀신, 鬼神), [뻬′](뼈, 骨)

다′. '[겹](겹, 重), [교통](교통, 交通)

함북 육진 방언에는 두 개의 성조 즉 고조(H)와 저조(L)가 있다('[마′리](HL)(語)', '[마리′](LH)(馬)'). 본서에서는 성조에 대해서는 논하지 않는다.

방언형 전사는 한글 전사를 원칙으로 하며 형태음소적 표기를 한다. 다만 어기가 공시적으로 분석되지 않을 때는 소리나는 대로 적는다('거두다', '모두다', '부끄럽다'). 그리고 이른바 자동적 교체 즉 평폐쇄음화, 자음군단순화, 경음화, 비음화, 조음위치동화, 구개음화, 유음화 등은 특별히 필요하지 않은 경우에는 표기에 반영하지 않는다. 다만 움라우트는 소리나는 대로 적는다. 필요한 경우 즉 표기에서 발음이 예측되지 않는 경우에는 발음을 병기해 준다.

표준어와 방언형이 다른 경우에는 괄호 속에 표준어형을 적어주되 표준어형으로 대응되지 않을 경우에는 주석에 뜻풀이를 적어준다.

(2) 택받이[택바디](턱받이), 살랑이[살라~이](살랑)

그리고 『함북방언사전』, 『함북 북부지역어 연구』및 기타 논문들에 나타나는 함북 경원 지역어 자료 또는 전자 자료에서 추출한 자료는 형태음소적 표기로 바꿔 적으며 다음과 같이 출처를 밝힌다.

(3) 덕걸이[덕거리](덕걸이, A), 등잔받이[등잔바디](등잔대, A),

또한 어기의 기원을 알 수 없거나 어기의 본뜻과 멀어진 예들은 원형을 밝혀 적지 않는다('부스레기').

본서에서 사용된 부호는 다음과 같다.

/ /	음소표시
[ ]	음성표시
:	장음
>	통시적 변화
→	공시적 변화
[˜]	비모음
[ ]~[ ]	수의적인 교체
*	부적격형
/	조건교체

2. 파생어 형성의 논의를 위한 기본 전제

2.1. 파생어 형성의 유형

파생어 형성은 단어형성론(조어론)의 범주에 속하는 것인바 파생어 형성의 유형을 논하기에 앞서 단어의 분류에 대해서 간략히 언급하고자 한다.

단어는 그 내부구조에 따라 몇 개의 종류로 나누어진다. 하나의 단일한 형태소로 이루어진 것도 있고 두 개나 그 이상의 형태소가 모여 이루어진 것도 있는데 전자를 단일어라 하고('코', '얼굴', '이마' 등) 후자를 복합어라 한다. 복합어는 그 형성방식에 따라 다시 합성어(合成語, compound word)와 파생어(派生語, derived word)로 세분되는데 어기나 단어끼리 만나 이루어진 것, 즉 그 구성요소의 어느 쪽도 접사가 아닌 것은 합성어('눈물', '할미꽃', '날뛰다', '돌아가시다' 등), 구성요소의 어느 한쪽이 접사인 것은 파생어라 한다('맨손', '풋사랑', '점쟁이', '자랑스럽다' 등).

이런 분류는 어간의 IC분석에 따라 한 단어의 어미 부분을 제거한 부분이 몇 개의 형태소로 이루어졌으며 그 형태소의 성격이 어떤 것이냐에 따른 것이다.

이 분류를 도표화하면 다음과 같다. 이 지역어의 예를 보인다.

- 단어
  - 단일어: 택(턱), 니매(이마), 궑다(걷다) …
  - 복합어
    - 합성어: 조개택, 술놀이 …
    - 파생어: 헛소리, 벋디디개, 대포재:, 크다마다(커다랗다) …

이 분류는 보편적으로 쓰이는 학교문법의 용어 체계에 따라 '복합어'를 '파생어'와 '합성어'의 상위개념으로 놓았다.[1)]

한국어의 단어형성은 주로 파생법과 합성법에 의해 이루어지고 있는데 파생어를 만들어내는 단어형성의 절차를 파생법(派生法, derivation), 합성어를 만들어내는 단어형성의 절차를 합성법(合成法, compounding)이라고 한다.

파생어 형성의 방법에는 몇 가지 유형이 있는데 크게는 접사에 의한 파생과 접사에 의하지 않은 파생이 있다. 그중 접사(파생접사)에 의한 파생이 가장 일반적인 유형으로 다시 접두사에 의한 파생, 접미사에 의한 파생, 접요사에 의한 파생으로 구분되지만 한국어에는 접요사가 존재하지 않으므로 한국어의 접사에 의한 파생에는 결국 접두사에 의한 파생과 접미사에 의한 파생만이 존재하는 것이다. 또한 접미사에 의한 파생에는 어기의 통사범주(품사)를 바꾸어주는 경우와 바꾸어주지 않는 경우가 있다. 접사에 의하지 않은 파생은 실질적인 접사가 관여하지 않는 좀 특이한 파생인데 여기에는 영변화에 의한 파생(영파생)과 내적변화에 의한 파생이 있다. 영변화에 의한 파생은 하나의 단어(어간)이 형태상의 변화 없이 통사범주(품사)를 바꾸는 경우를 말하고(신-:신) 내적변화에 의한 파생은 어간 내부의 모음교체나 자음교체에 의하여 파생이 이루어지는 경우를 말하므로(노랗다:누렇다, 보얗다:뽀얗다) 내적변화에 의한 파생은 다시 모음교체에 의한 파생과 자음교체에 의한 파생으로 구분된다(송철의 1992: 15-19 참조).

위와 같은 분류는 영접사(零接辭, zero affix)[2)]를 파생접사로 인정

---

1) 'compound'의 역어(譯語)로 최현배(1937), 이희승(1955), 이숭녕(1961) 등에서는 '복합어'란 용어를 사용하였고 허웅(1966)이나 안병희(1965) 등에서는 '합성어'란 용어를 사용하였다.

2) 영접사파생에 대한 자세한 논의는 심재기(1982), 이병근(1986), 송철의(1992:265-288), Ljung(1977), Lieber(1981a, b), Kiparsky(1982), Bauer(1983) 참조.

하지 않는 것이다. 영접사를 인정한다면 파생어 형성의 구분이 조금 달라지게 된다. 영변화에 의한 파생이 영접사에 의한 파생이 되어 접사에 의한 파생의 하위분류에 속하게 된다. 다시 말하면 접사에 의한 파생은 실질적 접사에 의한 파생과 영접사에 의한 파생으로 구분되고 실질적 접사에 의한 파생이 다시 접두사에 의한 파생과 접미사에 의한 파생으로 구분되는 것이다. 그것은 영접사도 접사는 접사이기 때문이다. 따라서 접사에 의하지 않은 파생은 내적변화에 의한 파생으로 국한되게 된다.[3)]

영접사에 의한 파생은 이를 파생어 형성의 한 갈래로 보는 학자들도 있고 그렇지 않은 학자들도 있어 형태론 내에서의 지위가 그렇게 확고하지 않다(Bauer 1983:32, 송철의 1992: 269). 한국어 형태론에서도 같은 경향을 보이고 있다. 본서는 영변화에 의한 파생은 인정하되 영접사는 인정하지 않는 입장을 받아들이기로 한다.

이 지역어에 나타나는 파생어들을 유형에 따라 예를 들면 다음과 같다.

(1) 가. 군소리, 헛소문, 재빨갛다(새빨갛다), 시뻘겋다 …
나. 크다마다(커다랗다), 길다마다(길다랗다), 겁재:(겁쟁이), 농새꾼(농사꾼), 끄스개(끌신) …

---

3) 영접사를 인정한다면 파생어 형성의 분류는 다음과 같이 나타난다(송철의 1992:19 참조).

- 파생어형성
  - 접사에 의한 파생
    - 실질적인 접사에 의한 파생
      - 접두사에 의한 파생
      - 접미사에 의한 파생
        - 어기의 품사를 바꾸는 경우
        - 어기의 품사를 바꾸지 않는 경우
    - 영접사에 의한 파생
  - 내적변화에 의한 파생
    - 모음교체에 의한 파생
    - 자음교체에 의한 파생

다. 씁쓸하다/쌉쌀하다, 짭짤하다/쯥쯜하다, 빨갛다/뻘겋다 …

라. 보얗다/뽀얗다, 가맣다/까맣다, 동그랗다/똥그랗다 …

마. 겅지-(건지-):겅지(건더기), 내굴(연기):내굴-(냅다),
 던데지-(미련하고 굼뜨다):던데지(매련하고 굼뜬 사람) …

(1가)는 접두사에 의한 파생이고 (1나)는 접미사에 의한 파생인데 '크다마다', '길다마다'는 형용사어간 '크-', '길-'에 접미사 '-다마-'가 결합되어 형성된 것으로 형용사로부터 형용사를 파생한 것이고 '겁재:', '농새꾼'은 명사 '겁', '농새'에 각각 접미사 '-재:', '-꾼'이 결합되어 형성된 것으로 명사로부터 명사를 파생한 것으로 이들은 통사범주를 바꾸지 않는 파생이다. '끄스개'는 동사어간 '끄스-'에 접미사 '-개'가 결합되어 형성된 것으로 동사로부터 명사를 파생한 것으로 통사범주를 바꾸는 파생이다. (1다~라)는 내적변화에 의한 파생인데 (1다)는 모음교체에 의한 파생이고 (1라)는 자음교체에 의한 파생이다. (1마)는 영변화에 의한 파생이다.

이상의 내용에 근거하여 본서는 함북 경원 지역어의 파생어 형성의 유형을 다음과 같이 분류하고자 한다.4)

- 파생어 형성
  - 접사에 의한 파생
    - 접두사에 의한 파생
    - 접미사에 의한 파생
      - 어기의 통사범주를 바꾸는 경우
      - 어기의 통사범주를 바꾸지 않는 경우
  - 접사에 의하지 않은 파생
    - 영변화 파생
    - 내적 변화에 의한 파생
      - 모음교체에 의한 파생
      - 자음교체에 의한 파생

4) 파생어 형성의 유형분류에 대해서는 안병희(1965), 송철의(1977), 송철의(2001)을 참조.

위와 같은 분류 이외에 파생어 형성의 유형을 '외적 파생'과 '내적 파생'으로 구분하는 경우도 있고(이희승 1955, 하치근 1989), '어휘적 파생'과 '통사적 파생'으로 구분하는 경우도 있다(고영근 1989).[5] '외적 파생'이란 대체로 실질적인 접사와의 결합으로 이루어지는 파생을 말하고 '내적 파생'이란 실질적인 접사의 첨가 없이 이루어지는 파생(영변화 파생과 내적 변화에 의한 파생)을 말한다. '어휘적 파생'이란 어기의 통사범주(품사) 혹은 통사적 기능을 바꾸지 않는 경우를 말하고(짓밟다, 걸레질) '통사적 파생'이란 어기의 통사범주(품사)를 바꾸거나 통사적 기능에 어떤 변화를 가져오는 경우를 말하는데(지우개, 많이) 사동사 파생과 피동사 파생은 어기의 품사는 바꾸지 않지만 통사적 기능을 바꾼다고 보아 통사적 파생으로 취급한다(송철의 2001:138-139).

본서에서는 위의 파생어 유형 중 접미사에 의한 파생만을 다루고자 한다. 그 외의 파생도 함께 다루었으면 좋겠으나 아직 자료수집도 되지 않은 상황에서 파생 전반을 다루기는 어려울 것으로 판단되어 접두사에 의한 파생, 영변화 파생, 내적변화에 의한 파생은 후고로 미룬다.

2.2. 파생어 형성의 규칙과 유추

주지하다시피 한국어의 단어형성법 연구는 전통문법적 연구 시기(1900년대~1950년대 초반), 구조문법적 연구 시기(1950년대 중반 이후~1970년대 초반), 생성문법적 연구 시기(1970년대 중반 이후~현재)로 나눌 수 있다. 전통문법적 연구는 품사 분류에만 중점을 두고 단어형성법(조어법)을 독립된 분야로 분리시키지 못한 시기로서 품사

5) '어휘적 파생'과 '통사적 파생'을 '한정적 파생(restrictive derivation)'과 '지배적 파생(governing derivation)'이라고도 한다(고영근·남기심 1985: 194 각주 16). 자세한 것은 고영근(1974:60-4)를 참조.

론 속에서 파생을 다루었고 파생과 굴절에 대한 명확한 구분이 없었으며 구조문법적 연구는 단어형성법과 굴절법을 구별하여 단어형성을 다시 파생법과 합성법으로 나눔으로써 단어형성법이 어느 정도의 독자성을 띠게 되었다.

1970년대 후반 생성문법의 영향으로 한국어의 파생법연구는 생성형태론적 연구로 발전하게 되었다. 따라서 한국어 형태론은 생성형태론의 방법론에 의거하여 단어형성 규칙을 정밀화하고 체계화하려고 노력해왔다. 관심의 초점을 기존 파생어들을 형태소로 분석해 나가는 데에 둔 것이냐 아니면 형태소들을 결합하여 단어를 만들어내는 데에 둔 것이냐 하는 것이 구조적 연구방법과 생성적 연구방법의 중요한 차이(김창섭 2008:434)라고 했듯이 구조문법적 연구에서는 전통적인 연구를 바탕으로 복합어나 파생어의 내적구조 분석을 통한 파생접사의 설정기준 확립과 그에 따른 파생접사의 목록작성이 이루어졌고[6] 생성문법적 연구에서는 구조주의적 형태론의 성과[7]를 바탕으로 단어형성의 규칙 설정에 중점을 두고 많은 파생어 형성 규칙들을 다룸으로써 파생접사들이 어기와의 결합을 통해 파생어를 만들어 내는 데 가해지는 여러 가지 제약들과 파생접사의 의미론이 연구되었다(송철의 1992:9-10).

단어형성 규칙에 걸리는 이러한 여러 가지 제약들에 대한 연구는 생성형태론의 영향을 받은 것이기는 하지만 한국어 음운론의 영향을 받은 것이기도 한데 한국어의 음운규칙에 음운론적 제약과 비음운론적 제약이 있는 것처럼 파생어 형성 규칙에도 여러 가지 제약이 있을 것이라는 것을 전제로 음운론적, 형태론적, 통사론적, 의미론적 제약들

6) 고영근(1972a,b, 1973, 1989) 참고.

7) 단어형성론의 측면에서 보면 직접성분 분석법에 의한 복합어의 분석, 접사 식별 기준의 확립, 접미사의 통합관계 기술, 파생 기술 방법의 모색, 접사 목록의 작성으로 요약된다(김창섭 1994:2-3 각주 4). 연구사로는 이경우(1990), 김창섭(1990, 1992)를 참고.

이 논의되었고 출력에 대한 제약으로서 저지현상(blocking)이 논의되기도 하였다(송철의 2006:125). 이런 논의들을 거치면서 파생어 형성 규칙은 어느 정도 정밀화될 수 있었으며(음운규칙만큼은 아니지만) 형용사로부터 척도명사를 파생시킬 때는 의미상 대립되는 짝 중에서 정도가 큰 것을 나타내는 형용사로부터만 파생어가 형성된다든가[8], 형용사 파생접미사 '-다랗-'은 [+공간, +양]의 의미자질을 갖는 형용사에만 결합된다든가[9], 명사 파생접미사 '-이'는 모음으로 끝나는 어기에는 결합되지 않는다든가, '-개'에 의한 명사 파생에서 '덮개, 지우개, 이쑤시개'와 같은 파생어는 형성되는데 '띠개, 빗개, 신개'와 같은 파생어가 형성되지 않는 것은 이미 이들과 동일한 의미를 가지는 '띠, 빗, 신'이 존재하는 데 따른 저지현상 때문이라든가 등 많은 새로운 사실들이 새롭게 밝혀지기도 하였다.[10]

또한 이런 논의 과정에서 단어형성 규칙은 음운규칙이나 통사규칙과는 달리 발화가 이루어질 때마다 반복적으로 적용되는 것이 아니며 단어형성이 규칙에 의해서만 이루어지는 것이 아니라는 것도 인식하게 되었다. 즉 극히 비생산적인 단어형성의 경우에는 유추에 의해서 이루어지기도 하며 통사적 구성이 단어화라는 절차를 거쳐 하나의 단어로 정착하기도 한다는 것이다(송철의 2006:126). 김창섭(1996a:4-5)에서는 단어형성의 원리는 문장형성의 원리와 다르다는 생성형태론의 어휘론자 가설을 바탕에 두고 일반적인 단어형성은 기본적으로 규칙에 의해 설명하고 낮은 생산성으로 인해 소수의 형성 예만을 보이는 단어형성 과정은 유추에 의한 형성으로 볼 수 있다고 하였다. 그 예로 '동그랗-' 등에 유추되어 '세모나-'가 '세모낳-'으로

8) 길- : 길이 / 짧- : X, 높- : 높이 / 낮- : X, 깊- : 깊이 / 얕- : X, 넓- : 넓이 / 좁- : X

9) 굵다랗-, 높다랗-/*좋다랗-, *붉다랗-

10) 송철의(2006:125-126) 참조. 파생어 형성 규칙에 대한 제반 제약현상에 대해서는 송철의(1992:91-123) 참고.

바뀐 유추적 변화의 예[11]와 '눈치'에 유추되어 '코치'가 형성된 것과 '외국인'에 유추되어 '내국인'이 형성된 유추적 형성의 예를 들고 있다.[12] 또한 Bauer(1983:95-96)의 '유추는 두세 개의 제한된 형성 예만을 보여주는 경우가 흔한 것으로 말해지고 있지만 유추적 형성이 일련의 단어형성을 위한 기동력을 제공할 가능성이 있다(김창섭 1994:7 각주 15)[13]'고 한 논의를 참고로 하나의 비례식에 의한 유추가 소수의 단어형성의 예를 보인다고 해도 이러한 유추가 도처에서 발생하기 때문에 실제로는 상당한 수의 단어가 유추에 의해 형성되는 것으로 보이며 경우에 따라서는 유추가 규칙으로 발달할 수도 있다고 하였다. 그 예로 명사구로서의 '아가 방'이 단어로 재분석되고 이를 모형으로 하는 유추적 결과로 일련의 'X+방'형의 합성명사들(아씨방, 놀이방, 노래방, 빨래방 등)이 생기고 결국 '방'이 단어형성 전용요소로 재분석된 것으로 보고 합성명사의 사이시옷이 유추에 의해 들어가게 되는 경우도 있다고 보았으며 '-뜨리다/-지다'의 짝을 이루는 단어들도 유추에 의해 형성된 것으로 보는 경우를 들고 있다.

최근에는 일반적인 단어형성이 규칙에 의하여 이루어지는 것이 아니라 어휘부 안에 배열된 관련 어휘들에 유추[14]되어 이루어진다는 주

11) 유추적 변화 중에서도 유추에 의한 확대(extension)의 예이다. 유추에 의한 확대에 대해서는 최전승 역(1992:50) 참고.

12) 김창섭(1994:6-7)에서는 전자는 '눈'과 '코'가 한국어에서 자주 인접해 쓰이면서 거의 '눈'이 먼저 등장하고 '코'가 등장한다는 어순과 이들이 심리적으로 동시 연상이 가능한 한 쌍의 단어라는 의미론적 사실이 촉발한 유추로 생각되며, 후자는 '내부:외부=내과:외과=내향성:외향성=……'등 '내:외'의 공약수를 가지는 많은 단어쌍들이 형성하고 있는 유형(pattern)이 조건이 되었을 것이라고 하였다.

13) 그 예로 landscape→seascape→cloudscape, skyscape, waterscape, dreamscape, winterscape…… 등의 형성을 들고 있다(김창섭 1994:7 각주 15).

14) 배주채(1991)에서 유추는 언어변화의 한 유형으로 유추적 평준화, 유추적 확대, 잘못된 분석에 의한 유추 등에 대한 의미라고 하였고, 김창섭(1994:6)는 Hock(1986:167)의 논의에 따라 유추란 형태, 통사, 의미상으로 유관된 형식들을 음성구조나 형태 구조적으로 서로 비슷하게 만드는

장이 제기되어(채현식 2003, 송원용 2005) 규칙론과 대립하고 있다. 이 논의들은 단어형성이 규칙에 의해서 이루어진다고 볼 수 없음을 주장하면서[15] 단어형성 규칙에 대한 대안으로서 유추를 제안하였다.[16]

채현식(2003:116-124)에서는 표현하고자 하는 개념이 있으면 그것을 표현할 단어가 있는지 탐색하고 그런 단어가 없으면 표현하고자 하는 개념에 대응되는 새 단어를 만드는 데 모형이 될 단어들을 어휘부에서 찾는데 이들 계열체의 단어들로부터 유추의 틀이 만들어지고 이 유추의 틀에 의해 새로운 단어가 형성된다고 하면서 이것이 유추에 의한 단어형성 과정이라고 하였다. 또한 유추의 틀은 필요할 때마다 임시로 만들어지는 것이기 때문에 단어를 형성하고 나면 사라진다고 하였다.

송원용(2005)에서는 어휘부와 유추를 중심으로 단어형성을 설명하고 단어형성 체계를 수립하였으며 그 틀을 기준으로 한국어의 단어형성을 공시적 단어형성과 통시적 단어형성으로 나누어 논의하였다. 또한 화자의 단어형성 능력을 표시하는 방법으로서 '어휘부-유추' 모형 즉 어휘적 관련성 개념과 그에 기반한 유추라는 추론과정을 제안하고[17] 파생은 단어 형성과정에 중추적으로 참여하는 한 직접성분의 문

과정이라고 하였으며, 송원용(2005:20)에서는 채현식(2000:72-82)의 논의에 따라 유추는 유사성에 기반한 추론 작용을 총칭하는 개념으로 어휘부에 저장된 어휘항목간의 유사성에 근거하여 새로운 단어를 만들어내는 창조적 사고 작용이라고 하였다.

15) 물론 이들도 규칙에 의한 단어형성을 전적으로 부정하는 것은 아니며 일부의 생산적인 단어형성에 대해서는 규칙에 의한 단어형성을 인정한다. 다만 이때 단어형성 규칙에 의해 형성되는 단어들은 어휘부에 등재(저장)되지 않는 임시어의 성격을 지닌다고 보고 그러한 단어형성 규칙은 필요할 때마다 반복적으로 적용된다고 본다(송철의 2006:127 각주 9).

16) Derwing & Skousen(1988)에서는 '유추'를 '규칙'을 보충하는 기제(mechanism)가 아니라 규칙에 바탕을 둔 이론의 대안으로 제안하고 있다(김창섭 1994:5 각주 7).

17) 어휘적 관련성 개념은 기존 단어에 대한 분석 도구의 역할만을 수행하는

법적 지위가 접사인 유추과정으로 파생어는 접사가 한 성분으로 고정된 채 진행되는 유추과정을 통해 형성된다고 지적하였다. 예를 들면 비교적 후대에 형성된 것으로 볼 수 있는 '지우개'는 '가리-개, 덮-개, 베-개, 뒤집-개, …'와 같은 단이군의 공통된 후행성분인 접미사 '-개'를 추축으로 삼아 선행성분을 단어형성의 동기와 직접 관련된 동사 '지우-'로 대치함으로써 형성된 것이고 '문자질'은 '편지-질, 연애-질, 전화-질, 도둑-질, …'의 공통된 후행성분인 접미사 '-질'을 추축으로 삼아 선행성분을 단어형성의 동기와 직접 관련된 명사 '문자'로 대체함으로써 형성된 것이라는 것이다. 그리고 부차적 단어형성 과정으로 '의사파생(擬似派生)'을 제시하였는데 '의사파생'이란 합성, 파생 등으로 형성된 단어의 일부분이 의미의 특수화를 겪거나 재분석되어 단어형성 과정의 중추적 직접성분으로 참여하는 유추과정이라고 규정하였다.[18] 또한 의사접사는 크게 독자적 통사 단위의 지위를 가지는 단어가 단어 내부에서 의미의 특수화를 겪어 의사접사화하는 경우와('도둑글'의 선행 성분 '도둑') 파생어를 재분석하여 얻어낸 성분이 유추 과정의 추축으로 기능하여 새로운 단어를 형성함으로써 의사접사화하는 경우('연필꽂이'의 '-꽂이')로 나뉘는데 전자는 대부분 합성이나 통사구성의 단어화를 통해 형성된 단어를 기반으로 의사접사가 추출되고 다시 그것을 기반으로 새로운 단어가 형성된다고 하였다.

본서는 단어형성이 언어의 다른 현상과 마찬가지로 규칙에 의해 지배되며 단어형성의 원리는 문장형성의 원리와는 다르다는 생성형태론의 어휘론자 가설을 바탕으로 기본적으로 규칙에 의해 함북 경원 지

잉여 규칙으로서의 단어 형성 규칙의 대안이고 유추는 일회용 규칙으로서의 단어 형성 규칙의 대안이라고 할 수 있다(송원용 2005:19).

18) 김창섭(1994/1996a:29-39)의 '단어형성 전용요소'가 사용된 단어 형성은 이와 유사한 과정인데 이 논의에서 '단어형성 전용요소'는 단어로 인정되는 형식 가운데 파생접사가 아니면서도 단어형성에만 참여하는 요소를 가리키는 개념으로 송원용(2005)의 '의사파생'은 '단어형성 전용요소'가 사용된 단어 형성보다 적용 영역이 다소 넓다.

역어의 파생어 형성을 설명하고자 한다. 한편으로는 생산성이 낮은 파생어 형성 과정은 유추에 의한 것으로 볼 수 있고 경우에 따라서는 유추가 규칙으로 발달하는 경우도 있으므로 경우에 따라서는 유추에 의한 형성의 설명방법도 적용해 보려 한다.

본서 제5장에서 논의하게 될 형용사 파생접미사 '-다마-'는 젊은 층으로 가면서는 '-다마-'가 '-다맣-'으로 대체되어 가는 경향을 보이고 있는데 이는 유추에 의한 형성으로 볼 수 있다. '-다마-'는 표준어의 '-다랗-'에 해당하는 접미사로서 '-아/어-'로 시작되는 어미와 결합할 때 '-다랗-'과 동일한 활용양상을 보이고 있다. 즉 '-하-' 동사나 형용사의 활용양상과 동일한 활용양상을 보인다는 것이다. '-다랗-'이 이런 활용양상을 보이는 것은 '-다랗-'이 '-다라하-'로부터 발달하였을 것이기 때문이므로(송철의 1992:223) '-다마-'도 '-다마하-'로부터 발달한 것으로 볼 수 있다. 다만 '-다랗-'과 달리 '-다맣-'이 아닌 'ㅎ'이 탈락된 '-다마-'로 나타난다는 것이다. 이는 'X하다'류 용언에서 어간에 결합되는 '-하다'의 두음 'ㅎ'이 탈락되었기 때문이다. 이 지역어에는 'X하다'류 용언에서 어간에 결합되는 '-하다'의 두음 'ㅎ'이 탈락되는 경우가 많다(깨까자다, 똑또가다 등).[19] 젊은 층으로 가면서는 '-다마-'가 '-다맣-'으로 대체되어 가는 경향을 보이고 있어 흥미롭다.

2.3. 공시성과 통시성

단어형성의 공시성과 통시성의 문제는 형태론적 관점과 음운론적 관점에서 모두 제기된 것이다.

단어형성의 공시성과 통시성의 문제를 형태론적 관점에서 본격적으로 제기하게 된 것은 생성형태론의 등장으로 형태론이 단어의 분석보

---

19) 채옥자(2005:175)에서 이미 지적된 바 있음.

다는 생성에 주된 관심을 두고 단어형성 규칙을 논의하면서부터라고 할 수 있다. 음운론적 관점에서 음운규칙의 공시성과 통시성을 논의하는 과정에서 논란의 대상이 된 것은 단어형성 중에서도 특히 파생어 형성이 공시적인 것이냐 통시적인 것이냐 하는 것이었다.

형태론에서 공시성과 통시성을 판별하는 기준으로는 생산성과 어휘화를 들 수 있는데 생산성은 단어 형성 규칙의 공시성 여부를 판별하는 기준이라 할 수 있고 어휘화는 파생어나 복합어의 공시성 여부를 판별하는 기준이라고 할 수 있다. 여기서 생산성은 질적인 측면에서의 생산성으로서 새로운 단어를 만들어내는 규칙은 생산적인 규칙이고 새로운 단어를 만들어 내지 않는 규칙은 비생산적인 규칙이다. 그러나 생산적인 규칙에 의하여 만들어진 단어라 하더라도 공시적인 관점에서 예측 불가한 정보를 가지게 된 것은 어휘화한 것으로 보아야 한다(송철의 2006:130). 이런 입장에서 보면 공시적인 단어형성 규칙을 설정하고 있지만 단어형성 과정이 가질 수 있는 통시성의 문제를 전혀 고려하지 않은 것은 아니다.

최근에는 단어형성 과정이 본질적으로 통시적이라는 주장이 제기되었는데 대표적인 논의로는 박진호(1994, 1999), 송원용(1998, 2000, 2002, 2005)가 있다. 이들의 주장에 따르면 기존에 존재하지 않던 단어가 새롭게 형성되어 어휘부에 등재된다면 이는 어휘부의 확장을 가져오며 이는 다시 문법의 변화를 초래하게 되므로 단어의 형성은 통시적 현상이지 공시적 문법의 일부가 아니라는 것이다.[20] 즉 새로운 음소가 생겨서 음소체계에 변화가 일어나는 것을 탐구하는 것이 통시음운론에 속하듯이 새로운 단어가 만들어져서 어휘체계에 변화가 일어나는 것을 탐구하는 것은 통시언어학에 속한다는 것이다.

반면 이호승(2001)은 이에 대해 다른 견해를 보인다. 그는 단어의

20) 이들의 경우도 아주 생산적인 일부의 단어형성은 공시적 과정이라고 보고 이러한 공시적 과정에 의해 형성되는 단어들은 어휘부에 등재되지 않는다고 본다.

형성과정은 공시적 과정으로, 단어의 등재(저장)과정은 통시적 과정으로 보아 이 둘을 구분하고자 한 것이다. 어휘체계의 변화가 발생하는 것은 단어가 형성되어 어휘부에 저장된 이후의 일이기 때문에 단어형성 과정 그 자체로 볼 수 없으므로 새로운 단어가 어휘부의 변화를 일으키는 현상이 단어형성 과정의 공시적 성격을 부정하는 근거가 될 수는 없으며 어휘부 등재 여부로 단어형성 과정의 공시성을 판단하기는 어렵다고 하였다. 물론 단어형성 과정을 모두 공시적이라고 본 것은 아니라 어휘부에 등재 되어 있는 기존 단어들의 내적 구조에 대한 화자의 공시적 직관을 바탕으로 단어가 형성되는 경우만은 공시적인 것으로 보았다.

송철의(2006:132-133)에서도 단어형성이 언어능력과 관련된 것이라면 형성된 단어의 어휘부 등재는 기억의 문제라는 점도 유념할 필요가 있다는 점에서 단어의 형성과 등재는 분리하여 논의하여야 한다고 하였다. 어떤 단어는 한번만 듣고서도 기억하지만 어떤 단어는 기억하지 못하는 것처럼 한번 생성한 단어를 우리는 전부 기억할 수 없기 때문에 동일한 단어를 문장을 형성하듯이 늘 새로 형성하여 사용하지는 않겠지만 새로 형성한 단어가 기억에 남게 될 때까지는 반복적으로 형성할 가능성을 배제할 수 없다는 것이다.

인간의 언어능력에는 단어를 분석할 수 있는 능력과 새로운 단어를 생성할 수 있는 능력이 있다. 하지만 단어형성 규칙을 완전히 통시적인 것으로 간주해 버리면 인간의 언어능력 중 단어형성 능력을 부정하는 결과를 초래할 수 있다. 언어 능력이란 공시적인 측면을 바탕으로 논의되는 것이기 때문이다(송철의 2006:130).

가령 '소나무', '부나비'와 같이 기존의 복합어가 있는데도 '솔나무, 불나비'와 같은 새로운 복합어를 생성한다든가, 재구조화된 어기가 새로 파생어를 형성한다든가 하는 현상들은 전적으로 통시적인 것으로 보기는 어렵다고 생각된다.

본서에서는 통사적 단위들의 결합이 그대로 굳어져서 단어가 형성되는 과정은 통시적 성격을 가진다고 보고 생산적인 규칙에 의하여 단어가 형성되는 과정 즉 단어들의 내부 구조에 대한 화자의 공시적 직관이 개입되는 단어형성은 공시적 성격을 가진다고 보고 논의를 진행하고자 한다.[21]

2.4. 파생어 형성과 생산성

주지하다시피 단어형성에 있어서 중요하게 다루어지는 것 중의 하나가 공시성과 통시성의 문제인데 단어형성의 공시성 여부를 판별하는 기준으로 일반적으로 '생산성'을 논하게 된다. 파생어 형성을 기술함에 있어서 흔히들 사용해 온 '생산적'이란 말은 생산성이 높다는 의미이고 '비생산적'이란 말은 생산성이 낮다는 의미이다. 말 그대로 이는 파생어 형성 규칙의 생산성(productivity)을 의미 하는 것으로 전통적인 의미로는 파생된 파생어의 숫자가 생산성을 가늠하는 척도가 되었다. 말하자면 어떤 파생접사에 의해 형성된 파생어의 수가 많을 때 그 파생접사에 의한 파생어 형성은 생산적이라 하였고 파생어의 수가 적을 때 비생산적이라 하였다(송철의 1992:27). 그러나 이러한 생산적인 측정방법은 그 기준이 모호한 것으로 생산적인 것인지 비생산적인 것인지를 판별하는 객관적인 기준(파생어의 숫자)이 없이 대체로 연구자의 직관적인 판단에 의존한 것이다.

생성형태론에 와서 생산성의 문제가 파생어 형성에 있어서 중요한 과제로 부각되면서 생성형태론 연구자들은 어기에 대한 제약(음운론적 제약, 형태론적 제약, 의미론적 제약)을 기준으로 생산성을 측정하였다. 첫 번째 방법은 어기에 대한 제약이 적은 것일수록 생산적인 규칙이고 반대로 어기에 대한 제약이 많은 것일수록 비생산적인 규칙이

21) 파생어 형성 규칙은 새로운 단어를 생산해 내는 규칙이면서 동시에 이미 존재하는 단어를 분석하는 규칙이기도 하다(송철의 1992:89).

라는 것이다. 그러나 어기에 대한 제약의 정도와 생산성의 정도가 반드시 비례하는 것은 아닌 듯하다.22) 두 번째 방법은 파생어 형성 규칙의 입력이 될 수 있는 단어의 총수 대 그 규칙에 의해 파생되어 나오는 단어의 수에 대한 비율을 내는 방법으로 비율이 높은 것일수록 생산성이 높은 규칙이 될 것이다.23) 어기에 대한 제약도 고려하고 파생어의 수도 고려한 것이므로 비교적 객관성을 띨 수 있는 방법이라고 할 수 있다.

그러나 이상에서 논의한 생산성의 측정방법들은 언어의 생성적인 측면을 고려하지 않고 있다는 공통적인 문제점을 갖고 있다. 그리하여 생산성의 측정에 있어서 규칙의 생산력(새로운 단어를 생성할 수 있는 가능성)을 고려하여 '기존의 단어(actual word)'만을 바탕으로 하지 말고 '가능한 단어(possible word)'도 고려해야 한다는 측정방법들이 논의되었다. 또한 언어습득의 측면에서도 생산성이 논의되었는데 이 논의는 공시적으로 생산력이 있는 규칙과 생산력이 없는 규칙을 판별할 기준이 명쾌하게 주어질 수 있느냐는 문제점을 안고 있다. 여기에서 제시된 기준은 어기와 파생어의 의미관계의 규칙성과 일관성이다.24)

Baayen(1989)에서는 특정 접사가 만들어낸 파생어의 총수에 대한 단발어의 비율을 생산성의 지표로 제시하였는데 이는 그 접사에 의해

---

22) Aronoff(1976:62)에는 영어에서 접미사 '-ous'는 어기에 별다른 제약을 갖고 있지 않지만 그 규칙이 생산적이지 않다는 사실이 보고되어 있다(송철의 1992:28).

23) 예를 들면 10개의 어기로부터 5개의 파생어를 생산해 내는 규칙과 5개의 어기로부터 4개의 파생어를 생산해 내는 규칙이 있다면 단순히 파생어의 숫자만 본다면 전자가 더 생산적이라고 할 수 있지만 비율을 가지고 본다면 후자가 전자보다 더 생산적이라고 할 수 있다(송철의 1992:28).

24) 어기와 파생어의 의미상의 관계가 규칙적으로 예측될 수 있고 또 모든 예들에서 일관성이 있으면 그 파생어 형성 규칙은 생산력이 있는 것이고 어기와 파생어의 의미상의 관계가 규칙적으로 예측될 수 없거나 일관성이 없으면 그 파생어 형성 규칙은 생산력이 없는 것이 된다는 것이다(송철의 1992:30).

형성된 단어 중 코퍼스(조사 대상이 된 자료)에서 1회 출현하는 단어가 많을수록 그 접사의 생산성이 높다고 판정할 수 있다는 생각에 근거한 것이다. 단발어란 말 그대로 조사 대상이 된 자료에서 한번만 나타나는 단어이다. 이런 방법론은 생산성에 접근하는 데 있어서 여러 가지 타당성이 있긴 하지만 지나치게 단발어에만 의존한다는 점과 접사가 형성하는 파생어의 계열체 전체 및 개별 파생어의 빈도적 속성 등을 깊이 고려하지 않는다는 점에서 몇 가지 문제를 안고 있다(이광호 2009: 43 각주 7).[25)]

송철의(1992)에서는 각 접미사에 의한 파생어 형성을 다루면서 생산성의 유무를 판단하기도 하였으나 공시적으로 생산력의 유무를 판단할 객관적인 언어학적 기준을 제시하기 어렵고 또한 생산성에 영향을 미치는 다양한 요인들 때문에(어기에 대한 각종 제약, 화용론적인 문제 등) 생산성 정도[26)]의 객관적인 측정에 대한 명확한 기준을 제시할 수 없다고 지적하였다. 또한 그럼에도 불구하고 생산성을 논의하는 것은 이 생산성이 파생어의 의미와 관련이 있어 보이기 때문이라고 하면서 생산성이 높은 파생어 형성 규칙에 의해 파생된 파생어들은 생산성이 낮은 규칙에 의해 파생된 파생어들보다 의미가 더 투명한 만큼 그 의미를 더 쉽게 예측할 수 있다고 하였다.[27)]

---

25) 하나는 Baayen이 본래 의도했던 단발어는 '신어'였으나 '본래 저빈도어', '코퍼스의 특성상 나타나는 단발어'까지 포함됨으로 인해 생산성 지표가 실제 생산성보다 커지는 오류가 생긴다는 것이다. 다른 하나는 개별 파생어의 빈도 특성을 고려하지 않고 접사의 생산성과는 무관하다고 할 수 있는 단일체로 인식·처리되는 고빈도 단어까지 모두 합산하여 그 접사가 형성하는 파생어의 총수에 포함시킴으로 하여 실제보다 생산성 지표가 더 낮게 산출되는 오류가 생긴다는 것이다. 그리고 해당 접사가 형성한 파생어의 유형 빈도에 대한 고려가 없기 때문에 유형 빈도가 매우 작은 극히 비생산적인 접사의 생산성 수치가 예상외로 높게 나타날 수 있다는 것이다(이광호 2009:43-45).

26) 생산력이 있는 규칙 중에도 좀 더 생산적인 규칙과 덜 생산적인 규칙이 있는 듯하다(송철의 1992:31).

27) 이상의 논의는 송철의(1992:27-31)을 참고.

본서에서는 생산성은 측정하지 않지만 설명의 필요에 따라 '생산성', '생산성이 높다', '생산적이다'라는 용어는 사용할 것이다.

2.5. 파생어 형성과 어휘화

어휘화는 합성어나 파생어와 같은 복합어가 음운론적, 형태론적, 의미론적 변화를 입어 규칙으로 받아들이기 어려운 상태가 된 것을 나타내는 개념이다. 이때의 '어휘화'는 '단일어화', '화석화'라는 개념과 상통하는 것으로 볼 수 있다.[28] 어휘화에는 음운론적 어휘화, 형태론적 어휘화, 의미론적 어휘화가 있다.[29] 파생어 형성을 놓고 말하면 어기와 파생어의 관계가 음운론적으로, 형태론적으로, 의미론적으로 설명될 수 있어야 하는데 이 중 어느 한 부분이라도 설명될 수 없는 부분이 있으면 그 파생어는 어휘화했다고 본다는 것이다.

본서의 연구대상은 방언자료에 나타나는 접미파생어들로서 여기에는 공시적인 파생으로 보기 어려운 파생어들이 다수 나타난다. 통시적으로 어기가 소멸되었거나 접미사가 비생산적이 되었거나 어기가 재구조화를 겪어 어휘화된 것들이다. 또한 표준어에서는 어휘화되었으나 이 지역어에서는 공시적인 파생으로 볼 수 있는 것들도 다수 존재한다. 말하자면 이 지역어에도 음운론적, 형태론적, 의미론적으로 어휘화한 예들이 다수 존재한다는 것이다. 이 절에서는 송철의(1992:31−49)의 어휘화에 대한 논의를 바탕으로 이 지역어의 어휘화에 대해

---

28) 논자에 따라서 용어를 달리 사용하기도 하는데 이현희(1991)에서는 '단일어화'라는 용어를 사용하였고, 김성규(1987), 송철의(1992)에서는 '어휘화'라는 용어를 사용하였으며, 구본관(1998b)에서는 '화석화'라는 용어를 사용하였다. 구본관(1998a)에서는 '어휘화'라는 용어를 어휘부이론과 관계되는 개념으로 임시어가 실재어가 되는 과정을 나타내는 개념으로 사용하였다.

29) '음운론적 어휘화', '형태론적 어휘화', '의미론적 어휘화'에 대한 자세한 내용은 송철의(1992:32−47) 참고.

간략하게 논의하려 한다.

표준어에서 음운론적 어휘화의 대표적인 예로 '아프-, 고프-'를 들 수 있는데 이 지역어에서도 '아프-, 고프-'는 음운론적으로 어휘화된 것이다. '아프-, 고프-'는 공시적인 음운규칙으로 설명할 수 없는 통시적 음운변화를 입어 더 이상 파생규칙에 의해 파생어를 생성할 수 없게 되어 어휘화하게 된 것이다.[30)]

'추위, 더위'는 표준어에서는 음운론적으로 어휘화된 것이지만 방언형인 '칩이, 덥이'는 공시적인 파생으로 볼 수 있다. '칩이', '덥이'는 형용사어간에 명사 파생접미사 '-이'가 결합되어 형성된 것이다. 이 지역어에는 'ㅂ'불규칙이 존재하지 않으며 표준어에서 'ㅂ'불규칙 활용을 하는 용언어간들은 이 지역어에서 규칙활용을 한다(굽- + -어라 → 구버라(구워라), 칩- + -아서 → 치바서(추워서), 가찹- + -으무 → 가차부무(가까우면)[31)]). 또한 명사 파생접미사 '-이'가 결합되거나 부사 파생접미사 '-이'가 결합되어도 어간말음 'ㅂ'은 탈락하지 않는다(굽- + -이 → 구비(구이), 칩- + -이 → 치비(추위), 가찹- + -이 → 가채비(가까이)). 따라서 이 지역어에서 '칩이, 덥이'는 "[[칩]-+-이]', '[[덥]-+-이]"로 분석될 수 있으며 형용사어간에 '-이'가 결합하여 공시적으로 파생된 파생어로 볼 수 있다.

이 지역어에서 형태론적 어휘화를 겪은 것들로는 '불부다', '웃브다[우뿌다]', '아프다', '고프다', '너비뛰기/너비띠기' 같은 것들이 있다.

'불부다'는 '부럽다'의 방언형으로 '[[블-]+-브-]'로 분석할 수 있는데 어기 '블-'이 소멸되어 쓰이지 않으므로 형태론적으로 어휘화한 것이다. '[[웃-]+-브-]'로 분석되는 '웃브다[우뿌다]'는 어기 '웃-'이 이 지역어에 존재하므로 공시적으로 분석은 가능하다. 그러나 접미

30) '아프-', '고프-'의 음운론적 어휘화에 대한 자세한 논의는 송철의(1992:32-33) 참고.

31) '칩-', '가찹-'은 '춥-', '가깝-'의 방언형이며, '-으무'는 '-으면'의 방언형이다.

사 '-브-'에 의한 새로운 파생어가 전혀 나타나지 않고 '-브-'가 현재 전혀 생산성이 없는 것으로 보이므로 '웃브다'도 형태론적으로 어휘화한 것이다. 음운론적으로 어휘화한 '아프다', '고프다'는 이런 점에서는 형태론적으로 어휘화했다고 볼 수 있다.

'너비뛰기/너비띠기', '높이뛰기/높이띠기'는 운동명을 나타내는 명사들인데 '부사+동사'를 어기로 형성된 것이다. '높이뛰기/높이띠기'는 공시적인 파생이라 볼 수 있지만 '너비뛰기/너비띠기'는 공시적인 파생이라 볼 수 없다. '너비'가 부사로 기능하지 않기 때문이다. '너비뛰기/너비띠기'는 '너비'가 부사로 기능하던 선대시기에 형성되어 형태론적으로 어휘화된 것으로 이는 어기의 문법적 기능이 달라진 경우이다.

이 지역어의 의미론적 어휘화는 다음의 예들에서 찾아볼 수 있다.

'살림살이', '세간살이'는 '[[살림+살-]+-이]', '[[세간+살-]+-이]'로 분석할 수 있는데 이 지역어에서 '살림을 차려서 사는 일'이나 '세간 즉 집안 살림에 쓰는 온갖 물건'을 의미하기도 하는데 후자의 의미로 쓰일 때는 어기와의 파생관계가 잘 인식되지 않으므로 의미론적으로 어휘화된 것으로 볼 수 있고 '개뜯어먹개'는 '[[개+뜯어먹-]+-개]'로 분석할 수 있는데 '개가 뜯어먹은 물건이나 개가 무엇을 뜯어먹는 데 사용되는 도구'를 나타내는 것이 아니라 '옷이나 어떤 물건이 개가 뜯어먹은 것처럼 다 찢어져 너덜너덜하게 된 상태'를 의미하는데 어기와의 파생관계가 잘 인식되지 않으므로 의미론적으로 어휘화한 것이다. 또한 연변 지역어에서는 현재 '세간살이'가 '세간'의 의미로 쓰이고 있으며 '[세간+살-]'이 존재하지 않으므로 '[[세간+살-]+-이]'는 형태론적으로도 어휘화한 것으로 볼 수 있다.

'택받이'는 '[[택+받-]+-이]'로 분석할 수 있는데 '어린아이의 턱 아래에 대어 침이나 음식물이 옷에 묻지 않게 하는 헝겊으로 만든 물건'을 의미하는데 '택을 받는 물건'이 아니라 '택에 받치는 물건'으로 의미상으로 어기와의 파생관계가 잘 인식되지 않기 때문에 의미론적으로 어휘화된 것으로 볼 수 있다. 한편 이 지역어에서는 '택받이'를

'택받치개'라고도 하는데 '택받치개'는 '택에 받치는 물건'이라는 의미를 나타내는 것이므로 의미상으로 어기 '택+받치-'와의 파생관계가 잘 인식되는 편이다.[32] 사용빈도 면에서는 '택받치개'가 훨씬 우위를 점하고 있다. '택바디'의 의미가 쉽게 예측되지 않기 때문에 아주 생산적인 도구명사 파생 기능을 가진 접미사 '-개'에 의하여 '택받치개'가 파생되었으며 점점 그 세력을 확장하여 '택바디'를 대체해 가고 있는 것이다.

'집들이'도 어기와의 파생관계가 잘 인식되지 않으므로 의미론적으로 어휘화한 것이다. '집들이'는 '[[집+들-]+-이]'로 분석할 수 있는데 '집에 드는 행위'를 의미하는 것이 아니라 '이사한 후에 이웃과 친지를 불러 집을 구경시키고 음식을 대접하는 일'을 의미한다.

2.6. 용어

어근, 어간, 어기는 단어형성을 논함에 있어서 필수적인 개념으로서 단어형성에 있어서 어근, 어간, 어기에 대해서는 여러 가지 논의가 있어 왔다. 본서에서는 그중에서 이익섭·채완(1999:55-65)의 논의를 따르기로 한다.

이 논의에 따르면 형태소는 어기와 접사로 나뉘고 어기가 다시 자립어기와 의존어기로 나뉘며 접사는 접두사와 접미사로 나누어진다. 그중 의존어기는 또다시 어간과 어근으로 나누어진다는 것이다. 이들은 다음과 같이 정의된다.

어기: 단어의 중심부를 형성하는 요소
접사: 단어의 주변부를 담당하는 요소
자립어기: 독립적으로 단어가 될 수 있는 어기

---

32) '택'은 '턱'의 방언형이고 '바치-'는 '받치-'의 방언형이다.

의존어기: 단어의 중심부를 담당하기는 하지만 독립적으로 단어가 될 수 없는 의존적인 언어형식
어간: 단어의 중심부를 담당하면서 굴절접사와 직접 결합할 수 있는 어기
어근: 단어의 중심부를 담당하기는 하되 어미와 직접 결합할 수 없는 어기

이 분류를 표로 보이면 다음과 같다.

- 형태소
  - 어기
    - 자립어기
    - 의존어기
      - 어간
      - 어근
  - 접사
    - 접두사
    - 접미사

본서는 주로 함북 경원 지역어의 접미사에 의해 형성된 파생어들을 살펴보는 것을 통해 그 특성을 밝히고 접미사들의 분포와 의미기능을 살피는 데 목적이 있기 때문에 이들 용어에 대해서는 이익섭・채완(1999)의 정의 및 분류체계를 따를 뿐 정의에 대한 깊이 있는 논의는 하지 않는다.

또한 본서 제7장에서는 어근 파생을 다루게 되는데 어근 파생에 참여하는 접미사는 기존의 많은 논의들에서 서로 다른 명칭으로 불려왔다. 김창섭(1985/2008)에서는 '어근형성의 파생접미사', 송철의・이남순・김창섭 1992, 임성규 1994)에서는 '어근형성접미사', 이기갑(2005b)에서는 '어기형성접미사', 송정근(2007)에서는 '어근형성요소', 홍석준(2015)에서는 '어근 파생접미사' 등으로 불렀다.[33] 본서에서는

파생어근을 형성하는 접미사를 인정하고 송철의 · 이남순 · 김창섭(1992)를 따라 '어근형성접미사'로 부른다.

김창섭(1996a:18 각주 19)에서는 어간에 파생어간과 합성어간이 있는 것과 같이 어근에도 '파생어근'과 '합싱어근'이 있다고 하면서 '푸르스름하다'의 '푸르스름'을 '파생어근', '시원섭섭하다'의 '시원섭섭'을 '합성어근'이라고 하였고 김창섭(1996a:160-161)에서는 단어의 분류체계(김창섭 1996a:9 각주 1)에 따라 어근을 '단순어근', '합성어근', '파생어근'으로 분류하였다. 본서에서는 이에 근거하여 본서의 단어 분류체계에 따라 '단순어근' 대신 '단일어근'이라고 부르고 '어근형성접미사'에 의해 파생된 어근을 '파생어근', 합성법에 의해 형성된 어근을 '합성어근'이라고 부른다. 그리고 '파생어근'과 '합성어근'을 합쳐서 '복합어근'이라 부른다.

33) 이기갑(2005b:198)에서는 '높직하다'의 '높직'을 어기라고 하고 '높-'과 '-직'으로 분석이 가능하므로 어근은 될 수 없다고 하였는데 이는 Bauer(1983)의 어근과 어기 개념을 따른 것이다.

3. 명사 파생

주지하다시피 한국어의 파생어 형성에서는 접미사에 의한 파생이 가장 생산적이면서도 가장 다양한 파생의 양상을 보여주고 있다. 접미사에 의해 형성되는 파생어에는 명사, 동사, 형용사, 부사가 있으므로 접미사에 의한 파생어 형성은 명사 파생, 동사 파생, 형용사 파생, 부사 파생으로 나뉘어 논의될 수 있다. 또한 단어의 자격은 갖지 못하지만 접미사와의 결합을 통하여 단어형성에 참여하는 어근을 형성하는 어근형성접미사에 의한 파생이 있다. 이는 방언에서도 마찬가지이다. 본서는 함북 경원 지역어의 접미사에 의한 파생어 형성을 명사 파생, 동사 파생, 형용사 파생, 부사 파생, 어근 파생으로 나누어 논의하려 한다. 이 장에서는 우선 명사 파생에 대해 살펴보기로 한다.

한국어에서 많은 비중을 차지하는 것이 명사인 만큼 명사를 파생시키는 접미사도 다양하게 나타나고 이 접미사들에 의해 형성된 파생어도 매우 많다. 이 지역어에서도 마찬가지로 명사 파생접미사가 가장 많이 나타나는데 이들은 주로 동사·형용사어간, 명사, 의성·의태어, 어근 등을 어기로 취하여 명사를 파생시킨다.

방언의 특성상 그 종류가 많고 분포와 의미 기능도 다양하므로 본서에서는 편의상 의미기능에 따라 명사 파생을 행위명사 파생, 사물명사 파생, 인칭명사 파생, 그 밖의 접미사에 의한 파생으로 나누어 논의하려고 한다. 그러나 접미사 대부분이 복수의 의미기능을 가지고 있거나 그 의미기능을 규정짓기 어려운 것이 많아 일괄적으로 한 유형으로 규정하기 어려운 점이 있다. 그렇다고 이들의 모든 의미기능에 따라 같은 형태의 접미사를 여러 갈래로 세부적인 분류를 하는 것은 논의의 전개에 다소 혼란을 가져올 수 있으므로 본서에서는 서술의 편의상 이들 접미사의 여러 가지 의미기능 중에서 기원적으로 가장 기본이 되는 의미 혹은 생산성이 높은 의미를 기준으로 분류하려고 한다.[1] 다만 집사의 기원이 다르고 취하는 어기의 문법적 자격도 다르며 의미특성도 다른 것으로 보이는 것은 세부적인 분류를 한다('-이$_1$', '-이$_2$', '-이$_3$'; '-내기$_1$', '-내기$_2$'; '-대기$_1$', '-대기$_2$').

3.1. 행위명사 파생

이 지역어에서 행위명사를 파생하는 접미사에는 '-이$_1$', '-음', '-기', '-질', '-내기$_1$'이 있다.

표준어의 파생접미사 가운데서 단일 수단으로 파생 영역이 가장 넓은 접미사는 '-이'이다. '-이' 파생접미사는 원래 행위명사나 척도명사와 같은 추상성을 가진 명사를 만드는 수단으로 사용되었으나, 점차 그 기능을 구체적 사물의 명칭을 만드는 것으로 확대하여 그 적용의 범위를 넓혀가고 있다(심재기 1982 : 310).

이 지역어에서도 표준어와 마찬가지로 명사 파생접미사 중에서 '-이'가 가장 다양하면서도 생산적인 파생기능을 보이고 있다. 명사 파생접미사 '-이'는 동사어간에 결합하여 명사를 파생시키기도 하고('뽑이', '벌이' 등), 형용사어간에 결합하여 명사를 파생시키기도 하며('높이', '칩이' 등), 명사[2]에 결합하여 다시 명사를 파생시키기도 한다

---

1) 이춘영(2015:325-326)에서 인칭접미사를 같은 기준으로 분류한 바 있다.

2) 송철의(1992: 135)에서는 중부방언에서 명사로부터 다시 명사를 파생시킬 때 어기로 기능하는 명사는 대개 복합어로서 신체의 한 부위의 명칭(팔, 손, 눈, 발)인 경우가 많고 파생어의 의미는 '그러한 신체부위를 가지고 있는 사람이나 동물'을 뜻한다고 하면서 대표적인 예로 '곰배팔이, 애꾸눈이, 육손이, 곱사등이' 등을 들고 있다. 그러나 이 지역어에서는 명사로부터 명사를 파생시킬 때 어기가 복합명사인 파생어는 '안고발이[앙고

('도티', '안고발이' 등). 또한 의성·의태어 어근을 포함한 어근에 결합하여 명사를 파생시키기도 한다('빼꾸기', '누덱이', '게걸이' 등).[3]

본서는 편의상 동사어간에 결합하여 명사를 파생시키는 '-이'는 '-이$_1$', 명사나 의성·의태어 어근에 결합하여 명사를 파생시키는 '-이'는 '-이$_2$', 형용사어간에 결합하여 명사를 파생시키는 '-이'는 '-이$_3$'로 구별하여 논의를 진행하기로 한다.[4]

3.1.1. '-이$_1$'

동사어간과 결합하여 명사를 파생하는 '-이$_1$'는 중세한국어 이래 가장 대표적인 명사 파생접미사로 간주되어 왔고 표준어에서도 여전히 생산적인 파생능력을 가지고 있는 것으로 여겨지고 있다(송철의 1992:127). 이 지역어에서도 높은 생산력을 갖고 있으며 많은 파생어들을 형성하고 있다.

(1) 가. 굽이[굽이](구이), 뽑이[뽑이](서랍), 벌이, 놀이[5]
cf. 돈벌이[돈빼리], 밥벌이, 기차놀이[6], 술놀이[7], 변놀이[8](김), 꽃전놀이[9](A), 횃불놀이[10](A)

바리]'(안짱다리인 사람), '곰배팔이' 외에는 찾아보기 힘들다.

3) '뽑이'는 '서랍', '치비'는 '추위', '도티'는 '돼지', '게걸이'는 '게걸스러운 사람'을 뜻하는 말이다.

4) '-이$_2$'에 대해서는 3.3.3.7 참고, '-이$_3$'에 대해서는 3.4.6 참고.

5) 이 지역어에서 '놀이'는 단독으로 쓰이기보다는 '기차놀이, 술놀이, 변놀이, 꽃젼놀이, 횃불놀이' 등과 같이 합성명사의 형태로 많이 쓰인다.

6) 아이들 놀이의 하나. 여러 명의 아이들이 앞뒤로 한 줄로 서서 앞 사람의 어깨나 허리를 잡고 줄을 지어 노래를 부르며 빙빙 돌아가며 논다.

7) 술을 마시면서 노는 놀이.

8) 남에게 빚을 주고 이자 받는 것을 업으로 하는 일.

9) 봄에 화전을 지져 먹으면서 노는 들놀이나 산놀이.

10) 전날에, 사람들이 두 편으로 갈리어서 밤에 횃불을 켜들고 나와 승부를

나. 미닫이[미다디](미닫이), 나들이(A)

(1)은 단일형태소 어간이나 단일형태소 어간과 거의 비슷한 자격을 갖는 비통사적 합성동사와 결합하여 명사를 파생한 경우이다. (1가)는 '-이$_1$'가 단일형태소 동사어간을 어기로 취하여 명사를 파생시키는 경우이다. 여기에서 '-이$_1$'는 '-하는 행위' 또는 '그 동작이 미치는 대상물'을 나타낸다. '굽이'는 '굽- + -이'로 분석할 수 있는데 '생선, 두부 등을 기름에 구운 것 혹은 밀가루나 찹쌀가루를 반죽하여 둥글고 넓게 하여 기름에 구운 것'을 가리키며[11], '뽑이'는 '뽑- + -이'로 분석할 수 있는데 '뽑았다 넣었다 하는 서랍'을 가리킨다. '벌이, 놀이'는 동사어간 '벌-', '놀-'에 '-이'가 결합되어 형성된 것으로 '일을 하여 돈이나 재물을 버는 일, 어떤 게임을 하면서 노는 행위'를 나타내고 '돈벌이, 밥벌이, 기차놀이, 술놀이, 변놀이, 꽃전놀이, 횃불놀이'는 단일형태소 동사어간 '벌-, 놀-'에 '-이'가 결합되어 형성된 파생명사 '벌이, 놀이'가 다시 명사와 결합하여 형성된 합성명사이다.

(1나)는 비통사적 복합동사를 어기로 취하여 형성된 파생명사들이다. 표준어에서와 마찬가지로 이 지역어에서도 비통사적 합성동사의 형성은 거의 생산력이 없는 것으로 여겨진다. 따라서 비통사적 합성동사의 목록은 극히 한정되어 있으며 비통사적 합성동사를 어기로 하는 '-이'명사 파생은 거의 생산력이 없는 것으로 보인다. '미닫이'는 '옆으로 밀어서 여닫는 문'을 가리키는데 '[[밀-+닫-]+-이]'로 분석할 수 있으며, '나들이'는 '(놀러가거나 구경을 다니거나 사사로운 볼일을 보려고) 집을 떠나 가까운 곳에 잠시 가는 일'을 가리키는데 '[[나-+들-]+-이]'로 분석할 수 있다.

겨루던 놀이. 묵은 잔디나 밭둑의 묵은 풀을 태우기 위해 생각해낸 놀이였다.

11) 이 지역에서는 밀가루나 찹쌀가루를 반죽하여 부쳐낸 것을 '지짐이'라고도 한다.

표준어에서와 마찬가지로 '−이$_1$'는 [[명사 + 동사어간] + '−이']$_N$, [[부사 + 동사어간] + '−이']$_N$와 같은 구성에서 매우 생산적이다. 이 유형의 파생어들은 얼마든지 새로 만들어질 수 있는 것으로 여겨지는데 이들에서의 '−이'의 의미는 단일하지 않다.

(2) 가. 등잔받이(등잔대, A), 택받이[택바디][12](턱받이, A), 재떨이~재떨이, 발걸이[13](A), 등걸이([[등+걸−]+−이], A), 목걸이, 해받이[해바지](양지, A), 하느받이[하느바디]~하누받이[하누바디](입천장, A)
나. 털갈이(A)~털벗이(털갈이), 집들이, 품들이(품앗이), 품팔이(A), 동네돌이, 아:설이~아:셜이~아이설이~애기셜이~애기설이[14](A), 밧걸이~덧걸이(A), 안걸이(A), 덕걸이(A), 옥걸이(A), 마수걸이(A)
다. 무녀리(무녀리, A), 젖멕이~졎멕이(A)
라. 싹쓸이(송두리째, B)

(2가)에서 '−이'는 '명사+동사어간'을 어기로 취하여 대체로 도구명사 또는 사물명사를 파생시키는 경우인데 주로 그 행동이 미치는 대상물을 가리킨다. '등잔받이, 재떨이~잿떨이, 택받이, 발걸이'는 [[등잔+받−]+−이], [[재+떨−~털−]+−이], [[택+받−]+−이], [[발+걸−]+−이]'로 분석할 수 있는데 각각 '등잔을 받치는 물건 즉 등잔을 올려놓는 대, 재를 떨어놓는 그릇, 어린아이의 턱 아래에 대어주는 음식물이나 침이 옷에 안 묻도록 받는 헝겊으로 된 물건, 그넷줄의 맨 아래에 걸쳐 두 발을 디디게 된 물건'을 가리키며 '등거리, 목걸이'는 '등만 덮을 만하게 걸쳐 입는 홑옷, 목에 치레로 거는 장신구'를

12) '택'은 '턱'의 방언형이다.
13) 이 지역어에서는 '발걸이'를 '굴기디디개'라고도 한다.
14) '아:'는 '아이'의 방언형이다.

가리키는데 '[[등+걸-]+-이], [[목+걸-]+-이]'로 분석할 수 있고, '해받이, 하느받이'는 '햇볕을 받는 곳 즉 햇볕이 잘 드는 곳이나 방향, 입천장(天障)'을 가리키는데 '[[해+받-]+-이], [[하늘+받-]+-이]'로 분석할 수 있다. 이때 파생접미사 '-이'는 '-하는 도구나 물건'을 의미한다. 평북 방언에서는 '입천장'을 '하느라지'라고 하는데 '하느라지'는 명사 '하늘'에 작다는 것을 나타내는 접미사 '-아지'가 결합되어 형성된 파생명사로서 '작은 하늘'이라는 뜻으로 '입천장'의 모양과 관련이 있는듯하다. 그러나 '하느받이'는 의미상으로 어기와의 파생관계가 잘 인식되지 않는다. '등잔받이'와 '택받이'도 '등잔을 받치는 물건', '턱에 받치는 물건'을 의미하는 것으로 의미상으로 어기와의 파생관계가 잘 인식되지 않는다. 그러므로 이들은 의미론적으로 어휘화된 것으로 볼 수 있다.

(2나)에서 '-이'는 '명사+동사어간'을 어기로 취하여 대체로 '-하는 행위 또는 사건'을 나타낸다. '털갈이~털벗이, 품팔이, 동네돌이, 애기설이'는 '짐승이나 조류가 털이나 깃을 가는 일, 품을 파는 일 즉 품삯을 받고 남의 일을 해주는 일, 동네 이집 저집으로 돌면서 노는 일, 임신 즉 아이를 배는 일'을 가리키는데 '[[털+갈-]+-이]~[[털+벗-]+-이], [[품+팔-]+-이], [[동네+돌-]+-이], [[애기+설-]+-이]'로 분석할 수 있다. '애기설이'는 주로 '애기설이르 하다(애기설이를 하다)'는 형태로 쓰이는데 '임신 중에 있음'을 나타내는 말이다.

'집들이, 품들이'는 '[[집+들-]+-이], [[품+들-]+-이]'로 분석할 수 있는데 '집에 드는 행위, 품이 드는 행위'를 의미하는 것이 아니라 '이사한 후에 이웃과 친지를 불러 집을 구경시키고 음식을 대접하는 일, 힘든 일에 서로 품을 바꿔서 돕는 행위'를 의미한다. 이는 어기와의 파생관계가 잘 인식되지 않으므로 의미론적으로 어휘화한 것이다.

'밧걸이~덧걸이, 안걸이, 덕걸이, 옥걸이'는 씨름에서 다리를 거는 행위를 나타내는 구체적인 기술명이다. '밧걸이~덧걸이'는 '씨름할 때에 다리를 밖으로 대어 상대방의 오금을 걸거나 당기거나 미는 재주'를 의미한다. '밧걸이'는 '[[밧+걸-]+-이]'로 분석할 수 있는데 이때 '밧'은 '밖(外)'의 선대형으로 '밖'이 '밧'이던 시기에 형성되어 형태론적으로 어휘화한 것이다. '덧걸이'는 '[[덧-+걸-]+-이]'로 분석할 수 있는데 이때 '덧-'은 '한 대상에 같은 종류의 대상을 겹쳐놓은'의 의미를 나타내는 접두사로서 '다리에 다리를 덧대고 다리를 건다'는 의미를 나타낸다. '안걸이'는 '씨름에서 다리로 상대방의 오금을 안으로 걸고 당기거나 밀어 넘어뜨리는 재주'를 의미하며 '[[안+걸-]+-이]'로 분석할 수 있다. '덕걸이'는 '씨름에서 상대방의 오른쪽 다리를 밖에서 걸어 당기는 것'을 의미하며 '옥걸이'는 '씨름에서 상대방의 왼쪽다리를 밖에서 걸어 당기는 것'을 의미한다. '덧걸이'와 '덕걸이'는 의미상에서 '씨름할 때에 다리를 밖에서 걸어 당긴다'는 의미상의 연관성이 있다. 그러므로 '덕거리'는 '덧걸이'에서 'ㅅ'이 'ㄱ'에 의하여 연구개음화되어 형성된 것으로 볼 수 있다. '옥걸이'는 '[[옥-+걸-]+-이]'로 분석할 수 있는데 '옥-'은 '안으로 오그라진'의 뜻을 나타내는 접두사이다. '마수걸이'는 '첫 개시로 파는 일'을 가리키며 '[[마수+걸-]+-이]'로 분석할 수 있다.[15)]

(2다)에서 '-이'는 '명사+동사어간'을 어기로 취하여 유정명사를 파생시키는 경우이다. '무녀리'는 '태로 낳는 짐승의 맨 먼저 나온 새끼'를 가리키는데 '[[문(門)+열-]+-이]'로 분석할 수 있다. '무녀리'는 그 의미가 '무녀리'의 어기인 '문열-'과 관련시키기 어려울 정도로 변하였으므로 의미론적으로 어휘화한 파생어이다. 이 지역어에서 '젖멕이'는 '젖을 먹는 어린 아이'를 가리키거나 '형제 중에서의 제일 막내'를 가리키는데 후자의 의미로 쓰일 때는 의미론적으로 어휘화했다고 할 수 있다.[16)] '젖멕이'는 '[[젖+먹-]+-이]'로 분석할 수 있

15) '마수'는 '미신적 관념에서, 처음에 물건이 팔리는 것으로 미루어 예측하는 그날 영업의 운수'를 가리키는 말이다.

다.[17]

(2라)의 '-이'는 '부사+동사어간'을 어기로 명사를 파생하는 경우이다. '싹쓸이'는 '[[싹+쓸-]+-이]'로 분석할 수 있는데 '싹 다 쓸어 버리는 일'을 의미한다.

(3) 가. 처가살이~가스집살이, 스집살이(시집살이), 본가집살이(친정집살이), 셋집살이, 객지살이, 피난살이, 귀양살이, 머슴살이~나무집살이(A), 종살이, 고용살이, 더부살이(A), 감옥살이, 후살이, 하르살이(하루살이), 세간살이, 살림살이, 오막살이(A)

나. 막잽이(마구잡이, A), 길잽이(길잡이, A), 앞잽이(앞잡이), (형님)맞잽이(맞잡이), 허잽이~헤잽이(허수아비), 왠손쇄기~왼손잽이(A), 오른손쇄기~오른손잽이, 양손쇄기~양손잽이, 고기잽이, 손잽이

다. 귀앓이, 눈앓이, 배앓이~훗배앓이[18](A), 속앓이, 생손앓이, 가슴앓이, 이앓이

라. 물갈이, 논갈이, 늦갈이, 밭갈이, 재갈이(두벌갈이), 쇠갈이(소갈이, A), 아시갈이(A), 건갈이(A)[19], 가슬갈이(A)

(3)의 예들은 '-이'에 의한 파생으로 보는 견해도 있고 '-잽이', '-살이', '-앓이', '-갈이'에 의한 파생으로 보는 견해도 있는 파생어들

16) 김창섭(1992:19)에서는 '젖먹-'류를 독립적으로 나타나지 못하지만 더 큰 복합어의 내부에는 나타난다는 사실로 이들을 '잠재어'로 처리하고 있다. 또한 성광수(2001:155)에서는 축약으로 인한 단어화(통사구조의 어휘화: 젖먹-)의 가능성과 어휘부의 어근 '젖'과 '먹-'의 복합어 구성의 가능성 즉 두 가지 가능성을 다 내포하고 있다고 하였다.

17) '멕이'는 '먹-'의 모음 'ㅓ'가 후행모음 'ㅣ'의 영향을 받아 움라우트를 겪은 것이다.

18) 해산후에 생기는 배앓이.

19) 마른 논을 가는 일, 마른갈이.

이다.[20] 본서는 '-이'에 의한 파생으로 보고 논의를 진행하려고 한다.

송철의(1992:130)에서 지적한 바와 같이 '-이'의 의미의 다양성, 그리고 활발한 생산력 때문에 동일한 $[V+-이]_N$ 구성을 갖는 것이라도 의미가 다르게 나타나고 있다. (3가)에서 '처가살이~가스집살이, 스집살이, 본가집살이, 셋집살이, 객지살이, 피난살이, 귀양살이'의 '살-'은 '어떤 곳에서 살림을 하고 지내다, 생활하다'의 의미이고, '머슴살이~나무집살이[21], 종살이, 고용살이, 더부살이, 감옥살이, 후살이'의 '살-'은 '어떤 일에 종사하다, 어떤 신분의 생활을 하다'의 의미이며, '하르살이'의 '살-'은 '목숨을 이어나가다, 목숨을 지니고 존재하다'의 의미이다. '세간살이, 살림살이'의 '살-'은 '살림을 꾸려 나가다'의 의미인데 이 지역어에서 '세간살이, 살림살이'는 '살림을 차려서 사는 일'을 의미하기도 하고 '세간 즉 집안 살림에 쓰는 온갖 물건'을 의미하기도 한다. '세간'의 의미로 쓰일 때는 의미론적으로 어휘화했다고 할 수 있다. '오막살이'는 '허술하고 초라하게 지은 작은 집에서 사는 생활'의 의미로 쓰이는 것이 아니라 '허술하고 초라하게 지은 작은 집'의 의미로만 쓰이는데 이 역시 의미론적으로 어휘화한 것이라 할 수 있다. 이때 '오막'은 '오두막'의 준말이다.[22]

(3나)에 열거된 예들도 형태적으로 보면 모두 '잽이'[23]형태를 가지지만 그 의미는 다양하다. '왼손잽이, 오른손잽이, 양손잽이'는 '한손으

---

20) 표준어에서 안경을 쓴 사람을 낮잡아 이르는 말로 '안경잡이'라고 하는데 이때의 '잡이'에서는 '잡다'의 의미가 전혀 인식되지 않으므로 접미사로 볼 수밖에 없다. 그러나 이 지역어에서는 이런 '잡이'가 나타나지 않으므로 '잡이'가 접미사로 쓰일 가능성도 거의 없다고 보아야 한다. '안경잡이'에 해당하는 이 지역어의 방언형은 '안경재:~메가내재:'이다. '메가내'는 '안경'을 의미하는 일본어 'めがね'의 차용어이다.

21) '나무집살이'는 '남의 집 일을 하여 주면서 그 집에 붙어사는 일'을 의미하는 것으로 '머슴살이'와 같은 의미이다.

22) 安玉奎(1989.11)에서는 '오막살이'를 [우(상)+막-(防)+살-(生)+-이]로 해석하고 '우막살이>움막살이>옴막살이>오막살이'로 보았다.

23) '재비(잽+-이)'는 '잡-'의 모음 'ㅏ'가 후행모음 'ㅣ'의 영향을 받아 움라우트를 겪은 결과이다.

로 일을 할 때 주로 왼손을 쓰는 사람 또는 오른 손보다 왼손을 더 잘 쓰는 사람, 한 손으로 일을 할 때 주로 오른손을 사용하는 사람 또는 왼손보다 오른손을 더 잘 쓰는 사람, 양쪽 손을 똑같이 자유롭게 씨시 일할 수 있는 사람'을 의미하는데 이 지역어에서는 '왼손쵀기, 오른손쵀기, 양손쵀기'로 쓰이기도 한다. '손잽이'의 '잽이'는 '그릇이나 문, 기구나 도구에 달려있는 손으로 잡아서 들거나 열 수 있도록 덧붙여 놓은 부분'을 의미하고 '고기잽이'의 '잽이'는 '-을 잡는 행위'를 의미한다. '막잽이'는 '이것저것 생각하지 아니하고 닥치는 대로 마구 하는 짓 또는 그렇게 하는 사람'을 의미하고, '길잽이, 앞잽이'는 '길을 인도해주는 사람이나 사물, 남의 사주를 받고 끄나풀 노릇을 하는 사람'을 의미한다.

이처럼 '잽이', '살이', '앓이', '갈이' 등이 약간의 특수한 의미를 갖는 경우가 있다고 하여 이들을 접미사로 본다거나 자립성이 없음을 근거로 준접미사로 보려는 것은 받아들이기 어려우며[24] 이런 특수한 의미들은 대체로 단어형성 과정에서 특수하게 주어지는 의미이거나 단어형성이 이루어진 후에 의미의 특수화가 이루어진 결과일 수 있으므로 이러한 특수한 세부적인 의미까지를 '-이'의 의미기능으로 간주하기는 어려울 것 같다(송철의 1992:129-130).[25]

---

24) '앓이, 풀이, 살이' 등을 자립성이 없음을 이유로 '준접미사'로 보려는 견해에 대해서는 고영근(1974:8-9) 참조.

25) 황화상(2001:16)에서는 의미 중심의 필요성을 기술하면서 '-이'가 세부적 의미까지 갖는다고 보기 어렵지만 "단어형성의 관점에서 보면 형태와 의미의 결합체로서의 단어는 새로운 형태를 먼저 만들고 여기에 개념(혹은 의미)을 부여함으로써 만들어지는 것이 아니라, 새로운 개념이 먼저 만들어지고 이를 표현할 단어 형태가 나중에 만들어진다고 보는 것이 자연스럽기 때문"에 송철의(1992:129-130)에서 언급했던 '-이'가 갖는 구체적인 의미가 단어형성 과정에서 특수하게 주어지거나 단어형성이 이루어진 후에 의미의 특수화가 이루어진 결과라고 보기도 어렵다고 하였다.

3.1.2. '-음'

표준어에서 접미사 '-음'은 동사나 형용사 어간과 결합하여 명사를 파생시킨다. 접미사 '-음'은 '-이'와는 달리 명사나 어근, 또는 의성·의태어를 어기로 파생어를 형성하는 경우가 없으며 단일형태소 동사어간 혹은 단일형태소 형용사어간으로부터의 파생도 '-이'보다는 생산적이다(송철의 1992:143). 이런 현상은 이 지역어에서도 동일하게 나타나고 있다.

접미사 '-음'은 중세한국어에서부터 생산적인 명사 파생접미사로 기능하여 왔다. 하치근(1996)에서는 접미사 '-음'이 공시적인 생산성을 가지고 어휘고도제약을 지키며 '자질스며들기'의 범위가 동사어간에 국한된다고 하였고 이익섭·채완(1999:101)에서는 '-음'이 그 어기의 품사를 바꾸어 주는 기능을 할 뿐 다른 어휘적 의미를 더하지는 않는 것으로 보인다고 하였다.

(4) 가. 놀음, 쌈:(싸움), 혬(셈), 울음, 웃음
cf. 노롬(노름), 헤염, 새김질, 생김새
나. 잠, 꿈, 숨:, 춤, 걸음, 뜸, 기츰, (그림, 짐, 땜)
다. 그림, 짐, 땜, 고름(고름), 얼음, 길굼(길구- +-음)[26]

(4)는 단일형태소 동사어간에 '-음'이 결합하여 형성된 파생명사들인데 (4가, 나)는 행위명사, (4다)는 사물명사가 된 예들이다. (4가)에서 '노름'은 동사어간 '놀-'을 어기로 하여 형성된 파생명사로서 '[놀- + -음]'으로 분석할 수 있는데 표준어의 '노름'과 달리 보통 '어린이들이 장난삼아서 모여서 노는 놀이'를 뜻한다. '쌈:'은 '싸움'의 준말로 '[싸우- + -음]'으로 분석할 수 있는데 축약에 의한 장모음

26) '길구다'는 '기르다'의 방언형이다.

화를 겪은 것으로 '말이나 힘으로 상대를 이기려고 싸우는 일'을 의미하고, '헴'은 '[헤- + -음]'으로 분석할 수 있는데[27] '수를 세는 일'을 의미한다. '울음', '웃음'은 '[울- + -음]', '[웃- + -음]'으로 분석할 수 있는데 '우는 일 또는 그 소리', '웃는 모양이나 소리'를 의미한다.

이 지역어에는 '놀-'을 어기로 하는 파생명사로 '노롬'도 존재한다. '노롬'은 '[놀- + -옴]'으로 분석할 수 있는데 표준어의 '노름'과 같은 의미로 '도박'의 의미를 나타낸다. 이는 중세한국어시기에 동사어간 '놀-'에 명사형 어미 '-옴'이 결합되어 이루어진 명사형 '노롬'이 그대로 명사로 굳어진 것이다. 주지하다시피 중세한국어시기에는 선어말어미 '-오/우-'와의 결합여부에 따라서 파생접미사 '-음'과 명사형 어미 '-옴/움'이 분명히 구별되고 있어 파생명사와 명사형이 형태상에서 차이를 가지고 있었다.[28] 그러나 근대한국어시기에 동명사형성에 관여하던 '-오/우-'가 사라지게 되어 형태상에서 파생명사와 동명사형의 구별이 없어지게 되었다. 즉 '-음'이 파생어 형성과 동명사형성의 기능을 모두 담당하게 된 것이다.[29] 또한 '노롬'의 의미가 어기 '놀-'의 의미와 멀어져서 단일어로 인식되므로 의미론적으로 어휘화된 것으로 볼 수 있다.

---

27) 이 지역어에서 '헤-'는 '수효를 꼽거나 헤아리다'는 의미를 나타내는 동사이다.

28) 물론 형태상으로 구별되지 않는 예외도 있었는데 이들은 명사형이 그대로 명사로 굳어진 것이라 할 수 있겠다(안병희 1967:240, 허웅 1975:233, 이기문 1978:147, 송철의 1992:150 각주 16).

우룸(울-), 우숨(웃-), 춤(츠-), ᄌᆞ오롬(ᄌᆞ올-)

29) 시정곤(1993, 1998)에서는 이와 달리 '-음'을 파생접미사와 명사형 어미로 구분하지 않고 '-음'이 두 형태소라는 것을 인정하지 않고 있다. 그는 중세한국어에서 명사형 어미 '-옴/움'과 결합하여 이루어지는 동명사형성이 접미사 '-음'과 결합하여 이루어지는 파생어 형성보다 더 생산적이고, 또 명사형 어미와 결합하여 형성된 동명사형이 그대로 명사로 굳어진 경우가 있으므로 파생접미사 '-음'을 따로 설정하지 않아도 된다고 하였다.

'-음'은 '새김질', '생김새'에서와 같이 다른 접미사 앞에 개재하는 경우가 있는데 이때의 '새김, 생김'은 동명사형이 아니라 파생명사에 가깝다고 보아야 할듯하다. 그리고 '새김, 생김' 등이 단독적으로 명사로 쓰이지 못한다는 점에서 임시어 혹은 잠재적 파생명사의 성격을 띤다고 할 수 있겠다. '새김질'은 '소나 양 따위가 먹었던 것을 입으로 되돌려 다시 씹는 것'을 뜻하고 '생김새'는 '생긴 모양새'를 뜻한다.

(4나)는 동사어간 '자-, 꾸-, 쉬-, 추-, 걺-, 뜨-, 깇-'을 어기로 동족목적어[30] 명사를 파생한 경우이다. 이러한 동족목적어는 '-음'에 의해서만 형성된다는 점이 특이하다(송철의 1992:144). 또한 이들의 어기는 목적어를 필요로 하기 때문에 대부분이 타동사이며 파생된 동족목적어 명사는 일반적으로 구체명사가 아니다. 우형식(1987)에서는 '그림, 짐'도 동족목적어로 보았으나 본서에서는 이들의 어기가 일반적인 타동사로서 일반명사도 목적어로 취할 수 있으므로 이들을 동족목적어로 보기 어렵다는 송철의(1992:144)의 주장에 따라 동족목적어와 같이 묶지 않았다. '땜'도 같은 이유로 동족목적어 분류에서 제외하였다.

(4다)는 동사어간을 어기로 사물명사를 파생하는 예들이다. '그림'은 '[그리- + -음]', '짐'은 '[지- + -음]', '땜'은 '[때- + -음]', '고름'은 '[곪- + -음]', '얼음'은 '[얼- + -음]'으로 분석할 수 있는데 그 의미는 표준어에서와 동일하다. '길굼'은 '[길구- + -음]'으로 분석할 수 있는데 '밀, 보리, 콩 등과 같은 낟알에 물을 주어 싹을 틔워 기른 것'을 의미하는 것으로(예를 들면 콩길굼, 녹두길굼) '콩으로 길굼을 놓는다', '녹두길굼 놔야겠다' 등의 형태로 쓰인다.

(5) 기쁨, 슬픔, 아픔, 놉:(놉:-+-음, 노여움), 설움[31]

30) 동족목적어에 대한 자세한 내용은 이익섭 · 임홍빈(1983:142-144)를 참조.

31) '서룸'은 최명옥 · 곽충구 · 배주채 · 전학석(2002: 379)에 제시된 자료에

cf. 어림증(어립-+-음+증, 어지럼증), 미끄럼(미끄럽-+-음, 미끄럼), 자부럼(자부럽-+-음, 졸음), 끄스럼(그을음)

(5)는 형용사어간을 어기로 형성된 파생명사들인데 주로 감정을 나타내는 형용사어간을 어기로 취하여 추상명사를 파생시킨다. '놈:'은 '화가 나도록 섭섭하고 분하다'는 의미를 나타나는 형용사어간 '놉:-'에 접미사 '-음'이 결합되어 형성된 것으로서 '노여운 마음'을 의미한다. 그러나 이 지역어에는 'ㅂ'불규칙이 존재하지 않으므로 '놉:-'에 '-음'이 결합되면 '노:븜'으로 나타나야 한다. 즉 공시적인 음운규칙에 의해서는 '놈:'으로 나타날 수 없다는 것이다. '놈:'은 '놉:-'의 선대형인 '노홉-(怒)'에 '-음'이 결합된 후 '*노호븜>*노호움>*노:움>놈:'의 과정을 거쳐 형성된 것으로 음운론적으로 어휘화된 것으로 보아야 한다. '설움'은 '서러운 것 또는 서러운 느낌'을 의미하는 것으로 '섧-'에 '-음'이 결합되어 형성된 것으로 보인다. 그러나 '설움'도 '놈:'과 마찬가지로 'ㅂ'불규칙활용을 하는 것이 아니므로 '섧-'에 '-음'이 결합되면 '설븜'으로 나타나야 한다. 즉 공시적인 음운규칙에 의해서는 '설움'으로 나타날 수 없다는 것이다. '설움'은 '섧-'의 선대형 '셟-(慟)'에 '-음'이 결합된 후 '*셟음>*셜븜>*셔룸>설움'의 과정을 거쳐 형성된 것으로 음운론적으로 어휘화된 것이다. 또한 현재 이 지역어에서 어기 '섧-'이 존재하지 않으므로 형태론적으로도 어휘화된 것이다.

'-음'에 의한 명사 파생에도 [[N + V]+ -음]과 같은 구조를 갖는 것들이 있다. 표준어에서는 '-음'에 의한 파생에 있어서 단일형태소 어간보다는 복합형태소를 어기로 하는 경우가 많다. 이 지역어에서도 이런 구조를 갖는 예들이 나타나고 있기는 하지만 많이 보이지는 않는다.

서 취한 것이다.

(6) 달개먹음(월식, A), 해개먹음(일식, A)

(6)의 '달개먹음'과 '해개먹음'은 '[[달 + [개 + 먹-]] + -음]', '[[해 + [개 + 먹-]] + -음]'으로 분석할 수 있는데 표준어의 '월식'과 '일식'을 나타나는 말이다. 이 지역에서 '월식'과 '일식'은 '개가 달이나 해를 먹어버리기 때문에 생긴다'는 속설이 있다. '달개먹음'과 '해개먹음'은 아마도 이런 속설에 의해 만들어진 듯하다. 표준어에서 '-음'에 의한 명사 파생에는 [N + V + -음]과 같은 구조를 갖는 것들이 있는데 이들은 통사구조상 동사와 직접 결합할 수 있는 요소만이 [V-음]앞에 선행할 수 있으며 두 가지 이상의 성분이 동시에 선행할 수는 없다는 제약을 가지고 있다(송철의 1992:149). 그러나 '달개먹음'과 '해개먹음'은 [먹-음]앞에 '달/해'와 '개'가 동시에 선행하고 있다. 즉 동사가 목적어와 주어 두 가지 성분을 동시에 취한 것이다. 말하자면 이 지역어에서는 '-음'명사 파생이 이런 제약을 받지 않는다는 것이다.

3.1.3. '-기'

표준어에서 '-기'는 동사어간이나 형용사어간을 어기로 하여 대체로 행위명사나 사건명사, 척도명사를 파생시킨다. 중세한국어에서 많이 쓰이지 않던 '-기'는 근대한국어 이후 활발히 쓰이게 되었는데,[32] 표준어에서도 계속 그 영역을 넓혀 가고 있다. 특히 운동이나 놀이의

---

32) "'-기'는 중세한국어에서는 '-이'와 이형태를 이루면서 주로 모음으로 끝나는 어기 뒤에 결합했지만 점차 각각 다른 접미사로 발달했고, 이후 접미사 '-이'는 의미기능이 쇠퇴하게 되고 '-기'의 기능이 확대되면서 '-이'는 비슷한 의미 기능을 보이던 '-기'로 합류되는 경향을 보여준다"(구본관 2002a).

이름은 거의 '-기'를 취하는 것이 주목할 만하다. '-기'는 단일형태소 어간보다는 비단일형태소 어간을 어기로 하는 경우가 많다(이익섭·채완 1999:103).

이 지역어에서 '-기'는 동사어간만을 어기로 취하여 행위명사나 사건명사, 도구명사를 파생시킨다. 형용사어간을 어기로 하는 척도명사 파생과 동사어간을 어기로 하는 유정명사 파생은 나타나지 않는다.

(7) 가. 덜기(빼기), 빼내기(빼기)
나. 승하기(곱하기), 제하기(나누기), 합하기(더하기), 감하기(빼기)

(7가)에서 '덜기'는 단일형태소 동사어간을 어기로, '빼내기'는 비통사적 복합동사어간을 어기로 하여 형성된 '뺄셈을 하는 일과 방법'을 나타내는 명사이다. 또한 이 지역어에서 '-기'는 (7나)의 '승하기, 제하기, 합하기, 감하기'처럼 '-하-'에 의해 형성되는 동사어간을 어기로 취하여 명사를 형성하는 경우가 있는데 이는 접미사 '-이'나 '-음'과 다른 점이다.[33]

(8) 가. 밧줄댕기기(줄다리기)[34], 굴기뛰기~굴기띠기(그네뛰기)[35], 널뛰기~널띠기(널뛰기), 줄뛰기~줄띠기(줄넘기), 실뜨기[실띠기](실뜨기, A)[36], 자치기(A), 돌치기(비석치기, A), 유꾸치기(윷놀이)[37], 땅지치기(딱지치기)[38], 벌치기, 양치기, 누에치기, 강판지치기~얼음타기(얼음지치기, A)[39], 품

33) 표준어에서도 '-기'는 '-이'나 '-음'과는 달리 '-하-'에 의해 형성되는 동사어간을 어기로 취하는 경우가 있다(송철의 1992:155).
34) '댕기-'는 '당기-'의 방언형이다.
35) '굴기'는 '그네'의 방언형이다.
36) '실띠기'는 '실뜨기'가 움라우트를 겪은 것이다.
37) '유꾸'는 '윷'의 방언형이다.
38) '땅지'는 '딱지'의 방언형이다.

갌기(품앗이, A), 기슴매기(김매기, A)[40], 장보기(A), 집보기(A), 사둔보기(상견례), 돈내기, 집짓기, 한치보기[41]

나. 오금매기(대님, A), 신들메기(신들메, A), 못빼기(장도리, A))[42], 쓰레받기(쓰레기+받-+-기), 돋보기(A)[43], 집짓기, 사막때기(사막+떼-+-기, 버마재비)[44]

다. 높이뛰기~높이띠기(높이뛰기), 너비뛰기~너비띠기(멀리뛰기)

'-기'명사 파생은 비단일형태소 동사어간으로부터의 파생이 더 생산적이다. (8가~나)는 'N+V'를 어기로 취하여 행위명사나 사건명사, 도구명사를 파생시키는 경우인데 일반적으로 선행하는 명사는 동사의 목적어이다.

(8가)는 주로 '-하는 행위나 일'을 나타내는 행위명사들인데 운동명, 놀이명이 많다는 것이 특징이다. 이는 '-기'가 어기의 동작성을 가장 잘 유지시켜 주는 접미사이기 때문일 것이다(송철의 1992:157). '양치기'는 표준어에서는 '양을 치는 사람'을 나타내는 유정명사로도 기능하지만 이 지역어에서는 '양을 치는 일'을 나타내는 행위명사로만 쓰이고 있다. '품갌기'는 표준어의 '품앗이'에 해당하는데 이 지역어에는 '-기'에 의해 형성된 '품갌기'외에도 접미사 '-이'에 의해 형성된 '품들이'도 나타난다. '집보기'는 '친척들이 신부를 자기 집에 초대하는 일'을 의미하고 '사둔보기'는 '상견례'를 뜻하는 말이다. '한치보기'는 '시야가 좁고 예견성이 없는 것 또는 그런 사람'을 홀하게 이르는 말

39) '강판'은 '물이 얼어붙은 강의 표면'을 뜻한다.
40) '기슴'은 '김'의 방언형이다.
41) '시야가 좁고 예견성이 없는 것 또는 그런 사람'을 뜻한다.
42) '장도리'라고도 함(김태균 1986:426).
43) '돋보기'는 '명사+동사'를 어기로 형성된 파생어가 아니라 비통사적 복합동사어간을 어기로 형성된 것이다.
44) '사막때기'는 최명옥・곽충구・배주채・전학석(2002: 350)에 제시된 자료에서 취한 것이다.

로 모두 의미론적으로 어휘화된 것이다.[45] '집짓기'는 중세한국어에서 '-이'에 의해 형성된 파생어이던 것이 현대로 오면서 '-기'에 의해 형성된 파생어로 교체된 것이다(집지ᅀᅵ>집짓기).[46]

(8나)는 '-기'에 의해 형성된 도구명사들인데 주로 '-하는 데 수단이 되는 도구'를 나타낸다. '오금매기'는 '[[오금[47]+매-]+-기]'로 분석할 수 있는데 '한복에서, 남자들이 바지를 입은 뒤에 그 가랑이의 끝 쪽을 접어서 발목을 졸라매는 끈'을 의미하고 '신들메기'는 '[[신+들메-[48]]+-기]'로 분석할 수 있는데 '신발이 벗겨지지 않도록 동여매는 데 쓰이는 끈'을 의미한다. '못빼기'는 '[[못+빼-]+-기]'로 분석할 수 있는데 '못을 박거나 빼는 데 쓰는 공구'를 의미하고 '쓰레받기'는 '[[쓰레기+받-]+-기]'로 분석할 수 있는데 '쓰레기를 받아 내는 기구'를 의미하는 것으로 '쓰레기받기'의 '기'가 탈락된 것이다.[49] '집짓기'는 '여러 가지 나무나 플라스틱으로 된 조각들로 집짓는 시늉을 하면서 노는 어린이들의 구성놀이 또는 그 놀이에 쓰이는 장난감'을 의미하는데 의미론적으로 어휘화한 것이다. '사막때기'는 '[[사막 + 떼-] + -기]'로 분석할 수 있는데 '버마재비'를 의미한다. 이 지역에는 '버마재비'가 '사마귀를 없애준다'는 속설이 있는데 '사막때기'는 아마도 이 속설에 근거하여 '사마귀를 떼어 내는 것'이라는 의미로 만들어진 것 같다.

---

45) '한치보기'와 같은 의미로 이 지역어에서는 '안광이 짧다'는 표현도 많이 쓰이고 있다. 여기서 '안광(眼光)'은 '사물을 보는 힘'을 뜻한다.

46) 송철의(1992:157)에서는 중세한국어에서 '-이'파생어이던 것이 표준어에서 '-기'파생어로 교체된 것이 있다('글지ᅀᅵ>글짓기, 집지ᅀᅵ>집짓기')고 지적하면서 파생접미사로서의 '-기'의 기능이 확대됨에 따라 원래 행위명사를 파생시키던 '-이'의 기능이 점차 '-기'에 의해 대체되어 가는 듯하다고 하였다.

47) 무릎의 구부리는 안쪽.

48) 신이 벗어지지 않도록 신을 발에다 끈으로 동여매다.

49) 김창섭(1983:79 각주9)에서는 '쓰레받기, 아갈잡이'는 각각 '쓰레기받기, 아가리잡이'에서 '기', '이'가 탈락된 것으로 보인다고 했다.

(8다)는 운동명을 나타내는 명사들인데 '부사+동사'를 어기로 형성된 것으로 생산적이지는 않다. '높이뛰기~높이띠기'는 공시적인 파생이라 볼 수 있지만 '너비뛰기~너비띠기'는 공시적인 파생이라 볼 수 없다. '너비'가 부사로 기능하지 않기 때문이다. '너비뛰기~너비띠기'는 '너비'가 부사로 기능하던 선대시기에 형성되어 형태론적으로 어휘화된 것이다. '높이'나 '너비'가 명사일 가능성도 있으나 '높이뛰기', '너비뛰기'가 '높이'나 '너비'를 뛰는 것이 아니라 '높게', '멀리' 뛰는 운동이므로 '높이', '너비'는 부사로 보는 것이 더 합당하다고 보여 진다.

3.1.4. '-질'

'-질'은 명사나 어근과 결합하여 행위명사를 파생하는데 생산성이 매우 높은 접미사로서 어기와 결합하여 '지속적인 행위', '반복적인 행위'를 나타낸다. 이 지역어에서 '-질'은 주로 '도구, 신체부위, 행위, 직업(신분)'의 의미를 가지는 어기, 또는 의성・의태어어기와 결합한다.

(9) 반두질[50], 걸레질, 쓰레질(써레질), 매질, 삽질, 가새질(가위질), 솔질, 칫솔질, 낚시질, 망치질, 방치질, 대패질, 바느질, 마찌질(타작)(A), 태질(타작의 한가지)(A)

(9)는 도구명사에 '-질'이 결합되어 행위명사가 파생된 경우인데 '그 도구를 이용하여 하는 행위(일)'을 의미한다.[51] '쓰레질'은 '써레로 논바닥을 고르거나 흙을 잘게 부수는 일'을 의미하고[52] '가새질'은

50) 반두로 물고기를 잡는 일.

51) 이경우(1981:218-219)에서는 이 '도구'를 "다른 물체에 특정한 변화를 일으킬 수 있는 도구"로 보았다.

'가위로 무엇을 베거나 자르는 일'을 의미하며[53] '방치질'은 '빨래할 때 빨래감을 빨래방망이로 두드리는 일'을 의미한다.[54] '태질'은 '타작의 한가지로 곡식단을 개상에다 메여 쳐서 곡식을 떠는 일'을 의미하는데 '잠을 자면시 몹시 뒤척기리는 일'을 의미하기도 한다. 도구명사 중에서도 농기구나 공기구를 지칭하는 도구명사들과 가장 생산적으로 결합하며 사람의 손이나 사람의 육체적 힘으로 움직여지는 도구를 지칭하는 도구명사들이 가장 자연스럽게 '-질'과 결합할 수 있는듯하다 (송철의 1992:164).

(10) 손가락질, 주먹질, 발질, 뒷발질, 곁눈질, 다리깍질

(10)은 사람의 어떤 신체부위를 지칭하는 명사와 결합하여 행위명사를 파생한 경우인데 '신체부위를 이용하여 하는 어떤 행위'를 의미한다. '다리깍질'은 '발질'과 같은 의미로 '발로 걷어차거나 발을 이리저리 놀리는 짓'을 낮잡아 이르는 말이다. '다리깍'은 '다리'를 비하하여 이르는 말로 '다리깍질'은 '발질'보다 비하의 의미가 더 강하다.

(11) 가. 고발질, 노름질, 리간질, 욕질, 오입질, 도둑질~도독질, 강도질[55]
나. 의사질, 선생질, 교장질, 비서질, 교수질, 사장질, 간첩질
다. 농사질, 양치질, 서답질~빨래질,

52) '쓰레'는 '써레'의 방언형이다.
53) '가새'는 '가위'의 방언형이다.
54) '방치'는 '빨래방망이'의 방언형이다.
55) '도둑~도독, 강도'는 행위명사일 수도 있고 인성명사일 수도 있는데 '도둑질~도독질'이나 '강도질'이 '도둑~도독 노릇이나 강도 노릇을 하는 행위'를 의미하는 것이 아니라 '남의 물건을 빼앗거나 훔치는 행위'를 의미하는 것이므로 행위명사로 보는 것이 더 타당할 듯하다(송철의 1992:165 각주 23).

(11)은 '-질'이 구체적인 행위명사, '직업이나 신분'을 지칭하는 명사와 결합하여 행위명사를 파생한 경우이다. (11가)는 부정의 의미를 가지는 행위명사를 어기로 취한 것인데 비하의 의미를 가진다. 이 경우 어기 자체가 가지고 있는 의미가 부정적인 의미이므로 이들에 '-질'이 결합되면 비하의 의미가 더욱 강해지는 것으로 느껴지며 대체로 그런 행위가 반복적, 지속적으로 이루어지는 의미를 갖게 되는 것 같다(송철의 1992:165). 이처럼 비하의 의미가 더욱 강해지는 것으로 느껴지는 것은 아마도 '-질'이 가지고 있는 반복성, 지속성에 기인하는 듯하다.

(11나)는 '직업이나 신분'을 지칭하는 명사와 결합하여 행위명사를 파생한 경우이다. 표준어에서와 달리 이 지역어에서는 그 어기의 의미가 부정적이든지 그렇지 않든지 관계없이 모두 '-질'과 결합할 수 있으며 높은 생산성을 가지고 있다.[56] (11나)에서 보다시피 '교수, 교장, 사장' 등 높은 신분적 지위를 나타내는 어기에도 자유롭게 결합하여 단순히 '(교수, 교장, 사장) 노릇을 하는 행위'를 나타낼 뿐 비하의 의미를 가지지는 않는다.[57] 이는 표준어에서 '직업, 신분' 등을 지칭하는 명사에 '-질'이 결합되어 파생된 파생어가 어기와 관련된 행위를 비하하는 의미를 가진다(조남호 1988:45-46, 하치근 1987:81-82, 송철의 1992:165)는 것과 차이가 있다. 이 지역어에서는 '직업, 신분'을 지칭하는 명사를 어기로 취할 때 어기가 부정적인 의미를 나타내는 것이어야 한다는 제약이 없을 뿐만 아니라 파생된 행위명사 역시 비하의 의미를 가지지 않는다. 즉 이 경우에 접미사 '-질'은 비하의 의미를 가지지 않는 것이다.

(11다)는 (11가)의 경우와 마찬가지로 구체적인 행위를 나타내는

56) 송철의(1992:165)에서는 표준어에서 '-질'이 '직업, 신분'을 지칭하는 명사와 결합하는 경우에는 어기들이 대부분이 좋지 않은 의미를 갖는 것이라고 하였다('선생질'의 '선생'은 예외적인 것).

57) 선생지르 몇 년 했슴까?(선생질을 몇 년 했습니까?)

명사와 결합하여 행위명사를 파생한 경우인데 어기가 부정적인 의미를 가지지 않는다는 것이 (11가)와 다른 점이다. 또한 '–질' 자체가 비하의 의미를 가지지 않으므로 파생어도 (11가)와 달리 비하의 의미를 가지지 않는다.

(12) 가. 담배질, 물질, 시격질, 바람질,
나. 도리질, 투레질[58], 펄락질, 매삼질, 딸각질(딸꾹질), 죽닥질
다. 후치질, 다듬질

(12)는 일반 명사 또는 의성·의태어(어근)에 결합하여 행위명사를 파생한 경우이다. (12가)는 일반 명사와 결합한 것으로 '반복적으로 하는 행위'를 의미하며 비하의 의미는 가지지 않는다. '담배질'은 '담배를 자꾸 피우는 일'을 의미하고 '물질'은 '빨래를 하거나 설거지를 하는 등 자주 물에 손을 담그며 해야 하는 일'을 의미하며 '시격질'은 '끼니를 준비하고 치우고 하는 일'을 의미한다.[59] '바람질'은 '바람이 계속 세차게 불어대는 것'을 의미한다. 도구명사와의 결합에서 사람의 손이나 사람의 육체적 힘으로 움직여지는 도구를 지칭하는 도구명사들이 가장 자연스럽게 '–질'과 결합할 수 있듯이 '–질'은 보통 능동적으로 하는 행위를 의미한다. 이런 점에서 자연현상으로서의 '바람질'은 특이한 경우라고 할 수 있겠다.

시격질: 온 하루 시격질 하느라구 손에 물이 마를 새 없다(온 하루 끼니를 준비하고 치우고 하느라 손에 물이 마를 새 없다).
바람질: 바람질으 너무 해서 눈두 못뜨겠다(바람이 계속 세차게 불어서 눈도 못뜨겠다).

58) 젖먹이가 두 입술을 떨며 투루루 소리를 내는 짓
59) '시격'은 '끼니'의 방언형이다.

(12나)는 의성・의태어(어근)와 결합하여 행위명사를 파생한 경우인데 이때의 '-질' 역시 반복적, 지속적인 행위를 의미한다. '펄락질'은 '들락날락하는 모양'을 의미하는 '펄락'에 '-질'이 결합된 것으로 '들락날락하는 행위'를 의미하고 '매삼질'은 '초조하여 안절부절 못하고 돌아치다'는 모양을 의미하는 '매삼'에 '-질'이 결합된 것으로 '초조하여 안절부절 못하는 행위'를 의미한다. '죽닥질'은 '멱살을 잡고 흔드는 행위'를 의미한다. 어기 '죽닥'의 정체를 알 수 없지만 '죽닥질'의 의미로부터 볼 때 '멱살을 잡고 흔드는 모양'을 나타내는 의태어로 볼 수 있을 것 같다.

(12다)의 '후치질'은 형태상으로 보면 동사어간에 '-질'이 직접 결합되어 형성된 것으로 볼 수 있다. '후치-'는 이 지역어에서 '고랑을 파서 이랑의 북을 돋우다'는 의미의 동사어간이다. 만약 '후치질'의 어기가 동사어간 '후치-'라면 이는 매우 특이한 예로 보아야 한다. 그러나 '후치질'의 '후치'가 동사어간이 아닌 명사일 가능성도 배제할 수 없다. 조선말대사전에는 '후치'가 '고랑을 파서 씨앗을 떨굴 자리를 만들거나 북을 돋우는데 쓰는 농기구의 한 가지'로 등재되어 있고 『표준국어대사전』에도 '후치'는 '극젱이'의 강원, 경남 지역의 방언형으로 등재되어 있으며 『21세기 세종계획-북한방언검색프로그램』에도 '후치'는 '극젱이'의 함북 경원, 온성, 회령 등 지역의 방언형으로 등재되어 있다. 사전의 해석에 의하면 '후치질'의 '후치'는 농기구의 명칭 즉 명사로 볼 수 있는 것이다. 송철의(1992:167-168)에서는 표준어에서 동사어간에 '-질'이 결합한 것으로 기술되어 왔던 '누비질, 후리질'에서의 '누비, 후리'가 동사어간으로부터 영접사파생에 의해 형성된 명사어간일 가능성이 있다고 보았다. 또한 '더듬질, 다듬질'의 경우도 동사어간에 명사 파생접미사 '-음'이 결합되고 거기에 다시 '-질'이 결합되어 '더듬음질, 다듬음질'이 되었어야 하지만 음성상 '-음'의 겹침을 피하기 위해 '-음'의 결합이 제약되었거나 명사 파생접미사 '-음'이 결합되었다가 어간말음의 '-음' 혹은 후접한 '-음' 중의 어느 하나가

탈락되었을 가능성이 있다고 하였다. 이 지역어의 '다듬질' 역시 같은 현상으로 볼 수 있다. 다만 이 지역어에서 '다듬질'은 '다듬이질'의 의미를 나타내는 것이 아니라 '곡식 따위를 까부르는 행위'를 의미한다. 그러므로 '후치질', '다듬질'은 동사어간에 직접 '-질'이 결합된 것이 아니라 명사성 어기에 '-질'이 결합되어 형성된 것으로 보는 것이 더 설득력이 있다고 본다. 그렇다면 이 지역어에서 '-질'은 명사성 어기와만 결합하여 행위명사를 파생하는 것으로 표준어의 '꼬느질'과 같이 동사어간에 직접 '-질'이 결합되는 예외(송철의 1992:168)는 존재하지 않는 것이다.

(13) 가. 삐치개질
　　나. 새김질, 땜질, 뜀질, 대림질(다림질), 싸움질~쌈:질

(13)은 동사어간에 접미사 '-개,' '-음'이 결합되고 거기에 다시 '-질'이 결합되어 형성된 파생어들이다. 접미사 '-질'은 명사성 어기와는 직접 결합하지만 동사어간과 결합할 때는 '-개, -음' 등 다른 접미사가 개재되는 것이 일반적이다(정의향 2010:63-64). 이때 개재된 '-개, -음' 등 접미사들은 어기를 명사화하는 기능을 한다. (21가)는 '[[V+-개]+-질]'의 구성으로 이루어진 것이고 (13나)는 '[[V+-음]+-질]'의 구성으로 이루어진 것이다. '삐치개질'의 '삐치개'는 '남의 일이나 말에 참견하는 사람'을 의미하는데 '삐치개질'은 '남의 일이나 말에 자꾸 참견하는 행위'를 의미한다.

(14) 가. 비럭질, 기벅질~지벅질　　cf. 도투막질(다툼질)
　　나. 깁각질~깁걱질(바느질), 씻각질, 놀리각질, 얼리각질, 훌리각질, 도투각질(실랑이), 싱기각질~싱기객질, 번디각질~번지각질(뒤집개질)[60], 때리각질, 돌뿌리각질(돌팔매

60) '번지각질'의 '번지-'는 '뒤집다'의 방언형이다.

질), 먹각질(군입질), 비각질(낫질), 뜨각질(뜨개질), 빌각질[빌각찔](동냥질), 닦각질

다. 뜀박질~달음박질, 쌈박질

라. 뛸각질[뛸깍찔], 빌각질[빌깍찔], 토할각질[토할깍찔], 삐칠깍질[삐칠깍찔], 줄각질[줄깍찔][61], 기칠각질[기칠깍찔][62], 꼼칠각질[꼼칠깍찔][63]

마. 도꼬막질(소꿉장난(A)), 디각질~지각질(곡식 날리기), 각둥각질(한발로만 뛰어가는 행위)(A)

또한 이 지역어에는 (14)와 같이 정체가 불분명한 '-악-~-억-', '-각-~-걱-', '-박'이 개재하는 경우도 있는데 매우 생산적이다. (14가)는 '[[V+-악/억]+-질]'의 구성으로 이루어진 것이다. '기벅질~지벅질'은 '깁-~집-'에 '-억'이 결합되고 다시 '-질'이 결합된 것으로 '옷 따위를 깁는 일'을 의미한다. '도투막질'은 '다투-'의 방언형인 '도투-'에 '-음'이 결합되어 형성된 '도툼'에 다시 '-악', '-질'이 결합되어 형성된 것으로 '서로 다투는 행위'를 의미한다. 여기서 '-악-~-억-'은 명사 파생접미사 '-악/억'(주먹)과 같은 것으로 어기에 명사성을 더해주는 기능을 한다. (14나)는 '[[V+-각-~-걱-]+-질]'의 구성으로 이루어진 것이고 (14다)는 '[[[V+-음]+-박]+-질]'의 구성으로 이루어진 것으로 '~하는 일이나 행위'의 의미를 나타낸다. 이때 개재되는 '-각-~-걱-, -박'은 특별한 의미를 가지지 않는 것으로[64] 자립적인 형태로 쓰이지 못하며 동사어간에 결합하여 어기에 명사성을 더해주는 기능을 하는 것으로 보인다. '깁각질~깁걱질', '빌각질'은 (14가)의 '기벅질~지벅질', '비럭질'과 의미상에서 별다른

61) '물건을 자꾸 남한테 주는 행위'를 낮잡아 이르는 말.
62) '밥이나 반찬 같은 것을 자꾸 남기는 행위'를 낮잡아 이르는 말.
63) '물건 같은 것을 자꾸 감추어 두는 행위'를 낮잡아 이르는 말.
64) 표준어에서 '달음박질, 뜀박질, 쌈박질'의 '-박'은 특별한 의미를 가지지 않는 것 같다(송철의 1992:167).

차이가 없으며 각각 '깁는 행위(바느질)', '동냥하는 행위'의 의미를 가진다. '씿각질'은 '씻는 행위'[65], '얼리각질, 홀리각질'은 '사람을 얼리거나 홀리는 행위', '싱기각질~싱기객질'은 '물건을 숨기는 행위'를 나타낸다.[66] '비각질'은 '비는 행위(낫질)'[67], '닦각질'은 '행주나 걸레로 이것저것 닦는 행위'를 나타낸다. 이들은 행위의 '반복성'을 나타낼 뿐 비하의 의미는 가지지 않는다. (14나)의 구성은 함경도 방언에서만 볼 수 있는 특이한 형태이다(최명옥 외 2002:185).

한편 (14라)의 예들처럼 '[V+-을+-각-~-걱-+-질]'의 구성을 갖는 예들도 아주 생산적으로 나타나고 있다. (14나)가 동사어간에 직접적으로 '-각'이 결합되고 다시 '-질'이 결합되었다면 (14라)는 동사어간에 '-을'이 결합되고 다시 '-각'과 '-질'이 결합된 것이다. 또한 같은 어간을 어기로 형성된 것이라 하더라도 (14나)의 구성을 갖는 형태와 (14라)의 구성을 갖는 형태는 의미상에서 미묘한 차이를 보이는데 이는 아주 흥미로운 현상이다. 예를 들면 '먹각질'은 단순히 '자주 먹는 행위'를 가리키는 것이고 '먹을각질[먹을깍질]'은 '자주 먹는 행위'에 비하의 의미가 더하여진 것이다. 말하자면 '자주 먹는 행위'에 대한 화자의 부정적인 인식이 더해졌을 때는 '먹을각질'이라는 표현을 쓰는 것이다. '빌각질[빌각찔]'과 '빌각질[빌깍찔]' 역시 마찬가지이다. '빌각질[빌각찔]'은 그냥 '동냥하는 행위'를 가리키는 것이고 이런 행위에 부정적인 인식이나 시선이 더해졌을 때는 '빌각질[빌깍찔]'이라는 표현을 사용한다. 이처럼 (14라)의 예들은 (14나)의 예들의 의미에 비하의 의미가 더해진 것이다. 또한 (14라)에서는 '각질'의 두음이 경음으로 실현되는데 (14나)에서는 같은 음운환경이라도 '각질'의 두음이 경음화하지 않는다(빌각질[빌깍찔]:빌각질[빌각찔]). 그것은 (14나)의 '빌각질[빌각찔]'에서 '빌'은 동사어간으로 말음 /ㄹ/이

65) '씿다'는 '씻다'의 방언형이다.
66) 돈으 또 어디다 싱겠니?(돈을 또 어디에다 숨겼니?)
67) '비다'는 '베다'의 방언형이다.

어간말음이지만 (14라)의 '빌각질[빌깍찔]'에서 '빌'은 '빌-+-을'에 의해 형성된 것으로 이때의 말음 /ㄹ/은 관형형 어미이기 때문이다. (14나)에서 '-각'이 동사어간과 결합하여 어기를 명사화하는 기능을 하였다면 (14라)에서는 '-각'이 어기를 명사화하기보다는 오히려 '-질'과 더 밀접한 관계를 가지게 되어 '각질'이 명사적 성격을 가지게 되었다. 이런 현상이 나타나게 된 것은 (14가)의 '[[V+-각]+-질]'의 구성을 갖는 파생어들이 '[V+[-각+-질]]'로 재분석되어 '[각질]'이 하나의 접미사로 인식된 데서 기인하였을 것이며 '-각'과 '-질'의 자체적 성격(명사성을 더해주거나 명사를 만드는 기능을 함)에 의하여 '각질'은 명사적 성격을 가지게 되었을 것이다.

먹각질: 저 집으느 먹각질으 영 잘한다(저 집은 만두, 팥죽 등 여러 가지 음식을 자주 해먹는다).

먹을각질: 집에서 그저 먹을각질마 하니까 그렇게 뚱뚱해지지(집에서 그저 먹기만 하니까 그렇게 뚱뚱해지지).

빌각질: 저 거지는 빌각질으 영 잘한다(저 거지는 구걸을 아주 능숙하게 잘한다).

빌각질[빌깍질]: 자:는 쩍하므 다른 사람한테 돈으 빌깍질 해서 못쓰겠다(재는 걸핏하면 다른 사람한테 돈을 빌려서 못쓰겠다).

(14마)는 어기의 정체가 불분명한 예들이다. '도꼬막질'은 '소꿉장난'을 의미하는데 평북 방언의 '도꾸방놀음', 황해도 방언의 '도꾸방살이'의 '도꾸'와 같은 기원일 것으로 보인다. '디각질~지각질'은 '탈곡한 곡식을 가래나 삽으로 바람에 날려 알곡에 섞인 검불이나 잡부스러기 따위를 없애는 일'을 의미하고 '각둥각질'은 '한발로만 뛰어가는 행위'를 의미한다.

3.1.5. '-내기$_1$'

이 지역어에는 두 가지 유형의 동일한 형태를 가지는 접미사 '-내기'가 존재한다. 이들은 형태가 동일하고 모두 명사 파생의 기능을 갖지만 이들은 기원도 다르고 취하는 어기의 문법적 자격도 다르며 의미특성도 다르다. 본서는 이들을 '-내기$_1$'과 '-내기$_2$'로 구별하여 논의를 진행하기로 한다.[68]

'-내기$_1$'은 '돈이나 물건을 주거나 바치다'의 의미를 나타내는 동사어간 '내-'에 명사 파생접미사 '-기'가 결합되어 형성된 명사 '내기(일정한 조건 밑에서 승부를 다투어 이기는 편이 건 물품이나 돈을 차지하는 일.)'가 접미사화한 것이다. '-내기$_1$'은 동사어간과 직접 혹은 간접적으로 결합하여 '놀이명'이나 '경기명', '운동명'을 나타내는 행위명사를 파생시킨다.

(15) 가. 꼼치울내기(숨바꼭질)[69], 말탈내기(말뚝박기)
　　나. 달래기(닳-+-내기, 달리기), 죽일내기

(15가)는 동사어간의 관형형에 '-내기$_1$'이 결합하여 '놀이명'을 나타내는 행위명사를 만드는 경우이다. '꼼치울내기'는 '꼼치우- + -ㄹ + -내기'로 분석할 수 있는데 '숨바꼭질'을 의미한다. 여기서 '꼼치우-'는 '숨-/숨기-/감추-'의 방언형이다. '말탈내기'는 '말 + 타- + -ㄹ +-내기'로 분석할 수 있는데 '진짜로 말을 타고 노는 놀이'가 아니라 말을 타는 것과 흡사한 놀이방식 때문에 생긴 이름이다. '말탈내기'는 '말뚝박기'를 의미한다.[70] (15나)는 동사어간에 '-내기$_1$'이 결합

68) '-내기$_2$'는 인칭명사를 파생하는 접미사이다. '-내기$_2$'에 대해서는 3.3.5.1 참고.

69) 김태균(1986:322)에는 '곰칠내기'로 나타나는데 '곰치-' 역시 '숨기-' 혹은 '감추-'의 방언형이다.

하여 '운동명'이나 '경기명'을 나타내는 행위명사를 만드는 경우이다. '달래기'는 '닳- + -내기'로 분석할 수 있는데 '달리기'를 의미한다. 여기서 '닳-'은 '닫(走)-'의 방언형이다. '달래기'는 형태론적으로 어휘화한 것이다. '죽일내기'는 '죽다'의 사동사어간 '죽이-'의 관형형에 '-내기$_1$'이 결합되어 형성된 것인데 '마치 승부를 겨루듯이 사람을 마구 죽이는 일'이나 '한치의 양보도 없이 피터지게 싸우는 일'을 의미하는 것으로 의미론적으로 어휘화된 것이다.

이처럼 접미사 '-내기$_1$'이 동사의 관형형을 어기로 취하게 된 것은 본래는 명사의 기능을 하던 '내기$_1$'이 의미, 기능적으로 유연성을 잃고 접미사화하였기 때문이다.

3.2. 사물명사 파생

3.2.1. '-개', '-애'

'-개', '-애'는 동사어간과 결합하여 사물명사를 파생시키는 접미사이다.

3.2.1.1. '-개'

'-개'[71]는 동사어간과 결합하여 주로 도구명사를 파생시키는 파생

---

70)'말뚝박기'는 아이들 놀이의 하나이다. 여럿이 두 편으로 나뉘어 한편의 한 사람은 벽 따위에 등을 기대고 기둥이 되어 똑바로 서고 나머지 사람은 허리를 숙여 앞사람의 가랑이에 머리를 끼워서 줄을 만드는데, 상대편 사람이 그 줄 위에 올라타서 그 줄이 무너지면 그 역할을 바꾸고 그 줄이 무너지지 않으면 줄 위에 가장 먼저 올라 탄 사람이 기둥이 되어 선 사람과 가위바위보를 하여 진 팀이 다음 차례에 줄이 된다.

71) 접미사 '-개'의 이형태로는 '-게'가 있는데(집게, 지게 등) 이들은 기원적으로 모음조화에 따른 이형태들이었을 것이나 표준어에서는 '-개'로 통

접미사이다. 이때 동사어간은 거의 모두 타동사어간이다. 자동사어간을 어기로 형성된 예로 '날개', '불:개'가 있긴 하지만 이는 예외적인 것으로 보인다.

(16) 가. 덮개[덕깨](덮개), 베개, 깔개, 끄스개(끌신)[72], 받치개(받침), 싸개, 날개, 디디개, 걸개, 지개(지게), 집개~집게~찝게(A)[73], 불:개(A), 뜨개, 티우개(뻥튀기), 차개(기저귀)

cf. 책받치개(책받침), 신받치개(깔창), 택받치개(턱받이, A), 굴기디디개(밑신개, A), 젖싸개~젓싸개(브래지어), 소싸개, 책싸개, 신깔개, 입쌀티우개, 옥시티우개, 쪽지개(쪽지게), 족집게~쪽집게, 부집개(불집게, A), 우티걸개, 수건걸개…

나. 실감개, 가매긁개, 손톱깎개(손톱깎이), 연필깎개(연필깎개), 귀우비개~귀후비개(귀이개), 이쑤시개, 등긁개, 책꽂개[책꼭깨](책꽂이), 문지털개~먼지털개, 밥푸개(밥주걱), 문걸개, 불뜨개(불+뜨-+-개, 부삽), 신닦개, 똥슷개~똥씃개(밑씻개), 코씃개

다. 연필꽂개[연필꼭깨](연필꽂개), 귀걸개(귀걸이), 목걸개(목걸이), 팔걸개(팔찌), 목돌개(목도리), 콩닦개(콩볶이), 배짜개[74](질경이, A), 불쏘시개(A), 개뜯어먹개

라. 도리깨~도릿개, 노리개(A), 우스개~우시개

마. 뿔룩개(부레, 고무풍선)

(16가)는 단일형태소 동사어간을 어기로 하여 대체로 도구명사를

일되어 가는 경향이 있다(송철의 1992:160 각주 21). 이 지역어에서도 '집게'를 제외하면 접미사 '-게'는 찾아보기 어렵다. '집게'도 '집개'와 같이 쓰이고 있다.

72) '끄스-'는 '끌-'의 방언형이다.

73) '찝게'는 '집게'가 어두경음화를 겪은 것이다.

74) 길가에 나는 풀, 질경이

파생시키는 경우이다. '덮개'는 '[덮-+-개]'로 분석할 수 있는데 조음 위치동화에 의해 '[덕깨]'로 실현된다. '덮개'는 '잘 때 덮는 물건'이나 '물건 · 그릇 등의 아가리를 덮는 물건 즉 뚜껑'을 의미한다. 'ㄲ스개'는 '[ㄲ스-+-개]'로 분석할 수 있는데 '끌신'을 의미하고 '받치개'는 '[받치-+-개]로 분석할 수 있는데 '다른 것의 밑에 두어 받치는 물건'을 의미한다. '싸개'는 동사어간 '싸-'에 '-개'가 결합하여 형성된 것인데 '물건 따위를 싸는 종이나 헝겊'을 의미하고 '디디개'는 동사어간 '디디-'를 어기로 형성된 것인데 '발을 올려 놓고 서거나 발로 내리 눌러 작용하게 하는 데 쓰는 것'을 의미한다. '걸개'는 동사어간 '걸-'에 '-개'가 결합되어 형성된 것인데 '무엇을 걸어두게 만든 물건'을 의미한다. '지개'는 '짐을 지는 데 쓰는 도구'를 의미하고, '집게'는 '손으로 직접 다루기 어려운 물건을 집는데 쓰는 도구'를 의미한다. '불:개'는 자동사어간 '불:-'에 '-개'가 결합되어 형성된 것인데 '밥에 섞는 콩, 감자 따위의 잡곡'을 가리킨다. '불:-'은 '분량이나 수효가 많아지다'의 의미를 나타내는 동사어간으로 표준어의 '붇-'에 해당한다. '뜨개'는 동사어간 '뜨-'에 '-개'가 결합되어 형성된 것인데 '뜨개질을 하는 일 또는 실로 뜬 천'을 의미하고, '티우개'는 동사어간 '티우-'에 '-개'가 결합되어 형성된 것인데 '쌀 · 옥수수 따위를 열을 가하여 튀겨낸 것'을 의미한다. '티우-'는 '마른 낟알 따위에 열을 가해서 부풀어 나게 하다'의 의미를 나타내는 동사어간으로 표준어의 '튀기-'에 해당한다. '차개'는 '몸의 한 부분에 달거나 둘러매거나 걸어서 지니다'의 의미를 나타내는 동사어간 '차-'를 어기로 취하여 형성된 것인데 '기저귀'를 의미한다.

단일형태소 동사어간을 어기로 형성된 파생명사들은 다시 명사들과 결합하여 합성명사를 만들기도 한다. '책받치개, 옥시티우개, 신깔개…' 등. '받치개'는 '책받치개', '신받치개', '택받치개' 등 합성명사를 만들기도 하는데 '책받치개'는 '글을 쓸 때에 자국이 나지 않도록 종이 밑에 받치는 물건'을 의미하고 '신받치개, 신깔개'는 '신발의 바닥에 까는

깔창'을 의미하며, '택받치개'는 '흘리는 침이나 음식물이 옷에 떨어져 묻지 못하도록 어린아이의 턱 아래에 대어 주는 헝겊으로 된 물건'을 가리킨다. '굴기디디개'는 '굴기'와 결합하여 형성된 합성명사인데 '그넷줄의 맨 아래에 걸쳐 두 발을 디디게 된 물건'을 의미한다.[75] '젖싸개~젓싸개'는 '젖몸을 싸서 가리는 가슴띠 즉 브래지어'를 의미하고 '소싸개'는 '이불을 만들 때 솜을 싸는 천 같은 것'을 의미하며[76] '책싸개'는 '책을 보호하기 위하여 싸서 두는 종이 따위'를 의미한다. '입쌀티우개, 옥시티우개'는 '입쌀, 옥수수를 열을 가하여 튀겨낸 뻥튀기'를 말한다. '쪽지개'는 '작은'의 뜻을 나타내는 접두사 '쪽-'[77]과 결합하여 형성된 합성명사인데 '등짐장수들이 쓰는 작은 지게'를 의미한다. '족집게~쪽집게'도 '작음'의 의미를 나타내는 접두사 '쪽~족'과 결합하여 형성된 합성명사인데 '잔털이나 또는 살에 박힌 잔가시 따위를 뽑는 데 쓰는, 쇠로 만든 조그마한 집게'를 말하고 '부집개'는 '불'과 결합하여 형성된 것인데 '불덩이, 숯, 석탄덩이 같은 것을 집을 때 쓰는 집게'를 말한다. '우티걸개, 수건걸개'는 '옷이나 수건을 걸어두도록 만든 물건'을 말한다.[78]

(16나)는 'N+V'를 어기로 취하여 도구명사를 만드는 경우이다. '실감개'는 '실+감-'을 어기로 취하여 형성된 것인데 '실을 감아두는 물건'을 통틀어 이르는 말이다. '가매긁개'는 '가매+긁-'을 어기로 취하여 형성된 것인데 '가마 밑에 눌어붙은 누룽지 같은 것을 긁어내는 데 쓰는 도구'를 의미한다. '귀우비개~귀후비개'는 '귀지를 우비어 파내는 기구'를 의미하고 '등긁개'는 '등을 긁는 데 쓰는 물건'을 의미하며 '책

75) '굴기'는 '그네'의 방언형이다.

76) '소'는 '송편이나 만두, 외소박이 등을 만들 때에 맛을 내기 위하여 그 속에 넣는 여러 가지 재료나 고명 같은 것'을 의미하는 말인데 여기서는 '이불 안에 넣는 솜'을 의미한다.

77) 이 지역어에서 접두사 쪽에 의해 형성된 파생어로는 '쪽발기(쪽발구)', '쪽걸상' 등이 있다.

78) '우티'는 '옷'의 방언형이다.

꽂개[채꼭깨]'는 '책꽂이'를 의미한다. '문지털개~먼지털개'는 '먼지를 터는 데 쓰는 물건'을 의미하고 '밥푸개'는 '밥주걱'을 의미한다. '문걸개'는 '문을 걸어 잠글 때 빗장으로 쓰는 'ㄱ'자 모양의 쇠'를 의미하고 '불뜨개'는 '불을 뜨는 도구 즉 부삽'을 의미하며 '신닦개'는 '신발을 닦을 때 쓰는 솔이나 헝겊 같은 것'을 의미한다. '똥슷개~똥씃개'는 '뒤를 보고나서 밑을 씻어내는 종이 따위'를 뜻하는 말이고 '코씃개'는 '코를 풀거나 닦아 내는 데 쓰는 종이 따위'를 뜻하는 말이다. 이 지역어에서 '씃-'은 '더러운 것이나 물기 같은 것을 닦아 제거하다'는 의미를 나타내는 동사어간이다. 표준어에서는 '씻-'혹은 '닦-'이 '씃-'의 의미를 공유하고 있다. '슷다(<슺다)'는 중세한국어시기의 어형으로서 이 지역어에 그대로 남아 있는 것이다.79)

(16다)는 'N+V'를 어기로 취하여 사물명사를 만드는 경우이다. '연필꽂개[연필꼭개]'는 '[[연필 + 꽂-] + -개]'로 분석할 수 있는데 '많이 깎아서 써서 길이가 매우 짧아진 연필에 꽂아 길이가 짧은 연필을 쓰기 편하게 해주는 기구'를 의미한다. '귀걸개, 목걸개, 팔걸개'는 '귀나 목, 팔에 거는 장신구'를 의미하고 '목돌개'는 '추위를 막거나 또는 모양을 내기 위하여 목에 두르는 물건'을 의미한다. '콩닦개'는 '불에 볶은 콩'을 의미하는데 여기서 '닦-'는 '볶-'의 의미로 쓰인다.80) '배짜개'는 '질경이(車前草)'의 방언형으로 '布伊作只'의 반사형으로 보이는데(이병근 2004: 44-45) '[[배+짜]]+-개]'로 분석할 수 있다.81)

---

79) 중세한국어에서 '싯다'는 [洗]의 의미를, '슷다(<슺다)'는 [拭], [抹]의 의미를, '닷다'는 주로 [修]의 의미를 가졌다(최명옥 · 곽충구 · 배주채 · 전학석 2002: 221).

80) 닦다: 코: 닦아?(콩을 닦았니?)
기름 놓구 파: 닦다가 … (기름 두르고 파를 닦다가…)

81) 小倉進平(1932)에서는 '車前'에 대한 차자표기형인 '布伊作只'가 『鄕藥集成方』에 "車前子 鄕名布伊作只"로 되어 있음을 지적하면서 '布伊'는 '뵈'를 적은 것이고 '作只'는 '짱이'를 적은 것이라 해독하였다. 또한 李德鳳(1963)에서는 '布伊作只'를 '뵈자기'로 해독하였다(이병근 2004:22). '질경이'의 방

'불쏘시개'는 '불을 때거나 피울 때 쉽게 옮겨 붙이느라고 먼저 태우는 마른 나무쪼각이나 검불 또는 종이 같은 물건'을 의미한다. '개뜯어먹개'는 '[[개 + 뜯어먹-] + -개]'로 분석할 수 있는데 '개가 뜯어먹은 물건'을 의미하는 것이 아니라 '옷이나 어떤 물건이 개가 뜯어먹은 것처럼 다 찢어져 너덜너덜하게 된 상태'를 의미하는 것으로 의미론적으로 어휘화한 것이다. '머리를 잘못 잘라서 여기저기 뭉텅뭉텅 잘려나간 것 같은 모양'을 나타낼 때도 '개뜯어먹개'라고 표현한다. 예를 들면 '옷이 개뜯어먹개 됐다', '머리 개뜯어먹개 됐다' 등의 형식으로 표현된다.

(16라)는 동사어간에 '-이'나 '으'가 결합되고 거기에 다시 '-개'가 결합된 경우이다. 이는 '-개'가 일반적으로 동사어간과 직접 결합하여 명사를 파생한다는 점에서 보면 예외적인 것이라고 할 수 있다. '도리깨~도릿개, 노리개, 우스개~우시개'는 동사어간 '돌-, 놀-, 웃-'에 '-이'나 '-으'가 결합되고 거기에 다시 '-개'가 결합되어 형성된 파생어들이다. '도리깨~도릿개'는 '낟알을 뚜드려 떨기 위하여 쓰던 재래식 농기구의 한가지로서 긴 작대기 끝에 서너 개의 회초리를 매어 달아 돌게 한 물건'을 의미하고 '노리개'는 '금, 은 주옥으로 만든 여자의 패물 또는 취미로 가지고 노는 물건'을 의미한다. '우스개~우시개'는 '남을 웃기려고 익살을 부리며 하는 짓이나 말'을 의미한다.

(16마)의 '뿔룩개'는 형용사 '뿔룩하다'의 어근 '뿔룩'에 '-개'가 결합되어 형성된 것인데 '물고기의 부레 혹은 고무풍선'을 의미한다.

(17) 가. 벋디디개(밭장다리), 안디디개(안짱다리), 손떨개, 입때지개(언청이), 팔떨어지개(외팔이), 이빠지개, 눈매개(눈+메-+-개, 애꾸, B)

나. 코흘리개, 코빨개(코 빨아먹는 애), 똥싸개, 오좀[82]싸개~

언형들과 어휘사에 대한 더 자세한 내용은 이병근(2004:17-47)을 참고.

82) '오좀'은 '오줌'의 옛말인데 이 지역어에서 '오줌'은 '오좀'으로도 나타난

오줌싸개, 오막쓰개(오막+쓰-+-개), 남자번지개, 여자번지개, 홀리개, 삐치개, 쫄딱벗개[쫄딱뻑깨](쫄딱+벗-+-개)
cf. 꼴딱벗개[꼴딱뻑깨](꼴딱+벗-+-개)

다. 똥푸개, 신닦개, 점치개(점쟁이)

(17)은 '-개'가 인성명사를 파생시키는 경우인데 이때의 '-개'는 도구명사를 만드는 본래의 기능에서는 벗어난 것이다. (17가)는 동사어간을 어기로 취하여 '그러한 신체적 특징을 가지고 있는 사람'을 의미하는 유정명사를 파생시키는 경우인데 일반적으로 '외모에 결함이 있는 사람'을 뜻한다. '벋디디개, 안디디개'는 동사어간 '벋디디-, 안디디-'에 '-개'가 결합되어 형성된 것으로 '두 발끝이 바깥쪽으로 벌어진 다리를 가진 사람 또는 바깥쪽으로 벌어지게 걷는 사람, 두 발끝이 안쪽으로 휜 다리를 가진 사람 또는 두 발끝을 안쪽으로 향하게 하고 걷는 사람'을 의미한다. '벋디디-, 안디디-'는 '두 발끝을 바깥쪽으로 벌어지게 걷거나 두 발끝을 안쪽으로 향하게 하고 걷다'의 의미를 나타내는 동사어간이다. '손떨개'는 '[[손 + 떨-] + -개]'로 분석할 수 있는데 '손을 떠는 병이 있는 사람'을 의미하고, '입때지개'는 '[[입 + 때지-] + -개]'로 분석할 수 있는데 '윗입술이 세로로 찢어진 사람'을 의미한다. '때지-'는 '터져서 갈라지거나 쪼개져서 벌어지다'의 뜻을 나타내는 '째지다'의 방언형이다. '팔떨어지개'는 '한쪽 팔이 없는 사람'을 의미하는데 '[[팔 + 떨어지-] + -개]'로 분석할 수 있고, '이빠지개'는 '[[이 + 빠지-] + -개]'로 분석할 수 있는데 '이(보통 앞니)가 빠져서 없는 사람 특히는 이갈이를 할 때 앞니가 빠져서 없는 아이들'을 의미한다. 이외에도 '이빠지개'는 '이가 빠진 칼이나 그릇 같은 물건'을 의미하기도 하는데 이때는 유정명사가 아니라 사물명사로 기능한다. '눈매개'는 '[[눈 + 메-] + -개]'로 분석할 수 있는데

다.

'한쪽 눈이 먼 사람'을 의미하는데 '두 눈이 아니라 한쪽 눈만 시력을 잃은 것'을 나타내므로 의미론적으로 어휘화된 것이다. '메-'는 '멀-'의 방언형으로 '시력을 잃다'의 의미를 나타내는 동사어간이다.[83)]

(17나)는 동사와 결합하여 주로 '~을 자주 하는 사람'을 의미하는 유정명사를 파생시킨 경우인데 대부분 어기가 'N+V'인 경우이다. '코흘리개'는 '늘 콧물을 흘리는 어린아이'를 놀림조로 이르는 말인데 '철없는 어린아이'를 뜻하기도 한다. '코빨개'는 '콧물을 빨아먹는 아이'를, '똥싸개'는 '똥을 가리지 못하는 아이 혹은 똥을 가릴 줄 알면서도 실수로 똥을 싼 아이'를, '오좀싸개~오줌싸개'는 '오줌을 가리지 못하는 아이나 오줌을 가릴 줄 알면서도 실수로 오줌을 싼 아이'를 놀림조로 이르는 말이다. 또한 '지지리 못난 사람'을 욕으로 이를 때도 '똥싸개'라고 한다. '똥싸개'는 '자꾸 똥물을 싸는 일'을 의미하기도 하는데 이때는 유정명사가 아니라 사건명사로 기능한다.

'오막쓰개'는 '[[오막 + 쓰-] + -개]'로 분석할 수 있는데 '노망이 자주 나는 사람'을 의미한다. '오막'은 '노망'의 방언형인데 이 지역어에서는 '노망이 나다'를 '오막 쓰다'로 표현한다. '남자번지개, 여자번지개'는 '-개'가 '부사어+동사'어기와 결합하여 형성된 것인데([남자로+번지-], [여자로+번지-]) '성격이나 하는 행동이 남자 같은 여자, 성격이나 하는 행동이 여자 같은 남자'를 의미한다. '번지-'는 '사람의 모습이나 됨됨이가 자라면서 달라지다'의 의미를 나타내는 동사어간이다. '삐치개'는 '[삐치- + -개]'로 분석할 수 있는데 '삐치-'는 '간섭하다'는 의미를 나타내는 동사어간으로 '남의 일에 이러쿵저러쿵 간섭하기 좋아하는 사람'을 의미하고 '홀리개'는 '남의 정신을 흐리게 하여 떨떨하게 만들다'의 의미를 나타내는 동사어간 '홀리-'를 어기로 형성된 것으로 '경망스럽고 남을 속이기도 잘하는 사람'을 낮잡아 이르는 말이다. '쫄딱벗개[쫄딱뻑깨]'는 '[[쫄딱 + 벗-] + -개]'로 분

83) 메다: 가: 교통사고르 당해서 누~이 멨다(걔는 교통사고를 당해서 눈이 멀었다).

석할 수 있는데 '부사 + 동사'어기와 결합하여 형성된 것으로 '알몸인 사람'을 놀림조로 이르는 말이다. 주로 아이들한테 많이 쓴다. '쫄딱'은 '완전히, 몽땅'의 의미를 나타내는 부사이다. 함북 방언을 기반으로 형성되고 발전되어 온 연변지역에서는 '쫄딱벗개'와 '꼴딱벗개[꼴딱뻑깨]'가 함께 쓰이고 있는데 이는 이 지역에서 부사 '쫄딱'과 '꼴딱'이 모두 '완전히, 몽땅'의 의미로 쓰이고 있기 때문이다.

(17다)는 'N+V'를 어기로 취하여 '직업적으로 ~을 하는 사람'을 의미하는 파생어를 형성하는 경우이다. '똥푸개'는 '똥을 푸는 일을 직업으로 하는 사람 즉 재래식 화장실의 인분을 책임지고 운반하는 청소공'을, '신닦개'는 '신을 닦는 일을 직업으로 하는 사람'을 의미한다. '신닦개'는 다의성을 띠는데 앞에서 언급한 바와 같이 도구명사로도 기능한다. '점치개'는 '점을 치는 것을 업으로 하는 사람'을 의미하는데 '점쟁이'를 낮잡아 이르는 말이다.

송철의(1992:162)에서는 표준어에서 '-개'에 의해 파생된 유정명사(인성명사)가 '-이'가 아닌 '-개'를 취하게 된 이유를 다음과 같이 지적하고 있다. "첫째는 이들 파생어의 어기인 동사어간이 모두 모음으로 끝나고 있어서 유정명사를 파생시키는 대표적인 파생접미사 '-이'(구두닦이, 신문팔이, 넝마주이)가 선택될 수 없기 때문이고, 둘째는 이들 파생어들이 어린아이를 지칭하기 때문일 것으로 생각된다." 그러나 이 지역어에서 나타나는 '-개'에 의한 유정명사(인성명사)파생이 접미사 '-이'가 아닌 '-개'를 취하게 된 것은 이런 이유 때문은 아닌 것 같다. 왜냐 하면 이 지역어에서 나타나는 '-개'에 의해 파생된 유정명사(인성명사)들은 그 대상이 반드시 어린아이들로만 제한되는 것이 아니고, 또한 이들 중에는 어기인 동사어간이 모음으로 끝나지 않아 '-이'가 선택될 수 있었음에도 '-개'가 선택된 파생어들이 존재하기 때문이다('손떨개, 코빨개, 신닦개' 등). 김창섭(1983:85)에서는 이들 파생어들이 '-개'를 취하게 된 것은 사람을 도구처럼 낮추어 본다는 의미특성 때문일 것으로 보았다. (17)의 예들은 모두 '경멸'의 뜻을 가지는 것으로서 좋지 않은 별명으로 많이 쓰이는데 흔히는 그 대상을 얕잡아보거나 업신여기어 놀리거나 할 때 쓰인다. 물론 '도구처럼 낮추어본다'고까지 하기는 어려워 보이지만 그 '경멸'의 정도가 아주 심한 것은 사실이다. 아마도 이런 의미특성 때문에 이들 파생어들이 '-개'를 취하게 된 것이 아닐까 생각된다.

현재 강원도 방언에는 사람을 가리키는 '이'와 쓰임이 같은('그 개가 왔다'는 '그 이가 왔다'임) 불완전 명사 '개'가 있다.[84] 접미사 '-개'는 불완전 명사 '개'가 접미사화한 것으로 볼 수도 있을 듯하다. 그러나 이 지역어에는 불완전 명사로 쓰이는 '개'가 존재하지 않으므로 그 가능성이 희박하다고 할 수 있다.

3.2.1.2. '-애'

이 지역어에서는 '-개(/게)'와 비슷한 기능을 하는 접미사 '-애(/에)'도 나타나는데 주로 동사어간에 결합하여 명사를 파생한다. 표준어에서 '-개/-게, -애/-에'는 기원적으로는 'ㄹ, ㅣ' 다음에서의 'ㄱ' 탈락과 모음조화 등 음운현상과 관련된 이형태들이었을 것으로 추정되는데 공시적으로는 이런 음운규칙들의 소멸과 약화로 인해 이런 형태들이 음운론적으로 깔끔하게 설명되지 않으며 '-개'로 통일되어 가는 경향을 보인다(송철의 1992:163).

(18) 깔애[85], 날애(날개, A), 빨래, 탈애(타래), 부채/부체(A), 막애(마개), 늡에(늡-+-에, 누에, B), 얽에(얼레빗, C), 가새(가위), 저즐에(실수나 사고), 구불에(굴렁쇠), 쇠똥구불에(A)

84) 김창섭 선생님께서 말씀해주신 건데 이익섭 선생님 강의 시간에 들은 내용이라고 하셨다.

85) 갈이나 조짚, 수수대 또는 구름나무껍질 같은것으로 결어서 만든 깔개.

(18)은 동사어간에 '-애/에'가 결합되어 명사를 파생한 경우이다. '깔애'는 '깔-'에 '-애'가 결합된 것인데 '수숫대나 갈대의 껍질을 벗겨 그것을 결어서 만든 자리'를 가리키는 말이다. 흥미로운 것은 '깔개'도 나타나는데 '깔개'는 '앉거나 눕는 자리에 까는 물건'을 통틀어 가리키는 말로 이 지역어에서는 '까래'와 '깔개'가 완전히 동일한 의미는 아니라는 것이다. '탈애'는 '되게 비틀다'의 의미를 나타내는 동사어간 '탈-'에 '-애'가 결합되어 형성된 것으로 '사리어 뭉쳐 놓은 실이나 노끈 따위의 뭉치'를 가리키는 말이다.[86] '눕에'는 동사어간 '눕-'에 '-에'가 결합된 것으로 '누에'를 가리키는 말이고[87] '얽에'는 동사어간 '얽-'에 '-에'가 결합되어 형성된 것으로 '얼레빗'을 가리키는 말이다. '가새'는 '가위'의 방언형으로 'ᄀᆞᆺ-'에 '-애'가 결합된 후 'ㆍ> ㅏ'의 통시적 음운변화로 인해 '가새(<ᄀᆞ새)'로 실현되었을 것이다.[88] 그러나 이 지역어에서 동사어간 '갓-'이 공시적으로 존재하지 않으므로 '가새'는 형태론적으로 어휘화된 것이다.[89] '구불에'는 '구르-'의 방언형인 '구불-'에 '-에'가 결합된 것이고 '쇠똥구불에'는 '쇠똥구리'를 말하는데 '[[쇠똥+구불이-]+-에]'로 분석할 수 있다. 또한 '저즐에'같은 추상명사를 파생하기도 하는데 '저지르-'의 방언형인 '저즐-'에 '-에'가 결합된 것으로 '어떤 실수나 작은 사고'를 가리키는 말이다.

86) 탈다: 이 빨래르 같이 짜자. 내 왼쪽으루 탈게, 넌 오른쪽으루 탈아라(이 빨래를 같이 짜자. 나는 왼쪽으로 탈게, 너는 오른쪽으로 탈아라)

87) '눕다'는 '눕다(臥)'의 방언형이다. '누에'의 모습이 사람으로 말하면 엎드려 있거나 누워 있는 것과 비슷하다는 데서 기원한 듯하다. 누에는 4회의 잠을 자고 탈피를 하여 다 커서 실을 토하여 고치를 짓는데 '자고 있는 누에'를 '와잠(臥蠶)'이라고 한다.

88) '가위'의 어원에 대해서는 여러 가지 해석이 있어 왔다. 이기문(1991:102-103)에서는 '[ᄀᆞᇫ-+개]', 남광우(1973:358-359)에서는 '[ᄀᆞᆺ/ᄀᆞᇫ-+-애]', 어원사전에서는 '[ᄀᆞᄉᆞ-+개]'로 보았다.

89) 현 제주도방언에는 '갓-'가 동사로 쓰이고 있다.

저즈레: 자:는 설거지마 시키므 저즈레르 한다. 사발으 얼매나 깼는지 모른다.(재는 설거지만 시키면 사고를 친다. 사발을 얼마나 깼는지 모른다.)

3.2.2. '-대기$_1$'

이 지역어에는 두 가지 유형의 동일한 형태를 가지는 접미사 '-대기'가 존재한다. 이들은 형태가 동일하고 모두 명사 파생의 기능을 갖지만 이들은 어기의 문법적 자격도 다르며 의미특성도 다르며 기원도 다른 것으로 보인다. 본서는 이들을 '-대기$_1$'과 '-대기$_2$'로 구별하여 논의를 진행하기로 한다.90)

이 지역어에서 '-대기$_1$'은 '-데기', '-때기'로도 나타나는데 주로 명사어간과 결합하여 '작음'이나 '낮춤'의 의미를 더해준다.

(19) 가. 널판대기(널판때기), 목대기~목데기(목침), 포대기, 칼판대기(도마)
cf. 검대기~검데기(검댕, A), 꽁대기(꼬리, A), 껍데기~껍데기(A)
나. 막대기(기름하고 가는 나무나 대의 토막, A), 나무때기, 장때기(긴 막대기, A), 부수때기(부지깽이, B), 잡은대기(A)
cf. 묵은데기(묵은 밭, A)
다. 발목대기, 족대기, 손목대기, 낯빤대기, 상판대기, 니마때기~니만대기(A), 볼때기~볼태기(A)~뽈태기(B)
cf. 이맨대기
라. 염치때기, 비우때기

90) '-대기$_2$'는 인칭명사를 파생하는 접미사이다. '-대기$_2$'에 대해서는 3.3.3.3 참고.

(19가)의 '-대기~데기'는 '조각이나 토막'의 의미를 가지는데 주로 사물이름을 나타내는 실체성명사어간과 결합하여 '작음'의 의미와 '통속적인 맛'을 더해주는 기능을 한다. (19나)의 '-대기~데기'는 '기름한 대'라는 의미를 더해주는 기능을 한다. '장때기'는 '길다'의 의미를 나타내는 한자어 '장(長)'과 '-대기'가 결합하여 형성된 것으로 '긴 막대기'를 의미하고 '부수때기'는 '부지깽이'를 의미하는데 이때 어기 '부수'는 '부엌'을 뜻하는 이 지역어의 방언형 '부수깨'[91]의 '부수'와 같은 것으로 '부뚜막'을 뜻하는 만주어 'fushu'에서 온 것으로 생각된다. '잡은대기'는 '어떤 일을 하는데 쓰는 연장의 총칭'으로 동사어간 '잡-'의 관형형에 '-대기'가 결합된 것이다. '연장'에는 보통 모두 '기름한 대'로 된 손잡이가 있다는 데서 기원한 것으로 보인다. 동사의 관형형에 결합되었다는 것이 특이하다. '묵은데기'는 '묵은 밭'을 가리키는데 '데기'는 접미사가 아니라 '밭'을 의미하는 '뙈기'의 방언형으로 보는 것이 타당하다.

(19다)는 신체부위를 나타내는 몇몇 명사와 결합하여 '비하'의 뜻을 더해주어 하대어를 만드는 경우이다. 하대어는 평대어를 바탕으로 하고 거기에 주로 접사적인 요소를 결합시켜 만들어진다(곽충구 1998d:635). '족대기'는 '발'을 의미하는 한자어 '족(足)'에 '-대기'가 결합된 것인데 '발목대기'와 마찬가지로 '발목'을 낮추어 이르는 하대어이다. '낯빤대기, 상판대기'는 '얼굴'의 하대어인데 '낯빤, 상판'에 '-대기'가 결합되어 형성된 것이다. 본래 '얼굴'을 낮잡아 이르는 '낯빤, 상판'에 '비하'의 의미를 나타내는 '-대기'가 결합되어 '낯빤, 상판'보다 '비하'의 의미가 더 강해졌다. '니마때기~니만대기'는 '니마'에 '-대기'가 결합된 것으로 '이마'를 낮추어 이르는 말이고 '볼때기'는 '볼'에 '-대기'가 결합된 것으로 '볼'의 하대어인데 '볼태기~뽈태기'로도 나타난다. 연변 지역어에서는 '이마'를 '니마' 혹은 '이매'라고 하는데 '니마

91) 이 지역의 '부수깨'의 의미에 대해서는 최명옥・곽충구・배주채・전학석 (2002: 207~208) 참조.

때기~니만대기'외에 '이매'를 어기로 형성된 '이맨대기'도 쓰이고 있다. (19라)는 추상명사 '염치', '비위'에 '-때기'가 결합된 것인데 '비하'의 의미를 더해주는 기능을 한다. '비우때기'는 '비우'를 낮잡아 이르는 말인데 '비우'는 '비위'의 방언형으로 '사람을 대하는 데서의 붙임성 또는 달갑지 않은 작용에 대한 참을성이나 배짱'의 의미를 나타낸다.

3.2.3. '-붙이'

'-붙이'는 일부 명사 뒤에 붙어 '어떤 물건에 딸린 같은 종류 혹은 같은 겨레'라는 뜻을 더하는 접미사이다. '-붙이'는 기원적으로 '브티(屬)'에 소급하는데 명사로 기능하던 것이 접미사화된 것으로 보여 진다. 이 지역어에서 '-붙이'는 '[-부치]'와 '[-부티]' 두 형태로 실현되며 수의적인 교체를 보여준다.

(20) 가. 금붙이[금부치~금부티], 은붙이[은부치~은부티], 쉐붙이[쉐부치~쉐부티](쇠붙이), 철붙이[철부치~철부티], 목붙이[목부치~목부티](목천), 니룽붙이[니룽부치], 찰붙이[찰부치](찹쌀), 고기붙이[고기부치], 육붙이[육부치~육부티]
나. 피붙이[피부치~피부티], 살붙이[살부치], 가슴붙이[가슴부치~가슴부티]

(20가)는 일부 명사 뒤에 붙어 '어떤 물건에 딸린 같은 종류'라는 뜻을 더해주는 경우이다. '금붙이'는 '금으로 된 물건', '은붙이'는 '은으로 된 물건', '쉐붙이'와 '철붙이'는 '쇠로 된 물건'을 통틀어 이르는 말인데 '쉐붙이'는 고유어 '쉐'에, '철붙이'는 한자어 '철(鐵)'에 접미사 '-붙이'가 결합되어 형성된 것이다. '목붙이'는 '목 + -붙이'로 분석할 수 있는데 '목으로 만든 물건'을 통틀어 이르는 말이다. '목'은 '면

직물'의 방언형이다. '니룽붙이'는 '니룽으로 만든 물건'을 이르는 말인데 '니룽'은 '나일론'을 의미하는 중국어 '니룽(尼龍)'의 차용어이다. '찰붙이'는 '찰- + -붙이'로 분석할 수 있는데 '찰기가 있는 곡식으로 만든 음식'을 통틀어 이르는 말이다. 여기서 '찰-'은 '끈기가 있고 차진'의 뜻을 더하는 접두사인데 한국어에서 '접두사 + 접미사'가 파생어를 형성하는 것은 극히 예외적인 일이다. 이는 '붙이'가 명사적인 자질을 가지기 때문이다. '고기붙이'와 '육붙이'는 같은 의미로서 '식용할 수 있는 각종 동물의 고기'를 통틀어 이르는 말인데 '고기붙이'는 고유어 '고기'에, '육붙이'는 '고기'를 의미하는 한자어 '육(肉)'에 접미사 '-붙이'가 결합되어 형성된 것이다. (20나)는 일부 명사 뒤에 붙어 '같은 겨레'라는 뜻을 더해주는 접미사이다. '피붙이'는 '피 + -붙이'로 분석할 수 있는데 '혈연적으로 가까운 사람'을 이르는 말이고 '살붙이'는 '살 + -붙이'로 분석할 수 있는데 '피줄이 가까운 한집안 사람'을 이르는 말로 보통 부모와 자식간의 관계에서 부모가 자식을 이르는 말이다. '가슴붙이'는 '가슴 + -붙이'로 분석할 수 있는데 '막내'를 뜻하는 말로 의미론적으로 어휘화된 것이다.

3.3. 인칭명사 파생

이 지역어의 인칭명사 파생접미사에는 '-재:~재:', '-꾼'; '-보', '-애:/-에:'; '-배:', '-뚜거리', '-대기$_2$', '-채:', '-바리', '-꾸레기', '-이$_2$'; '-뒤:', '-돌이', '-내미', '-내기$_2$', '-치'가 있다.[92]

3.3.1. '-재:~-재:', '-꾼'

92) 3.3.은 이춘영(2015)의 내용을 상당부분 수정하고 보충하여 가져온 것이다.

3.3.1.1. '-재:~-재:'

이 지역어의 '–재:'는 표준어의 '–장이'에 해당하는데[93] '–장이'가 움라우트를 겪어 '–쟁이'로 되고, '–쟁이'가 다시 'ㅇ'의 비모음화[94], '이'탈락에 의한 보상적 장모음화를 겪어 실현된 것이다. '–장이'는 표준어에서 '어떤 분야의 기술을 가진 기술자(匠人, 工匠)'를 뜻하는 한자어 '장(匠)'에 '–이'가 결합되어 형성된 것으로 이때의 '–이'는 '거북이, 두꺼비, 부엉이'에서의 '–이'와 같은 성격을 띠는 것이라고 할 수 있으며, 그 발달 과정은 '조각장, 칠장'에 '–이'가 결합되어 '조각장이, 칠장이'가 되고 이들에서 '–장이'가 하나의 접미사로 인식되어 '조각 + –장이, 칠 + –장이'로 분석된 데서 비롯된 것일 것이다. 또한 '–장이'는 기원적으로는 주로 한자어 어기에만 결합되는 접미사이었을 것이나 현대로 오면서 고유어 어기와도 결합되는 생산적인 접미사로 발달하였다(송철의 1992:169).

이 지역어에서 '–장이'는 표준어에서와 같은 발달 과정을 겪은 후 일련의 음운변화를 거쳐 '–재:'로 실현되었을 것이며 그 분포와 의미도 매우 다양하다. 또한 이 지역의 'ㅈ'은 분포환경에 따라 [ts]나 [tʃ]로 달리 실현되기 때문에 '–재:'는 '–재:'로도 실현되며 둘은 수의적인 교체를 보여 준다. 현재 연변 지역어에서는 '–재:'와 '–재:'의 구별이 점점 사라져가고 있으며 '–재:'로 통일되어 가는 경향을 보이고

93) 새로 규정된 표준어 규정(제9항)에서는 기술자를 의미할 때는 '–장이'가 붙은 형태를, 그 외의 경우에는 '–쟁이'가 붙은 형태를 표준어로 삼고 있다. 송철의(1992: 171)에서는 '–장이'와 '–쟁이'를 이와 같이 구별하는 것이 형태론적으로나 의미론적으로 타당하다고 할 수 있는지는 의문이라고 하였고, 이익섭·채완(1999: 106)에서는 '–장이'와 '–쟁이'를 구별하는 기준이 혼란스러워 인위적으로 표기를 둘로 가르는 것이 꼭 좋은지는 의문스럽다고 하였다.

94) 'ㅇ'탈락이란 기저의 어간 말음 'ㅇ'이 음성으로 실현되는 과정에서 탈락하는 것을 말하는데 먼저 그 앞의 모음을 비모음화시킨 뒤에 일어난다(최명옥·곽충구·배주채·전학석 2002: 68).

있다.

(21) 가. 토기재:, 맴재:, 미재:(미장이), 돌재:~돌재:(석수장이)[95],
신수리재:, 애장재:(대장장이), 침재:(A)
cf. 석재:(석수장이), 애재:(대장장이)
나. 풍각재:(C), 중매재:, 관상재:, 점재:, 요술재:
cf. 빠마재:[96], 예수재:
다. 겁재:(C), 욕심재:(C), 심술재:(C), 잔소리재:, 변덕재:, 떼재:, 고집재:(C), 트집재:, 바람재:(바람둥이), 대포재:~황통재:(허풍쟁이, 거짓말쟁이), 거짓뿌레재:~거짓뿔재:(C)~도삽재:(거짓뿔~도삽+-재:), 오입재:, 리간재:, 아편재:, 약침재:, 입내재:[임내재:](입내+-재:, 흉내쟁이), 고재재:(고자+-재:, A), 멋재:(멋쟁이), 빚재:, 엄살재:(A), 때매재:
cf. 고발재:
라. 난재:(C), 못대재:(못대-+-재:), 헤푸재:(헤푸-+-재:), 무식재:, 귀먹재:(귀+먹-+-재:, 귀머거리, C), 눈멕재:(눈+메-+-재:, 소경)[97], 말먹재:(말+먹-+-재:, 말더듬이)[98], 깜재:(깜-+-재:, 깜둥이), 실없재:(실없-+-재:, A), 깍재:, 딱곱재:, 싸구재:(미치광이)
cf. 승겁재:(승겁-+-재:)
마. 안경재:~메가내재:, 양복재:
바. 월급재:

(21가)는 '-재:'가 주로 명사와 결합하여 '어떤 분야의 기술을 가진 사람'이라는 '-장이'의 본래의 의미를 그대로 유지하고 있는 파생어들

95) 김태균(1986:300)에는 '석수재:'로도 나타남.
96) '빠마'는 '파마'의 방언형이다.
97) 이 지역어에서 '눈멕재:'는 '눈메개'로도 나타난다.
98) 이 지역어에서 '말먹재:'는 '말먹개'로도 나타난다.

인데 일종의 '기술자'를 의미한다. '돌재:'는 '돌'에 '-재:'가 결합된 것으로 '돌을 가공하여 물건을 만드는 사람 즉 석공(石工)'을 의미하고 '신수리재:'는 합성명사 '신수리'에 '-재:'가 결합된 것으로 '전문적으로 신을 수리하는 사람'을 의미한다. '애장재:'는 '애장(冶匠)'[99]에 '-재:'가 결합된 것으로 '쇠를 달구어 온갖 연장과 기구를 만드는 대장일을 업으로 하는 사람'을 의미한다. '침재:'는 '침(鍼)'에 '-재:'가 결합된 것으로 '침을 놓는 사람 즉 침의(鍼醫)'를 의미한다.

'석재:'와 '애재:'는 형태상에서 보면 이들과 마찬가지로 접미사 '-재:'와 결합되어 형성된 것으로 보이지만 사실은 그렇지 않다. '석재:'는 이 지역어에 나타나는 '돌재:'의 또다른 명칭으로 한자어 '석장(石匠)'에 '-이'가 결합되어 형성된 것이고 '애재:'는 '애장재:'의 또다른 명칭으로 한자어 '애장(冶匠)'에 '-이'가 결합되어 형성된 것으로 '석 + -재:, 애 + -재:'로 분석할 수 없다. 왜냐 하면 이 지역어에서 '석'과 '애'는 하나의 형태소로 기능하지 않기 때문이다. 이런 점에서 '석재:, 애재:'는 이 지역어에서 '-장이'가 표준어에서와 같은 발달과정을 겪었음을 뒷받침해주는 근거가 된다고 할 수 있다.

(21나)는 접미사 '-재:'가 명사와 결합하여 '어떤 일을 전문적으로 혹은 직업적으로 하는 사람'을 낮잡아 이르는 유정명사를 만드는 경우인데 이때 '-재:'는 비하의 의미를 가진다. '풍각재:'는 '낡은 사회에서 장거리나 마을로 돌아다니면서 해금을 타거나 노래를 부르며 돈을 구걸하던 사람'을 의미하고 '중매재:'는 '중매를 서는 사람'을 의미한다. '관상재:, 점재:'는 '관상이나 점을 봐주는 것을 업으로 하는 사람'을 의미하고 '요술재:'는 '요술을 부리는 재주가 있는 사람'을 의미한다. 또한 함북 방언을 기반으로 발전되어 온 연변 지역어에서 '빠마재:, 예수재:'와 같은 새로운 파생어들이 만들어져 쓰이는 것으로 보아 접미사 '-재:'에 의한 파생이 아직도 생산적임을 알 수 있다. '빠마재:'는

99) 이 지역어에서 한자어 '야장(冶匠)'은 '애장'으로 나타난다.

'미발사(美髮師, 파마하거나 하여 머리를 아름답게 꾸며주는 사람)'를 낮잡아 이르는 말인데 표준어의 '미용사'에 해당하고[100] '예수재:'는 '기독교를 믿는 사람'을 낮잡아 이르는 말이다.

(21다)에서는 '-재:'가 본래의 의미와는 전혀 다른 의미를 갖고 있는 경우인데 '~이 많은 사람, ~을 잘하는 사람'을 의미한다. 이 경우에도 '-재:'는 비하의 의미를 가진다. '겁재:'는 '겁이 많은 사람'을, '잔소리재:'는 '잔소리를 잘하는 사람'을, '변덕재:'는 '변덕이 심한 사람'을, '떼재:'는 '떼를 잘 쓰는 사람'을, '트집재:'는 '트집잡기를 좋아하는 사람'을 의미한다. '거짓뿌레재:~도삽재:'[101]는 '거짓말을 잘하는 사람'을, '대포재:~황통재:'[102]는 '허풍을 잘 치거나 거짓말을 잘하는 사람'을, '리간재:'[103]는 '이간질을 잘하는 사람'을 의미한다.

'아편재:'는 '아편중독자'를, '약침재:'는 '마약중독자'를 뜻하는데 그중에서도 '약물투입방법으로 주사기를 사용하는 마약중독자'를 가리키므로 '약재:'가 아닌 '약침(藥針)재:'가 형성된 것이다. '입내재:[임내재:]'는 '입내'[104]에 '-재:'가 결합된 것인데 '남의 소리나 말 또는 행동이나 동작을 그대로 흉내내는 사람 즉 흉내쟁이'를 뜻한다. '고재재:'는 한자어 '고자(告者)'에 '-재:'가 결합된 것인데 고자질을 잘하는 사람'을 의미하고 '멋재:'는 '멋을 잘 부리는 사람'을 의미한다. '빚재:'는 두가지 의미를 가지는데 '빚이 많은 사람'과 '남에게 빚을 준 사람'

---

100) 연변 지역어에서 '미용'은 표준어에서와 달리 '얼굴이나 피부를 아름답게 가꾸는 일'만을 의미할 뿐 '머리를 아름답게 꾸미는 것'은 의미하지 않는다. 즉 '머리를 아름답게 꾸며주는 사람'은 '미발사'라 하고, '얼굴이나 피부를 아름답게 가꿔 주는 사람'은 '미용사'라 한다.

101) '거짓뿌레, 도삽'은 '거짓말'의 방언형이다. 이 지역어에서는 '거짓말하다'가 '거짓뿌레하다' 혹은 '도삽쓰다'로 쓰인다.

102) '대포, 황통'은 '거짓말 혹은 허풍'의 방언형이다. 이 지역어에서는 '허풍치다, 거짓말하다'가 '대포 불다' 혹은 '황통 불다'로 쓰이는데 '좀 과장이 섞인 거짓말'을 의미한다.

103) '리간'은 '이간'의 방언형이다. 이 지역어에는 두음법칙이 없기 때문에 '리간'으로 나타난다.

104) '입내'는 '흉내'의 방언형이다.

즉 채무자와 채권자를 모두 가리킨다. '엄살재:'는 '엄살을 잘 부리는 사람'을 의미한다.

'때매재:'는 그 어기의 어원이 분명하지 않은데 '잘 씻지 않아 몸이나 옷 등에 때가 많이 낀 사람'을 의미한다. 이 지역어에는 '때'와 중국어 차용어 '더럽다'는 의미의 '매태(埋汰)'105)가 결합되어 형성된 합성어 '때매태'가 존재하는데 '잘 씻지 않아 몸이나 옷 등에 때가 많이 낀 모양이나 사람'을 뜻하는 것으로 '때매재:'의 의미와 거의 일치한다. 이런 점에서 보면 '때매재:'의 어기 '때매'는 '때매태'에서 온 것으로 볼 수도 있겠다. 함북 방언을 기반으로 형성 발달되어 온 연변 지역어에서는 '고재재:'의 뜻으로 '고발재:'가 더 활발히 쓰이고 있는데 '고발재:'는 한자어 '고발'을 어기로 형성된 것으로 '고재재:'와 같은 의미로 '고자질을 잘하는 사람'을 의미한다. 연변 지역어에서 '고발'은 '고자질'의 의미로 쓰이고 있다.

(21라)는 '-재:'가 '어기의 속성을 가지는 사람'을 의미하는 유정명사를 파생시키는 경우인데 모두 비하의 의미를 가지고 있다. '난재:'는 '기형적으로 키가 작은 사람'을 의미하는데 어기 '난'의 어원이 분명하지 않다. '낮(低)-'의 관형사형일 가능성이 있으나 확실하지는 않다. '못대재:'는 '성격이 못댄 사람'을 낮잡아 이르는 말로 형용사 어간 '못대-'를 어기로 형성된 것이다. '못대다'는 '못되다'의 음운변이형으로 두 가지 의미를 갖는 형용사이다. '사람의 성격이나 태도, 행동, 생김새 따위가 빈틈이 없이 올차고 똑똑하다'는 의미와 '성질이나 행동이 이악스럽고 사나운 데가 있다'는 의미이다. '못대재:' 역시 두가지 의미로 모두 쓰이고 있다. 그러나 '못대다'는 표준어의 '못되다(성질이나 품행 따위가 좋지 않거나 고약하다)'의 의미는 갖고 있지 않다. '헤푸재:'는 '헤푸-'106)를 어기로 형성된 것으로 '씀씀이가 헤픈 사람'을,

---

105) '매태(埋汰)'는 중국 동북지구의 방언인데 그 어원은 만주어에 있다 (http://www.baidu.com百度词典).

106) '헤푸-'는 '헤프-'의 방언형이다.

'무식재:'는 '무식한 사람'을 의미한다.

'귀먹재:'는 '귀 + 먹-'을 어기로 형성된 것으로 '귀가 먹은 사람'을, '눈멕재:'는 '눈 + 메-'를 어기로 형성된 것으로 '눈이 먼 사람'을, '말먹재:'는 '말 + 먹-'을 어기로 형성된 것으로 '말을 더듬는 사람'을 뜻한다. 표준어의 '눈이 멀다'가 이 지역어에서는 '눈이 메다'로 나타나는데 '-재:'에 의한 파생어가 '눈메재:'가 아닌 '눈멕재:'로 실현되는 것은 '귀먹재:', '말먹재:' 등의 영향으로 '메-'에 'ㄱ'이 첨가되어 '눈멕재:'로 어휘화한 것으로 여겨진다. 표준어의 '말을 더듬다'는 이 지역어에서는 '말을 먹다'로 나타난다.[107] '깜재:'는 형용사 어간 '깜-'에 '-재:'가 결합된 것으로 '살빛이 까만 사람'을 의미하고 '실없재:'는 형용사 어간 '실없-'에 '-재:'가 결합된 것으로 '실없는 사람'을 의미한다. 함북 방언을 기반으로 형성되고 발전되어온 연변 지역어에서는 '실없재:'와 비슷한 의미로 형용사 어간 '승겁-'을 어기로 형성된 파생어 '승겁재:'가 활발히 쓰이고 있는데 '싱거운 사람'을 의미한다. 이때의 '승겁-'은 '상관없는 일에 잘난 체 나서기 좋아하고 삐치기 좋아하다'는 의미를 갖는데 '싱겁-'의 방언형이다. '깍재:'는 '인색한 사람'을 의미하는데 표준어의 '얄미울 정도로 약빠른 사람'의 의미는 가지지 않는다. '딱곱재:'는 '딱곱'에 접미사 '-재:'가 결합된 것으로 '깍재:(깍쟁이)'와 마찬가지로 '인색한 사람'을 낮잡아 이르는 말인데 '깍재:'보다 인색한 정도가 훨씬 더 심하다. 여기서 '딱곱'은 '눈곱만큼 작거나 적음'을 나타내는 말이다.[108] '싸구재:'는 '정신에 이상이 생겨 말과 행동이 보통 사람과 다른 사람 즉 미치광이'를 의미한다.

(21마)는 명사를 어기로 형성된 것으로 '~을 착용한 사람'이나 '~을 만드는 사람'을 의미하는 유정명사를 만드는 경우이다. '안경재:'는

107) 가:느 긴장하므 말으 먹는 습과~이 있다(걔는 긴장하면 말을 더듬는 습관이 있다).

108) 이 지역어에서는 '매우 인색하게 굴거나 깍쟁이질하다'의 의미로 '딱곱쓰다'는 표현을 많이 사용한다.

'안경을 쓴 사람'을 의미하는데 '안경'을 의미하는 일본어 'めがね'의 차용어 '메가내'와 결합하여 '메가내재:'로도 실현된다. '양복재:'는 특이하게 다의성을 띠는데 '양복을 입은 사람'과 '양복을 만드는 사람'의 두가지 의미를 갖는다.

(21바)의 '월급재:'는 '월급을 받아 생활하는 사람'을 의미한다.

또한 '−재:'는 병명이나 인칭명사와 결합하여 새로운 인칭명사를 파생하기도 한다.

(22) 가. 폐병재:[페뻥재:](폐병+−재:, 폐병쟁이)
　　cf. 간염재:[간념재:](간염+−재:), 기츰재:~기침채:(기츰~기침+−재:)
　나. 영감재:, 서방재:~신랑재:

(22가)는 병명과 결합하여 '그러한 병을 앓는 사람'을 의미하는 유정명사를 파생하는 경우이다. '폐병재:'는 '폐병을 앓는 사람'을 의미하는데 '폐>페'의 활음탈락을 겪었다. 함북 방언을 기반으로 형성되고 발전되어온 연변 지역어에서는 '간염을 앓는 사람'을 의미하는 '간염재:', '오래 기츰병을 앓는 사람'을 의미하는 '기츰재:~기침재:'와 같은 파생어들도 만들어져 쓰이고 있다. (22나)는 인성명사와 결합하여 인성명사를 파생하는 경우이다. '영감재:'는 '나이 든 남편이나 늙은 남자'를 의미하는데 비하의 의미를 가지고 '서방재:~신랑재:'는 '새신랑'을 의미하는데 비하의 의미는 가지지 않는다.

(23) 나구재:(당나귀, A), 눈꼽재:(눈곱, A), 소곰재:(잠자리)
　cf. 떼나구재:

이외에도 (23)과 같은 단어들에서 접미사 '−재:'와 같은 형태를 가지는 '–재:'를 찾아볼 수 있는데 그로부터의 파생어는 인성명사는 아니다. 또 위에서 서술한 인성명사를 파생시키는 접미사 '–재:'와 동일한 것인지는 판단하기 어렵다. '나구재:'는 '당나귀'를 이르는 말로 '나구 + –재:'로 분석할 수 있고, '소곰재:'는 '잠자리'를 가리키는 말로 '소곰 + –재:'로 분석할 수 있으며, '눈꼽재:'는 '눈곱'을 이르는 말로 '눈곱 + –재:'로 분석할 수 있다.109) '떼나구재:'는 '떼를 잘 쓰는 아이'를 뜻하는 말인데 '–재:'에 의한 파생이 아니라 '떼'와 '나구재:'의 합성으로 보아야 한다.

이처럼 '–재:'에 의한 파생어 형성은 아주 생산적이고 다양하다. 대부분이 명사를 어기로 취하여 '~과 관련된 기술을 가진 사람', '~과 관련된 직업을 가진 사람', '~이 많은 사람', '~을 잘하는 사람', '~을 착용한 사람'이나 '~을 만드는 사람', '그러한 병을 앓는 사람' 등의 의미를 나타낸다. 이외에 많지는 않지만 형용사 어간이나 '명사+동사' 어간을 어기로 취하여 '그러한 속성을 가지는 사람' 등의 의미를 나타낸다.

3.3.1.2. '-꾼'

접미사 '–꾼'은 일부 명사와 결합하여 주로 '어떤 일을 전문적으로 하는 사람' 또는 '어떤 일을 상습적으로 일삼아 하는 사람'의 의미를 나타내는 유정명사를 만든다.

(24) 가. 사양꾼(사냥꾼, A), 거간꾼~흥정꾼(A), 농새꾼, 양몰이꾼, 중매꾼, 장사꾼~댱사꾼~장시꾼~댱시꾼(A), 막벌이꾼~일꾼(A), 날품팔이꾼~싹꾼(A)

나. 야바위꾼(야바위를 치는 사람, A), 협잡꾼~헵잡꾼(A), 쓰

109) '나구'는 '나귀'의 방언형이고 '소곰'은 '소금'의 방언형이다.

리꾼(소매치기), 모사꾼(A)
다. 빚꾼, 구경꾼
라. 재주꾼(A)

(24가)는 일부 명사와 결합하여 '어떤 일을 전문적으로 하는 사람'을 의미하는 유정명사를 만드는 경우이다. '사양꾼'은 '사냥을 업으로 하는 사람'을, '거간꾼~흥정꾼'은 '흥정붙이는 일을 업으로 하는 사람'을, '농새꾼'은 '농사짓는 일을 업으로 하는 사람 즉 농부'를 의미한다. '장사꾼~당사꾼~장시꾼~당시꾼'은 '장사를 업으로 하는 사람'을, '막벌이꾼~일꾼'은 '막벌이하는 사람'을, '날품팔이꾼~싹꾼'은 '날삯을 받고 품팔이를 하는 사람'을 의미한다. 이때 '사양', '농새', '당사~장시~당시', '싹'은 '사냥', '농사', '장사', '삯'의 방언형이다. (24나)는 일부 명사와 결합하여 '어떤 일을 상습적으로 또는 일삼아 하는 사람'을 의미하는 유정명사를 만드는 경우이다. '야바위꾼'은 '야바위를 치는 사람'을, '협잡꾼~헵잡꾼'은 '협잡질을 일삼는 사람'을, '쓰리꾼'은 '소매치기를 일삼는 사람'을, '모사꾼'은 '일을 꾸미는 사람'을 의미한다. '쓰리꾼'의 '쓰리'는 '소매치기'의 의미를 나타내는 일본어 차용어이다.[110] 이들은 비하의 의미를 가지는데 이는 그 어기가 갖는 부정적인 의미때문인 것으로 여겨진다. (24다)는 일부 명사와 결합하여 '어떤 일 때문에 모인 사람'을 의미하는 유정명사를 만드는 경우이다. '빚꾼'은 '빚을 지운 사람 즉 채권자'를, '구경꾼'은 '구경하는 사람'을 의미한다. (24라)는 '~이 많은 사람'을 의미하는 유정명사를 만드는 경우인데 생산적이지 않다. '재주꾼'은 '재주가 많은 사람'을 의미한다.

3.3.2. '-보', '-애:/에:',

110) 이 지역어에서 '소매치기를 당하다'는 '쓰리당하다' 혹은 '쓰리 맞다'로 나타난다.

3.3.2.1. '-보'

접미사 '-보'는 동사, 형용사어간이나 어근 혹은 명사와 결합하여 '어떠한 사람'을 의미하는 파생어를 만드는 접미사이다. 이 지역어에서 '-보'파생은 표준어보다 더 생산적이지 않은데 다음의 몇 예만 나타나고 있다.

(25) 가. 털보
나. 울보 cf. 갈보(A)
다. 뚱보, 뚱뚱보
라. 곰보(딱지)

(25가)는 명사를 어기로 취하여 '~이 많은 사람'을 의미하는 유정명사를 만드는 경우이다. '털보'는 '털이 많은 사람'을 의미한다. (25나)는 동사어간을 어기로 취하여 '잘 ~하는 사람'을 의미하는 유정명사를 만드는 경우이다. '울보'는 '잘 우는 사람'을 의미한다. '갈보'는 어기인 '갈'이 그 의미가 분명하지 않다.

(25다)는 어근과 결합한 경우인데 '뚱보, 뚱뚱보'는 모두 '뚱뚱한 사람'을 의미한다. 표준어에서 '뚱보'는 다의어로서 '뚱뚱한 사람'을 의미하기도 하고 '심술이 난 것처럼 뚱해서 붙임성이 적은 사람'을 의미하기도 하는데 이 지역어에서는 '뚱뚱한 사람'만 의미한다. 이 지역어에는 '말수가 적고 묵직하며 붙임성이 없다'의 의미를 나타내는 형용사 '뚱하다'가 존재하지 않는다. '뚱뚱보'는 형용사 '뚱뚱하다'의 어근 '뚱뚱'과 '-보'의 결합으로 볼 수 있고 '뚱보'는 '뚱뚱보'의 준말이다. (25라)의 '곰보'는 '얼굴이 얽은 사람'을 얕잡아 이르는 말인데 어기 '곰'의 어원이 분명하지 않다. '곰보'가 '얼굴이 얽게 된 것'은 일반적으로 천연두라는 전염병 때문인데 천연두에 걸리면 열이 몹시 오르고 온몸에 붉은 반점이 나타나며 심하면 콩알만큼씩 곪아서 얽은 자국을

남긴다. 말하자면 곪아서 생긴 자국으로 인해 얼굴이 얽은 것이다. 이런 상관관계로부터 보면 '곰보'의 '곰'은 동사어간 '곪-'으로 볼 수도 있겠다. '곪-'은 이 지역어에서 '곪-'으로 나타난다. 그렇다면 '곰보'는 동사어간 '곪-'에 '-보'가 결합되어 형성된 것으로 볼 수 있다. 이 지역어에서는 또 '곰보'를 놀림조로 '곰보딱지'라고 하는데 '곰보'에 '비하'의 뜻을 더하는 접미사 '-딱지'가 결합하여 만들어진 것으로 '곰보' 보다 비하의 의미가 더 강하고 사용빈도가 더 높다.

3.3.2.2. '-애:/에:'

'-애:'는 표준어의 '-앙이'[111]에 해당되는데 '-앙이'가 움라우트, 'ㅇ'탈락, 축약에 의한 보상적 장모음화 등 일련의 음운변화를 겪어 실현된 것이다. 이 지역어에서 '-애:'는 '어기의 특성을 가진 사람'을 의미하는 인칭명사를 파생하기도 한다. '-애:'는 '-에:'로도 나타난다.

(26) 가. 등꼬불애:, 코삐뚤에:, 입삐뚤에:, 삐뚤에:, 코빨개:, 쬬꼬매:
나. 꺼레:(거지)
다. 까꾸래:
cf. 부에:

(26가)는 형용사어간을 어기로 취하여 인칭명사를 파생하는 경우인데 주로 신체적으로 결함이 있는 사람을 낮잡아 이르는 말이다. '등꼬불애:'는 '등 + 꼬불- + -애:'로 분석할 수 있는데 '등이 굽은 사람'을 의미한다. '꼬불다'는 '굽다(曲)'의 방언형이다. '코삐뚤에:'는 '코 + 삐뚤- +-에:'로 분석할 수 있는데 '코가 삐뚠 사람'을 의미하고 '입

111) '-앙이/엉이'는 명사 파생접미사 '-앙/엉'에 '-이'가 결합되어 형성된 것으로 '-앙/엉'에 '-이'를 첨가한 것은 안정성을 얻기 때문이다(심재기 1982:311).

삐뚤에:'는 '입 + 삐뚤- +-에:'로 분석할 수 있는데 '입이 삐뚠 사람'을 의미한다. '삐뚤에:'는 '삐뚤- + -에:'로 분석할 수 있는데 '어떤 신체부위가 삐뚠 사람'을 의미하는 것이 아니라 '마음이 바르지 못하고 꼬여있는 사람'을 의미한다. '코빨개:'는 '코 + 빨갛- +-애:'로 분석할 수 있는데 '알콜 중독으로 코가 빨갛게 된 사람'을 놀림조로 이르는 말이다. 정향란(2007)에서는 '코빨개:'를 접미사 '-개'에 의해 파생된 '코빨개'로 보았는데 '-개'에 의한 파생으로 보려면 '빨-'로부터 '빨갛다'의 의미를 도출해낼 수 있거나 '코 + 빨갛- + -개'→'코빨개'에서 '-갛-'의 탈락을 설명할 수 있어야 한다.[112] '쬬꼬매:'는 '쬬꼬맣- + -애:'로 분석할 수 있는데 '키가 작은 나이 어린 사람'을 놀림조로 이르는 말이다. 또한 '형제 중 막내'를 가리켜 '쬬고매:'라고 하기도 한다.[113] '쬬꼬맣다'는 '조그마하다'의 방언형이다.

(26나)의 '꺼레:'는 '빌다'의 의미를 가지는 한자음 '걸(乞)'에 접미사 '-에:'가 결합되어 '거레:'가 된 후 어두경음화를 겪은 것이다. '꺼레:'는 '비렁배:', '거렁배:'와 마찬가지로 '거지'를 낮잡아 이르는 말인데 비하의 정도가 가장 심하다. 전라도 방언, 경남방언, 강원 방언, 평북 방언에서는 '거지'의 방언형으로 '거:렝이~거:랭이, 거렝이~거랭이'가 나타난다.

(26다)의 '까꾸래:'는 '깍재:'와 같은 의미로 쓰이는데 '인색한 사람'을 낮잡아 이르는 말이다. '까꾸래:'는 '까꾸리 + -애:'로 분석할 수 있는데 '까꾸리'는 본래 '갈퀴'나 '갈고리'의 방언형이었던 것으로 보여진다. 이 지역어에서는 '갈퀴'나 '갈고리'의 방언형으로 '까꾸리'가 쓰이지는 않지만 경상도 방언이나 경기, 전북 방언에서는 '갈퀴'나 '갈고리'의 방언형으로 '까꾸리'가 나타난다. 이 지역어에서는 '갈퀴'를 '깍

112) 이 지역어에는 접미사 '-개'에 의한 파생어 '코빨개'도 나타나는데 '콧물을 빨아먹는 아이'를 놀림조로 이르는 말이다.

113) '그 집 쬬꼬매:는 뭐함두? 우리 쬬꼬매:느 지금 대학교 댕기꾸마. (그 집 막내는 뭐합니까? 우리 막내는 지금 대학교에 다닙니다.)'

재:'라고 하고[114] 쇠꼬챙이의 끝을 'ㄱ'자 모양으로 구부려 만든 '부지깽이'를 '까꾸래:' 혹은 '불까꾸래:'라고 한다. '갈퀴'나 '갈고리'는 '~을 긁어 모으거나 끌어당기다'는 의미를 가지고 있고 '인색한 사람'은 '돈이나 재물을 긁어 모으기만 하고 쓰기는 아까워하다'는 의미를 가지고 있는데 이들은 '~을 긁어 모으거나 끌어모으다'는 공통의 의미를 가지고 있다. 이러한 의미적 연관성에 근거하여 '인색한 사람'을 '까꾸래:'라고 낮잡아 이르는 것 같다. '부에:'는 접미사 '-에:'에 의한 파생이 아니라 '부엉이'의 방언형인데 '자기 노릇을 못하는 좀 바보스러운 사람'을 낮잡아 이르는 말이다.

(27) 가. 딮애:~딮에:~짚애:(지팡이), 오굴애:(새알심), 꽂애:(꼬챙이), 꺼슬에:(거스러미)
나. 꼬래:(꼬리), 고내:~고내:(고양이)

(27가)는 동사어간이나 의태어 어근에 '-애:/에:'가 결합하여 다시 명사를 파생한 예들이다. '딮애:~딮에:~짚애:'는 표준어의 '지팡이'에 해당하는데 동사어간 '딮-~짚-'을 어기로 형성된 것이고 '오구래:'는 동사어간 '오굴-'에 '-애:'가 결합되어 형성된 것으로 '찹쌀 따위를 반죽하여 동글하게 빚은 떡'을 가리키는데 주로 팥죽에 넣어 끓여먹는다. '꽂애:'는 표준어의 '꼬챙이'에 해당하는데 동사어간 '꽂-(挿)'을 어기로 형성된 것이고[115] '꺼슬에:'는 표준어의 '거스러미'에 해당하는데 '살결이나 물체의 거죽이 부드럽지 못하고 껄껄한 모양'을 나타내는 의태어 '꺼슬꺼슬'의 어근 '꺼슬'을 어기로 형성된 것이다.

(27나)는 명사에 '-애:에:'가 결합되어 다시 명사를 파생한 예들이다. '꼬래:'는 '꼬리'에 '-애:/에:'가 결합된 것이고 '고내:~고내:'는 표

114) 강원도, 평안남도 방언에서는 '갈퀴'를 '깍쟁이'라고 한다.
115) 현재 연변 지역어에서는 '꽂-'이 '꼽-'으로 어간 재구조화되어 쓰이고 있다.

준어의 '고양이'에 해당하는데 '[고니 + -애:/에:]'로 분석할 수 있다. '고양이'에 관한 가장 이른 기록으로는 잘 알려진 바와 같이 12세기 송나라 사람 손목(孫穆)의 고려방언 기록 『계림유사(鷄林類事)』에 실린 '猫曰鬼尼'가 있으며 15세기의 기록이면서 고려시대의 자료로 보이는 『고려사(高麗史)』에 실린 '猫曰高伊'가 있다(이병근 2004:105). 河野六郎(1945:124-125)에서는 '고양이'를 그 모어(母語)로 볼 수 있는 '鬼尼'에 [-aŋi]와 같은 지소접미사가 붙은 어형으로 보고 '고양이'의 방언형 '고냉이'를 '고니+-앙이'로 분석하였다.

3.3.3. '-배:', '-뚜거리', '-대기$_2$', '-채:', '-바리', '-꾸레기', '-이$_2$'

3.3.3.1. '-배:'

'-배:'는 표준어의 '-뱅이'116)에 해당하는데 '-뱅이'가 'ㅇ'탈락을 경험한 후 다시 축약에 의한 보상적 장모음화를 겪어 실현된 것이다. '-배:'는 좋지 않은 행동이나 성질을 나타내는 명사, 동사, 형용사, 의태어 어근과 직접 혹은 간접적으로 결합하여 비하의 의미를 나타내는 인칭명사를 파생시킨다. 이 지역어에서 '-배:' 파생은 생산성이 높은 편은 아니지만 파생된 파생어의 사용빈도는 높다.

(28) 가. 게으름배:(A), 가난배:, 간상배:, 짝우배:(짝+-으+-배:, 튀기)
나. 빌엉배:(빌-+-엉+-배:, 비렁뱅이) 거렁배:(걸-+-엉+-배:, 거렁뱅이), 쥐정배:117), 장돌배:(장+돌-+-배:, 장돌뱅이, A)

116) '-뱅이'는 '-방이'의 움라우트형으로서 19세기 후반부터 나타나기 시작한다. 따라서 '-방이'가 움라우트 적용을 받은 시기는 '-쟁이'와 마찬가지로 근대후기라고 할 수 있겠다. 예: 잔뱅이 犢鼻褌<1895, 국한249> (이현희 2006:193)

117) 김태균(1986:445)에는 '주정배:'로 나타남.

다. 앉을배:~앉으배:(앉은뱅이), 얽으배:~얽음배:(얼금뱅이, A), 쩔뚜배:(쩔뚝+-배:, 쩔뚝발이)

(28가)는 명사 혹은 형용사와 결합하여 '그러한 성향을 가진 사람'을 의미하는 유정명사를 만드는 경우이다. '게으름배:'는 '게으르-'에 명사 파생접미사 '-음'이 결합된 후 다시 접미사 '-배:'가 결합된 것인데 '게으른 사람'을 의미하고[118], '가난배:'는 명사 '가난'에 접미사 '-배:'가 결합된 것인데 '가난한 사람'을 뜻한다. '간상배:'는 한자어 '간상(奸商)'에 '-배:'가 결합되어 이루어진 것인데 '간사한 방법으로 장사하는 사람'을 의미한다. '짝우배:'는 '짝 + -으 + -배:'로 분석할 수 있는데 '혈통이 다른 종족 간에 태어난 아이'를 의미한다. 여기서 '짝'은 '둘이 서로 어울려 한 벌이나 한 쌍을 이루는 것 또는 그중의 하나'를 뜻하는 명사로서 '짝우배:'는 의미론적으로 어휘화된 것이다. (28나)는 동사나 명사와 결합하여 '어기와 관련된 행위를 하는 사람'을 의미하는 유정명사를 만드는 경우이다. '빌엉배:'는 동사 '빌-'에 접미사 '-엉'이 결합되고 다시 접미사 '-배:'가 결합되어 형성된 것인데 '빌어먹는 사람'이라는 뜻으로 '거지'를 낮잡아 이르는 말이다. '거렁배:'도 '빌엉배:'와 마찬가지로 '빌어먹는 사람'이라는 뜻으로 '거지'를 낮잡아 이르는 말인데 '빌다'의 의미를 나타내는 한자음 '걸(乞)'에 접미사 '-엉'이 결합되고 다시 접미사 '-배:'가 결합되어 형성된 것이다. '쥐정배:'는 명사 '쥐정'[119]과 결합하여 형성된 것인데 '자주 주정을 하는 사람'을 낮잡아 이르는 말이고 '장돌배:'는 'N+V'를 어기로 형성된 것인데 '이 장 저 장으로 돌아다니며 물건을 파는 사람'을 낮잡아 이르는 말이다.

(28다)는 동사나 의태어 어근과 결합하여 '어기의 특성을 가진 사

---

118) 이 지역어에서 '게으르다'는 '게그르다'로도 실현되는데 '게그르-'에 '-배:'가 결합되어 형성된 파생어 '게그름배:'는 나타나지 않는다.

119) '쥐정'은 '주정'의 방언형이다.

람'을 의미하는 유정명사를 형성하는 경우인데 주로 '외모상 결함이 있는 사람'을 낮잡아 이르는 말이다. '앉을배:~앉으배:'는 '앉- + -을~으 + -배:'로 분석할 수 있는데 '일어나 앉기는 하여도 서거나 걷지 못하는 사람'을 의미하고 '얽으배:~얽음배:'는 '얽- + -으~음 + -배:'로 분석할 수 있는데 '얼굴이 얽은 사람'을 의미한다.[120] '쩔뚜배:'는 접미사 '-배:'가 의태어 어근 '쩔뚝'과 결합하여 형성된 것인데 '다리를 쩔뚝거리는 사람'을 낮잡아 이르는 말이다.

3.3.3.2. '-뚜거리'

'-뚜거리'는 음식명사를 어기로 '~을 특별히 좋아해서 즐겨 먹거나 많이 먹는 사람'을 의미하는 유정명사를 만드는데 이 파생어들은 그런 사람을 놀림조로 이르는 말이다. '나무로 만든 식기'를 '두가리'라고 하는데 전남 방언에서는 '뚝배기'를 '뚜거리'라 하고 강원・경북・충청・전라도 방언에서는 '뚝배기'를 '투가리'라고 하며 또한 평북 방언에서는 '고양이 밥그릇'을 '괭이밥두거리'라고 한다. '두가리', '두거리', '투가리', '뚜거리'는 모두 '음식을 담는 그릇'을 의미하는 것으로 내적변화에 의한 변이형으로 볼 수 있다. '뚜거리' 역시 이들 중의 하나가 내적변화를 겪은 것으로 볼 수 있으며 의미상 '음식'과도 관련이 있으므로 '뚜거리'는 이들과 같은 어원에서 기원하는 것으로 원래는 '음식을 담는 그릇'을 의미하는 명사였으나 '어떤 음식을 특별히 좋아해서 즐겨먹는다'는 의미를 가지는 접미사로 접사화한 것으로 보인다. '-뚜거

---

120) 성광수(2001:185-191)에서는 통사구조가 단어형성에 관여한다는 것을 기술함에 있어서 '앉음뱅이저울'의 '음'은 통사구조상에 실현되는 활용어미이고 '앉-음'은 어휘부의 어기로 전용재활용된 것이라고 하였다. 또한 활용어미의 한 종류인 관형사형 어미(은, 는, 을)는 필요에 따라서 선행어간의 결합형으로 새로운 어기를 구성하여 단어형성에 참여하지만 용언의 모든 활용형이 다 단어형성에 참여하는 것은 아니며 일부 활용형 말하자면 관형사형과 부사형이 단어형성에 참여한다고 하였다.

리'는 '-뚜구리'로도 실현되며 둘은 수의적인 교체를 보이는데 사용빈도에서는 '-뚜거리'가 훨씬 더 우세하고 있다.

(29) 사과뚜거리, 고기뚜거리, 김치뚜거리, 물고기뚜거리, 칼치뚜거리…
cf. 간장뚜거리, 아지나모도뚜거리, 고치뚜거리, 채소뚜거리, 밥뚜거리…

(29)의 '고기뚜거리'는 '고기면 돼지고기, 닭고기, 소고기 등 가리지 않고 다 좋아해서 즐겨 먹는 사람'을, '김치뚜거리'는 '끼니마다 김치가 없으면 안 될 정도로 김치를 좋아하는 사람'을, '물고기뚜거리'는 '물고기면 종류에 상관없이 다 즐겨먹는 사람'을, '칼치뚜거리'는 '물고기 중에서도 특히 갈치를 좋아해서 즐겨먹는 사람'을 의미한다.[121]

함북 방언을 기반으로 형성되고 발전되어온 연변 지역어에서는 음식이름 외에 양념이름에도 '-뚜거리'가 결합되어 새로운 파생어가 만들어지기도 한다. '간장뚜거리'는 '간장을 특별히 좋아해서 요리를 할 때 소금보다 간장을 더 많이 쓰는 사람'을, '아지나모도뚜거리'는 '요리할 때 화학조미료를 많이 넣는 사람'을 의미한다.[122] 이때 파생어의 의미는 '단순히 그 음식을 좋아해서 즐겨먹거나 많이 먹는 사람'이 아니라 '그러한 맛을 좋아해서 음식에 많이 첨가하는 사람'이 된다. 즉 파생어의 의미가 확장된 것이다. 이외에도 '고치뚜거리, 채소뚜거리, 밥뚜거리' 등 파생어가 많이 쓰이는데[123] '고치뚜거리'는 '고추를 즐겨먹는 사람이나 매운 맛을 좋아해서 음식에 고추나 고춧가루 등을 많이 넣어 먹는 사람'을 의미하고 '채소뚜거리'는 '식사할 때 밥보다는 반찬을 더 많이 먹는 사람'을 의미하고 '밥뚜거리'는 '주식으로 다른

121) '칼치'는 '갈치'의 방언형이다.

122) '아지나모도'는 일본어 あじのもと(味の素)의 차용어인데 화학조미료의 상표명이었다. 이 지역어에서는 '미원'을 가리키는 말로 쓰인다.

123) '고치'는 '고추'의 방언형이고 '채소뚜거리'에서의 '채소'는 '야채'를 가리키는 것이 아니라 '반찬'을 가리킨다.

음식은 별로 먹지 않고 주로 쌀밥을 먹는 사람'을 의미한다. '고치뚜거리, 채소뚜거리, 밥뚜거리'는 의미론적으로 어휘화한 것이라고 할 수 있다.[124)]

'-뚜거리'는 음식을 나타내는 명사어기에만 결합하는 의미론적 제약을 가진다. '잠꾸러기'의 의미로 쓰이는 '잠뚜거리~잠뚜구리'가 나타나긴 하지만 극히 예외적인 것이다. '-뚜거리'는 음식명사 뒤에는 모두 결합할 수 있으므로 이에 의한 파생은 아주 생산적이다. 과일명을 어기로 취할 수도 있고(수박뚜거리, 귤뚜거리 …) 야채명을 어기로 취할 수도 있으며(콩나물뚜거리, 감지뚜거리[125)] …) 과자명을 어기로 취할 수도 있다(쵸코파이뚜거리, 새우깡뚜거리 …). 뿐만 아니라 '과일뚜거리, 채소뚜거리, 과재뚜거리(과자뚜거리)'처럼 음식종류의 총칭에도 결합할 수 있다.

'좀만 아파도 약을 먹는 사람이나 이런 저런 약을 많이 챙겨먹는 사람'을 '약뚜거리'라고 놀림조로 이르기도 하고 '술고래'를 '술뚜거리~술뚜구리'라고 하기도 한다. 또한 새로운 음식명사와 결합하여 형성된 '피자뚜거리, 한뽀보뚜거리, 양러우촬뚜거리…'[126)], 최근 들어 '아지나모도'를 대체하여 쓰이는 '다시다'와 결합되어 형성된 '다시다뚜거리' 등도 별로 거부감 없이 쓰일 수 있을 것이다.

표준어에서는 음식명사와 결합하여 '~을 많이 먹는 사람'을 의미하는 유정명사를 파생시키는 접미사 '-보'(예를 들면 '밥보', '떡보', '술보'등)[127)]가 '-뚜거리'와 비슷한 기능을 한다. 그러나 이 지역어에서는 접미사 '-보'가 음식명사를 어기로 파생어를 형성하지는 않는다.

---

124) 연변 지역어에서 나타나는 접미사 '-뚜거리'에 대해서는 정향란(2004:25-27)에서 논의된 바 있다.

125) '감지'는 '감자'의 방언형이다.

126) '한뽀보'는 중국어 '汉堡包(햄버거)'의 차용어이고 '양러우촬'은 중국어 '羊肉串(양고기꿰미)'의 차용어이다.

127) 송철의(1992:172) 참고.

3.3.3.3. '-대기$_2$'

이 지역어에서 '-대기$_2$'는 '-데기'나 '-때기'로도 나타나는데 주로 '어떤 처지에 있거나 어기의 특성을 가지고 있는 사람'을 홀하게 이르는 접미사이다. '-대기$_2$'는 '기혼여자, 부인'을 뜻하는 한자어 '댁(宅)'에 '-이'가 결합되어 형성된 것으로 볼 수 있는데 이때의 '-이'는 '-장이'에서의 '-이'와 마찬가지로 '거북이, 부엉이, 두꺼비'에서의 '-이'와 같은 성격을 띠는 것이라고 할 수 있겠다. 따라서 그 발달과정도 '-장이'의 발달과정과 같이 '가뭇댁, 노댁'에 '-이'가 결합되어 '가뭇댁이'가 되고 이들에서 '-댁이'가 하나의 접미사로 인식되어 '가무+-대기, 노+-대기'로 분석된데서 비롯된 것으로 여겨진다.

'-대기$_2$'는 이와 같이 '기혼여자, 부인'을 뜻하는 '댁'으로부터 발달한 것이므로 원래 이것은 여성을 뜻하는 존칭의 접미사로 쓰이었을 것이나 현재 이 지역어에서는 그 의미가 확장되어 남녀의 구분이 없이 쓰이게 되었고 존칭의 의미가 점차 사라지고 비하의 의미로 발달하게 되었을 것이다.

(30) 가. 늙으대기(늙은데기), 노대기, 호물때기(합죽이), 덜렁대기(A)
나. 가미때기(마님, 지체가 높은 집 부인의 존칭(A)) 가무때기~가뭇떼기~가미때기, 촌대기~촌떼기(A), 새침떼기(새침데기, A)
cf. 홀릿데기(경망스럽고 속이기도 잘하는 사람, A-성진, 길주, 경성, 부령, 회령)~홀리개(A-경원), 왈가댁이[왈가대기](왈가닥, A)

(30가)의 '-대기'는 동사, 형용사 어간이나 어근과 결합하여 인성명사를 파생하는 경우이다. '늙으대기'는 표준어의 '늙은데기'에 해당하는 것으로 '늙-+-으+-대기'로 분석할 수 있는데 성별에 상관없이

'늙은이'를 낮잡아 이르는 말이고 '노대기'는 '늙다'의 의미를 나타내는 한자어 '노(老)'를 어기로 형성된 것인데 '늙은 여자'를 낮잡아 이르는 말이다. '호물때기'는 동사 '호물거리다'의 어근 '호물'에 '-때기'가 결합되어 형성된 것으로 '이가 거의 다 빠져 입을 호물거리는 사람'을 홀하게 이르는 말이고 '덜렁대기'는 동사 '덜렁거리다'의 어근 '덜렁'에 '-대기'가 결합되어 형성된 것으로 '성질이 침착하지 못하고 몹시 덤벙거리는 사람'을 홀하게 이르는 말이다.

(30나)의 '-대기'는 명사를 어기로 인칭명사를 파생하는 경우이다. '가미때기'는 '집안일을 총괄하는 안주인'을 이르는 말인데 '가무+-대기'로 분석할 수 있다. 이때 '가무'는 '집안의 용무'를 뜻하는 한자어 '가무(家務)'로 '한 집안에서 가무는 안주인이 맡아 한다'는 것과 연관이 있는 듯하다. 함북 방언에서는 '지체가 높은 집 부인'을 존대하여 '가뭇떼기(성진, 명천)'라 하고 '기혼 여자, 부인'을 '가뭇댁(성진, 명천, 청진)'이라고 한다. 또한 '부엌데기'를 뜻하는 '가마떼기(명천, 무산, 경흥), 가매데기(명천), 가미대기(길주, 회령, 종성, 무산)'도 나타난다.[128] 경남지역에서도 '아내나 그 지역에서 시집온 여자'의 뜻을 더하는 접미사 '-댁'의 방언형으로 '-때기'가 나타난다. 이는 '-때기'가 '-댁'으로부터 발전되었고 '댁(宅)'자체가 갖고 있는 존칭의 의미 때문에 존칭으로도 쓰였으나 차츰 비칭으로 변화되었음을 뒷받침해주는 근거가 된다. 현재 이 지역어에서 '가무때기'는 존칭의 의미가 없다. '촌대기~촌떼기'는 '시골'의 의미를 나타내는 한자어 '촌(村)'에 '-대기'가 결합되어 형성된 것으로 '시골에 사는 사람'을 낮잡아 이르는 말이다. '새침떼기'는 '새침+-떼기'로 분석할 수 있는데 '속을 주지 않고 심하게 얌전한 체하여 남과 어울리지 못하는 사람'을 귀엽게 또는 홀하게 이르는 말로 주로 여성이나 아이들한테 쓴다. 성진, 길주, 경성, 부령, 회령 지역에서는 '경망스럽고 남을 속이기도 잘하는 사람'을

128) 김태균(1986:191, 267) 참고. '가마, 가매, 가미'는 '가마솥'을 뜻하는 '가마'의 방언형이다.

'홀릿데기'라고 하는데 이는 '남의 정신을 흐리게 하여 떨떨하게 만들다'의 의미의 동사 '홀리다'의 어간에 '-데기'가 결합되어 형성된 것이다. 경원 지역에서는 '홀릿데기'의 의미로 동사 '홀리다'의 어간에 접미사 '-개'가 결합된 '홀리개'가 쓰이고 있다. '왈가댁이[왈가대기]'는 '왈가'에 접미사 '-댁이[대기]'가 결합되어 형성된 것이 아니라 '-이' 파생에서 언급한 바와 같이 '왈가닥왈가닥'의 어근 '왈가닥'에 '-이'가 결합되어 형성된 것인데 '얌전하지 못하고 성질이 덜렁덜렁하여 수선스럽게 구는 여자'를 의미하는 말이다.

3.3.3.4. '-채:'

이 지역어에서 '-채:'는 '성격상의 특징이 지나친 사람'을 의미하는 유정명사를 만든다.

(31) 가. 느렁채:, 헐렁채:
나. 헤채:, 망채:/개망채:
cf. 망채:(처녑/책개비)
다. 소박채:

(31가)는 동사, 형용사 어간이나 어근과 결합하는 경우이다. '느렁채:'는 '늘-+-엉+-채:'로 분석할 수 있는데 '행동이 느리고 무슨 일을 하든지 꾸물거리는 사람'을 의미한다. 이때 '늘-'은 '시간이나 기간, 기한 같은 것이 길어지다'는 의미를 나타내는 동사어간이다. '헐렁채:'는 '규격이 잘 맞지 않아 따로 따로 놀 정도로 헐겁다'는 의미를 나타내는 형용사 '헐렁하다'의 어근 '헐렁'에 '-채:'가 결합되어 형성된 것으로 '돈이나 물건 같은 것을 쉽게 잃어버리거나 떨어뜨리고 다니는 사람'을 낮잡아 이르는 말인데 의미론적으로 어휘화된 것이다.[129] (31나)의 '헤채:'는 '헐렁채:'와 마찬가지로 '돈이나 물건 같은 것을 쉽

게 잃어버리거나 떨어뜨리고 다니는 사람'을 낮잡아 이르는 말인데 그 어원이 분명하지 않다. 강원, 함남 방언에서 '언청이'를 '헤체:'라고 하고 평북 방언에서 '언청이'를 '헤텅이'라고 한다는 것으로부터 '헤-'는 '언'과 같은 의미임을 추정할 수 있다. '언청이'의 어기 '언'은 중세한국어에서 '베어지다'는 뜻을 나타내던 동사 '엏다'의 관형형이다.[130] 이런 사실로 미루어보건대 '헤채:'는 '터져 갈라지거나 벌어져 있는 상태'를 의미하는 '헤어지다, 헤벌리다'의 '헤'를 어기로 취한 것으로 볼 수 있는데 의미론적으로 어휘화된 것이다.[131] '망채:'는 '망 + -채:'로 분석할 수 있는데 '망나니짓을 하는 사람'을 낮잡아 이르는 말이다. '망나니'는 '언동이 몹시 막된 사람'을 이르는 말로 의미상의 연관성으로 보면 '망'은 '함부로, 마구'의 의미를 가지는 '망나니', '망태기'[132]의 '망'과 같은 것으로 볼 수 있다.[133] (31다)의 '소박채:'는 '속'의 방언형인 '소박'에 '-채:'가 결합된 것으로 '사람의 속이나 마음'을 낮잡아 이르는 말이다.

3.3.3.5. '-바리'

이 지역어에서 '-바리'는 '-버리'로도 나타나는데 '-바리~-버리'는 주로 동사나 형용사 어근을 어기로 '성격상의 특징이 지나친 사람'을

---

129) 이 지역어에서 '헐렁채:'는 '끼이는 자리가 넓어서 긴밀하게 끼어있지 못하고 쉽게 빠지는 사물'이나 '견고하지 못하고 쉽게 망가지는 물건'을 이르기도 한다.

130) 입시우리 아래로 드리디 아니ᄒᆞ며 또 우흐로 거두쥐디 아니ᄒᆞ며 디드러 직브티 아니ᄒᆞ며 허디 아니ᄒᆞ며 또 {어티} 아니ᄒᆞ며≪월석 17:52≫

131) 이 지역어에서 '헤채:'는 '쉽게 망가지거나 고장나는 물건'을 뜻하기도 하는데 의미론적으로 어휘화된 것이다.

132) 이 지역어에서 '망태기'는 '사업이나 생활을 매우 한심하게 함부로 막하는 사람'을 가리키기도 한다.

133) 이 지역어에서는 '소나 양의 처녑'을 '망채:'라고 하는데 이때의 '망'은 그물의 의미를 가지는 '망(網)'으로 생각된다.

의미하는 인칭명사를 파생한다.

(32) 가. 헬레바리, 채채바리, 우추버리, 새새바리
나. 땅따버리
cf. 발바리

(32가)는 동사나 형용사 어근을 어기로 '어기의 특징이 지나친 사람'을 의미하는 인칭명사를 파생하는 경우이다. '헬레바리'는 '헬레레하다'의 어근 '헬레레'에 접미사 '-바리'가 결합되어 형성된 것인데 '종일 헬레레해 다니는 사람'을 놀림조로 이르는 말이다. 이 지역어에서 '헬레레하다'는 '좀 모자란 듯 늘 헤벌쭉해서 입을 다물지 못하다'는 의미를 나타내는 동사이다. '채채바리'는 '채채하다~채채사다'의 어근 '채채'에 '-바리'가 결합되어 형성된 것인데 '물이나 비에 흠뻑 젖은 사람 혹은 생김생김이 자름자름하여 볼품없는 사람'을 놀림조로 이르는 말이다. 이 지역어에서 '채채하다~채채사다'는 '물에 흠뻑 젖은 모양이나 생김생김이 자름자름하여 볼품없다'는 의미를 나타내는 형용사이다. '우추버리'는 '우추하다~우추사다'의 어근 '우추'에 '-버리'가 결합되어 형성된 것인데 '저속한 말이나 행동을 하는 사람'을 놀림조로 이르는 말이다.[134] 이 지역어에서 '우추하다~우추사다'는 '하는 말이나 행동이 저속하고 음란하다'는 의미를 나타내는 형용사이다.[135] '새새바리'는 '새새거리다'의 어근 '새새'에 '-바리'가 결합되어 형성된 것인데 '실없이 웃으며 가볍게 자꾸 지껄이는 사람 또는 말이 지나치게 많은 사람'을 놀림조로 이르는 말이다. 이 지역어에서 '새새거리다'는 '실없이 웃으며 가볍게 자꾸 지껄이다'는 의미를 나타내는 동사이다.

(32나)는 명사를 어기로 형성된 인칭명사이다. '땅따버리'는 '땅에 떨어진 것을 주워 먹는 사람'을 놀림조로 이르는 말이다. 어기 '땅따'

134) '채채사다, 우추사다'의 어근 '채채, 우추'에 대해서는 본서 7.7. 참고.
135) 이 지역어에서는 '우추버리'의 의미로 '우추'가 쓰이기도 한다.

는 '땅'의 반복형으로 볼 수 있다. '땅'과 '-버리'가 결합되어 형성된 '땅버리'도 가능해 보이는데 '땅따버리'로 나타나는 것은 아마도 이 지역어에서 '-버리'에 의해 파생된 파생어가 모두 4음절이라는 것에서 유추되어 형성된 것으로 보인다. '발바리'는 형태상으로 보면 '발+-바리'처럼 보이지만 실제로는 '발발거리다'의 어근 '발발'에 접미사 '-이'가 결합되어 형성된 파생어이다. '발바리'는 '몸이 작고 다리가 짧으며 털이 긴 개의 한 종류'를 의미하는데 '몸집이 작고 행동이 가벼우며 여기저기 잘 쏘다니는 사람'을 낮잡아 이르는 말로 쓰이기도 한다.

3.3.3.6. '-꾸레기'

'-꾸레기'는 표준어의 '-꾸러기'에 해당하는데 '-꾸러기'가 움라우트를 입은 것이다. '-꾸러기'는 일부 명사와 결합하여 '그것이 심하거나 많은 사람'의 의미를 나타내는 유정명사를 만드는데 비하의 의미를 가지고 있다.

(33) 심술꾸레기, 욕심꾸레기, 잠꾸레기, 장난꾸레기

(33)의 '심술꾸레기'는 '심술'을 어기로 형성된 것으로 '심술이 매우 많은 사람'을, '욕심꾸레기'는 '욕심'을 어기로 형성된 것으로 '욕심이 많은 사람'을, '잠꾸레기'는 '잠'을 어기로 형성된 것으로 '잠이 아주 많은 사람'을, '장난꾸레기'는 '장난'을 어기로 형성된 것으로 '장난이 심한 사람'을 낮잡아 이르는 말이다. '잠꾸레기'는 '잠뚜구리'(3.3.3.2. 참고)로도 나타난다.

3.3.3.7. '-이$_2$'

'-이$_2$'는 명사나 어근 혹은 의성·의태어를 어기로 취하여 대체로 '~와 같은 성질이나 특징을 가지는 것(사람, 동물, 사물 등)'이라는 의미를 나타내는 명사를 만들어낸다. '-이$_2$'에 의해 형성되는 파생어들은 유정명사 즉 사람이나 동물인 경우가 가장 많다.[136] 표준어에서 '-이$_2$'는 행위명사 혹은 추상명사를 파생시킬 수 없지만(송철의 1992:134) 이 지역어에서는 가능하다. 또한 명사로부터 파생된 파생명사들은 동일 품사내의 파생으로서 그 성격이 비교적 단순하다(김창섭 1994:89).

(34) 가. 똘똘이, 히들이, 부실이, 게걸이, 머저리, 덜렝이(덜렁+-이, A), 왈가댁이[왈가닥+-이](A), 떳떠벌이(A)
　　나. 곰배팔이(A), 업이(업둥이, A), 마디(맏이)
　　다. 지지벌이(지지벌+-이), 두두벌이(두두벌+-이, A), 썰썰이(썰썰+-이)

(34가)의 예들은 명사나 어근을 어기로 취하여 파생된 파생명사들인데 대체로 '그러한 신체적 특징이나 성격적 특징을 가지고 있는 사람'을 나타내는 유정명사들이다. '똘똘이'는 형용사 '똘똘하다'의 어근 '똘똘'에 '-이'가 결합된 것으로서 '똑똑하고 영리한 아이를 귀엽게 이르는 말'이고, '히들이'는 '히들거리다' 또는 '히들대다'의 어근 '히들'에 '-이'가 결합되어 파생된 것으로서 '농담이나 유머로 사람들을 잘 웃기는 사람'을 의미한다.[137] '부실이, 게걸이, 머저리'는 형용사 '부실하다(정신이나 행동이 똑똑하지 못하고 모자라는 데가 있다), 게걸스럽다, 머절스럽다[138]'의 어근 '부실, 게걸, 머절'로부터 파생된 파생명사

---

136) 송철의(1992:134)에서는 '-이$_3$'에 의해 형성되는 파생어들이 유정명사(사람이나 동물)인 경우가 가장 많음을 근거로 '-이$_3$'에 굳이 명칭을 부여한다면 '유정명사화소'라는 명칭이 가능할 것이라고 하였다.

137) 이 지역어에서 '히들거리다', '히들대다'는 '입을 볼썽사납게 벌리며 웃음을 참지 못하고 싱겁게 자꾸 웃는 모양'을 나타내는 동사이다.

인데 '속이 여물지 못하고 좀 모자라 보이는 사람, 게걸스러운 사람, 멍청한 사람'을 의미한다. '부실이, 게걸이, 머저리'는 그 어기들이 비하의 감정을 띠었기 때문에 그로부터 파생된 파생어들도 비하의 감정을 나타낸다.

'덜렝이'는 '덜렁거리다'의 어근 '덜렁'에 '-이'가 결합되어 형성된 것이고 '왈가댁이'는 '왈가닥왈가닥'의 어근 '왈가닥'에 '-이'가 결합되어 형성된 것인데 둘 다 '얌전하지 못하고 성질이 덜렁덜렁하여 수선스럽게 구는 여자'를 의미하는 말이다. '떳떠벌이'는 '떳떠벌거리다'139) 의 어근 '떳떠벌'에 '-이'가 결합되어 형성된 파생어인데 '말을 더듬는 사람'을 의미하는 말이다.

(34나)의 '곰배팔이'는 복합명사 '곰배팔'에 '-이'가 결합되어 형성된 파생명사이다. 어기 '곰배팔(병으로 꼬부라져 펴지 못하게 된 팔 또는 팔뚝이 없는 팔)'은 신체부위를 나타내는 명사이며 그로부터 파생된 파생어의 의미는 '그러한 신체부위를 가지고 있는 사람'을 의미하는데 보통 '외모에 결함이 있는 사람'을 의미한다.140) 표준어에서는 '곰배팔이'처럼 신체부위를 나타내는 복합명사를 어기로 취하여 유정명사를 파생하는 '-이'파생이 비교적 생산적이며(애꾸눈이, 절름발이, 육손이, 딸깍발이, 넙치눈이, 사팔눈이…) 그 의미는 '그러한 신체부위를 가지고 있는 사람이나 동물'을 뜻한다. '업이'는 '업(業)141)+-이'로 분석할 수 있는데 '업과 같이 들어온 아이'라는 뜻으로 '자기 집 문 앞에 버려져 있었거나 우연히 얻거나 하여 기르는 아이'를 뜻한다.

---

138) 이 지역어에서 '머절스럽다'는 '똑똑하지 못하다'는 의미를 나타내는 형용사로 쓰이고 있다.

139) 이 지역어에서 '떳떠벌거리다'는 '말을 더듬거리다'는 의미를 나타내는 동사로 쓰이고 있다.

140) 이 지역어에서는 접미사 '-이' 외에 '-개', '-재:', '-배:에 의해서도 '어기가 나타내는 그러한 신체적 특징을 가지고 있는 사람'을 의미하는 유정명사들이 파생되는데 그중에서 '-개'에 의한 파생이 가장 생산적으로 나타나고 있다.

141) 한 집안의 살림을 보호하고 늘게 한다는 동물이나 사람.

'업이'는 표준어의 '업둥이'에 해당되는데 표준어에서 '업둥이<업동(業童)이'는 '업+-둥이'로 분석된다. '-둥이'는 기원적으로 한자 '童'에 접미사 '-이'가 결합된 '동이'가 접미사화한 것이다. '마디'는 '여러 형제자매 가운데서 맨 먼저 태어난 사람'을 뜻하는데 형태론적으로 어휘화한 것이다. 표준어에서와 마찬가지로 이 지역어에서 '맏'은 접두사(맏아들, 맏형 등)로 기능한다. '마디'를 공시적으로 분석하게 되면 '맏-+-이' 즉 '접두사+접미사'가 되는데 한국어에서 '접두사 + 접미사'가 파생어를 형성하는 것은 극히 예외적인 일이다. 이는 '맏'이 통시적 변화를 입었기 때문이다. '맏'은 'ᄆᆞᆮ'에 소급하는 것인데 원래 명사로 기능하던 것으로서 '맏이(<ᄆᆞᆮ이)'는 '맏(<ᄆᆞᆮ)'이 명사로서의 기능을 수행하던 시기에 파생되어 그대로 어휘화하여 쓰이고 있는 것이지 접두사 '맏-'으로부터 공시적으로 파생된 것은 아니다(송철의 1992:39~40). 'ᄆᆞᆮ(>맏)'이 명사로 기능했었음을 보여주는 예는 다음과 같다.[142]

(35) 가. ᄆᆞᄃᆞᆫ 나히 열하호비오 <소학언해 6:60b>
나. 長ᄋᆞᆫ ᄆᆞ디오 <월인석보 서:14a>
다. 내 아ᄃᆞ리 비록 ᄆᆞ디라도 사오나ᄫᆞᆯᄊᆡ 나라ᄒᆞᆯ 앗이리니 <월일석보 2:5b>

앞면의 (34다)는 동사의 어근을 어기로 취하여 추상명사를 파생시키는 경우이다. 표준어에서 '-이'가 행위명사 혹은 추상명사를 파생시키는 일은 없다(송철의 1992:134). 그러나 이 지역어에서는 추상명사 파생이 가능하다. '지지벌이'는 '지지벌+-이'로 분석할 수 있는데 '지지벌'은 '지지벌거리다'[143]의 어근이다. '지지버리'는 '낮은 소리로 수

142) 송철의(1992:39)의 예문 (15나)를 재인용한 것이다.
143) 이 지역어에서 '지지벌거리다'는 '낮은 소리로 자꾸 지껄이다'는 의미의 동사로 쓰이고 있다.

다스럽게 지껄이는 행위'를 의미하는데 '지지벌이 많다(지지벌이가 많다)'는 표현으로 많이 쓰인다. '두두벌이'는 '두두벌거리다(자꾸 두덜두덜하다)'의 어근 '두두벌'에 '-이'가 결합되어 형성된 것인데 '불만이 있을 때에 두덜거리는 말'을 뜻한다. '두두버리 좀 그만해라'는 표현이 많이 쓰인다. '썰썰이'는 '썰썰하다'[144]의 어근 '썰썰'을 어기로 형성된 것인데 '속이 빈 것처럼 출출한 느낌'을 의미한다. '썰썰이 난다'로 많이 쓰이는데 '속이 출출하거나 이것저것 먹고 싶은 것이 많을 때' 쓰는 표현이다.

(36) 가. 고슴도티~고슴도치(고솜돝[145]+-이, 고슴도치), 거부기(거북(<거붑)+-이, 거북이), 두터비~두테비(두텁+-이, 두꺼비, A), 잰내비(진납+-이, 원숭이), 굼베:(굼벙+-이, 굼벵이), 올채:(올창+-이, 올챙이), 벼루기~베뤼기~베리기(벼룩(<벼록)+-이, 벼룩, A), 파리~포리(폴+-이, 파리)

나. 더덜기(더덕), 두두레기(두드러기), 쟈개미~져드랭이(겨드랑이, A)

(36)는 명사어근에 '-이$_2$'가 결합되어 다시 명사를 파생시킨 경우인데 (36가)는 주로 동물 이름을 나타내고 (36나)는 일반명사로 쓰인다. (36가)에서 어기로 작용하는 명사어근은 본래 동물 이름을 나타내는 명사로 쓰이던 것들인데 후대로 오면서 접미사 '-이$_2$'[146]와 결

144) 이 지역어에서 '썰썰하다'는 '속이 빈 것처럼 출출한 느낌이 있어 무언가를 먹고 싶다'는 의미를 나타내는 형용사이다.

145) 정의향(2010:39~40)에서는 '고솜돝'을 '고솜+돝'으로 분석하고 '돝'은 '돼지'의 의미이고 '고솜>고슴'은 '가시'를 뜻하는 의미인 것 같다고 하였다.

146) 동물 이름 뒤에 결합하는 '-이'에 대해 구본관(1997)에서는 두가지 관점을 제시하고 있다. 첫째, 15세기 한국어에서 동물 이름 뒤에 결합하는 '-이'는 어휘부 안에서의 결합으로 볼 수 있고, 또 '-이'가 결합한 형과 '-이'가 결합하지 않은 형의 의미 차이가 없고 어느 정도 생산성이 있으

합된 형식으로 나타난 것이다. 이들은 분석은 가능하지만 이 지역어에서 어기로 기능하는 형태가 보이지 않으므로 공시적인 파생 관계가 성립되기 어렵다고 할 수 있다.

(36나)에서 어기로 작용하는 명사어근도 본래는 명사로 쓰이던 것들인데 후세에 오면서 접미사 '-이$_2$'와 결합된 형식으로 나타난 것이다. 이들도 역시 분석은 가능하지만 이 지역어에서 어기로 기능하는 형태가 보이지 않으므로 공시적인 파생관계가 성립되기 어렵다고 보여 진다. '더덜기'는 표준어의 '더덕'의 방언형으로 '[더덝+-이]'로 분석할 수 있는데 어기 '*더덝'은 문헌자료에서 확인할 수 없지만 '더덕'의 고어형으로 볼 수 있을 것 같다. '두두레기'는 표준어의 '두드러기'에 해당하는데 '[[두둘+-억]+-이]'로 분석할 수 있다. '두드러기 같은 것이 살갗에 고르지 않게 돋아있는 모양'을 나타내는 의태어 '두둘두둘'의 어근 '두둘'에 접미사 '-억'이 결합되어 형성된 명사 '두드럭'에 다시 '-이'가 결합된 후 움라우트를 겪은 것이다. '쟈개미'는 표준어의 '겨드랑이'에 해당하는데 중세시기에 명사로 쓰이던 '쟈개얌'에 '-이'가 결합되어 형성된 것이다. '져드랭이' 역시 이전 시기에 명사로 쓰이던 '져드랑(>겨드랑)'에 '-이'가 결합되어 형성된 후 움라우트를 겪은 것이다. '-이'와 결합되기 전 동물 이름을 나타내거나 일반 명사로 쓰이던 어형은 문헌자료에서 확인할 수 있다.

므로 공시적으로도 이 '-이'를 의미와 통사범주를 바꾸지 않는 파생접미사로 볼 수 있으나 일반적인 파생접미사와는 달리 새로운 어휘를 파생하기 위해 결합된 것이 아니라 다른 '-이'(예를 들면 평칭의 인명명사 뒤에 결합되는 '-이')에 유추된 것으로 보아야 한다. 둘째, 15세기 한국어에서 '-이'를 가지지 않는 의성어나 의태어가 그대로 동물 이름으로 쓰이는 경우는 훈민정음 해례 용자례를 제외하면 속격형(속격조사와 결합할 때 '-이'가 있었다 하더라도 당연히 탈락한다)밖에 없다는 점에 주목하여 '-이'를 의성어나 의태어에 결합하여 동물 이름 명사를 파생하는 접미사로 보아야 한다.

(37) 가. 머리 터럭과 고솜도ᄐᆡ 가ᄎᆞᆯ ᄀᆞᆯ게 ᄂᆞ호아 <1466 救急方 下:66a>

나. 두텁 爲蟾蜍 노로 爲獐 납 爲猿 <1446 訓解 55>

다. 거북 귀(龜) 고기 어 (魚) <1664 類合 七:9b>

라. 바ᄅᆞᆳ 가온ᄃᆡ ᄒᆞᆫ 눈 가진 거붑과 ᄒᆞᆫ 구무 가진 남기 잇ᄂᆞ니 <1447 釋詳 21:40a>

마. ᄌᆡᆫ나ᄇᆡ ᄌᆞ식 ᄉᆞ랑홈 ᄀᆞᄐᆞ야 <1563 恩重 10a>

바. 굼벙 爲蠐螬 올창 爲蝌蚪 <1446 訓解 58>

사. 파리와 벼룩과 풍등이와 벌 죵류ᄂᆞᆫ <1896 獨立新聞>

아. 虼 벼록 걸 蚤 벼록 조 <1527 訓蒙 上:12b>

자. ᄑᆞᆯ 爲蠅 <1446 訓解 56>

차. 두드럭이 나다 (起鬼風疱疸) <漢淸文鑑 251b>

카. 胳 쟈개얌 각 俗呼肐子凹 腋 쟈개얌 익 <訓蒙 上:13>

타. 겨드랑(肐子窩) <譯語 上:34b>

다음 (38)은 '-이'가 의성·의태어를 어기로 동물이나 사물을 뜻하는 명사를 파생하는 경우이다.

(38) 가. 매:미, 귀또리~귀뜨리~귀뜨라미(A), 쓰르라미(A), 베짱이(A), 빼꾸기, 기레기(기럭+-이, 기러기), 부에:(부엉+-이, 부엉이)[147], 꾀꼬리(A), 뜽부기(뜽북+-이, 뜸북이, A), 맹꼬~이(맹꽁+-이, 맹꽁이)…

나. 얼레기~얼래기(얼럭+-이)[148], 미꾸리(미끌+-이, 미꾸라지), 둥굴이(둥굴+-이, 황소), 삽사리(삽살+-이, 삽살개), 누데기(누덕+-이, 누더기) 구래미(굴+암+-이, 새끼를 낳는 암돼지)…

147) 김태균(1986:267)에서는 '부엥이~붕에'로 나타난다.
148) 이 지역어에서는 '얼레기~얼래기'를 '얼럭배기'라고도 한다.

(38가)는 의성어를 어기로 취하여 동물을 나타내는 유정명사를 파생시키는 경우이다. 이때 파생된 파생어들은 대체로 동물명을 지칭하는 명사가 된다. 표준어에서 동물의 울음소리를 가지고 그 동물의 명칭을 만드는 것은 매우 보편적인 현상으로서 이미 동물명이 존재하더라도 울음소리를 가지고 그 동물을 지칭하는 명사를 새로 만들어내기도 한다(송철의 1992:135).[149] 이 지역어에서도 의성어에 '-이'가 결합되어 동물명을 지칭하는 명사가 파생되는 경우가 아주 보편적이다. '매:미, 귀또리~귀뜨리, 쓰르라미, 베짱이, 뻐꾸기, 기레기, 부엥이, 꾀꼬리, 뜽부기, 맹꼬~이'는 의성어 '맴:, 귀똘~귀뜰, 쓰르람, 베짱, 뻐꾹, 기럭, 부엉, 꾀꼴, 뜽북, 맹꽁'에 접미사 '-이'가 결합되어 형성된 것이다. '기레기'는 '기럭'에 '-이'가 결합된 후 움라우트를 입은 것이고 '부에:'는 '부엉+-이'가 움라우트를 입고 '부엥이'가 된 후 'ㅇ'의 비모음화, 'ㅣ'탈락에 의한 보상적 장모음화를 겪은 형태이다. '부에:'는 '올빼미과에 속하는 새', '자기 노릇을 못하는 머저리같은 사람을 놀림조로 이르는 말' 두 가지 의미가 있는데 이 지역어에서는 후자의 의미로 활발히 쓰이고 있다. '맹꼬~이'는 '맹꽁'에 '-이'가 결합된 후 'ㅇ'의 비모음화를 겪은 것인데 '개구리의 일종'을 뜻하거나 '말도 안하고 답답하게 구는 사람'을 뜻한다. 이 지역어에서는 전자의 의미보다는 후자의 의미로 쓰이는 경우가 더 많다.

(38나)는 의태어를 어기로 취하여 동물이나 사물을 뜻하는 명사를 파생하는 경우이다. '얼레기~얼래기'는 의태어 '얼럭'에 접미사 '-이'가 결합된 후 움라우트를 입은 것인데 그 의미는 '얼럭얼럭한 무늬나 점을 가진 동물이나 물건'을 뜻한다. '미꾸리'는 '몸이 매우 미끄러운 민물고기의 한 종류'를 의미하는데 '몹시 미끄러운 모양'을 나타내는 의태어 '미끌'에 '-이'가 결합되어 형성된 것이고 '누데기'는 '입을 수 없을 정도로 몹시 해진 헌옷이나 헌천'을 뜻하는데 '해지거나 찢어진

149) '꿀꿀이, 멍멍이, 야옹이' 등이 그러한 예들이다.

곳을 보기 흉하게 여기저기 깁거나 덧붙인 모양'을 나타내는 의태어 '누덕'에 '-이'가 결합되어 형성된 후 움라우트를 입은 것이다. '둥구리'는 '둥굴쇠'라고도 하는데 '다 자란 수소'를 의미한다.150) '삽사리'는 '몸에 털이 북실북실 많이 난 개'를 의미하는데 의태어 '삽살'에 '-이'가 결합되어 형성된 것이다. 그런데 '삽살'을 의태어로 볼 수 있느냐 하는 의문이 존재한다. '삽살개'는 민속에서 '액운을 쫓는 개'로 알려져 있다. '살(煞)'이란 '액운, 즉 사람을 해치는 기운'을 말하며, '삽'은 '퍼내다, 없애다'는 뜻을 지니는 것으로 말 그대로 '삽살'은 '액운을 퍼내어 없애다'는 의미를 가지는 것이다.151) 이 해석을 따르면 '삽살'은 의태어라고 할 수 없다.

문헌자료에서 '삽살개'는 다음과 같이 나타나고 있다.

(39) 가. 絡絲狗 삽살개 <譯語下: 32a>
나. 長毛細狗 삽살개 <蒙類補 31a>

(39가)의 '絡絲', (39나)의 '長毛細'로부터 보면 '삽살'은 '털'과 관련이 있는 듯하다. 또 대개 동물이나 식물의 명칭은 주로 외양이나 속성, 서식지 등에 근거하여 붙여지는 것이 일반적이므로 '삽살'은 '삽살개'의 '가늘고 긴 털이 북실북실 많이 나 있는 모양'을 나타내는 의태어라고 볼 수 있다. 본서에서는 전자의 해석을 취하지 않고 후자의 해

---

150) '보름달이나 수레바퀴처럼 매우 둥근 모양'을 나타내는 의태어 '둥글'에 '-이'가 결합되어 형성된 것인데 여기서 '둥글'과 '황소'는 어떤 의미상의 관련성이 있는 것일까. 아마도 '달이 차서 보름달이 되는 것'처럼 '송아지가 다 자라서 황소가 되었음'을 '보름달이 둥근 것'과 연관 지은 것이 아닌가 생각된다.

151) 이때의 '삽'은 '땅을 파거나 흙이나 그 밖의 것을 떠내는 데 쓰는 도구'를 의미하는 것 같다. 또한 '삽살'은 '삽설(揷舌)'에서 기인했을 것이라는 설도 있는데 북청사자놀이의 사자는 혀를 빼물어야 하고 '삽살개'도 혀를 빼물고 있으며 '삽살개'를 '사자견'이라고도 한다는 데에 그 근거를 두고 있다.

석을 따른다.

접미사 '-이'에 의해 형성되는 파생명사 중에는 (40)과 같이 좀 특이한 구조를 갖는 것들이 있다.

(40) 가. 대림이(대리-+-음+-이, 다리미)[152], 지짐이(지지-+-음+-이, 부침개)
나. 걸음걸이

(40가)의 예들은 동사어간에 '-음'이 결합되고 다시 거기에 명사 파생접미사 '-이'가 결합된 경우이다. '대림이', '지짐이'는 각각 '[[대리-+-음]+-이]', '[[지지-+-음]+-이]'로 분석할 수 있는데 동사어간 '대리-, 지지-'에 '-음'이 결합되어 '대림, 지짐'이 되고 다시 거기에 파생접미사 '-이'가 결합되어 형성된 것이다. 이때 '대리-'[153]는 '옷이나 천 따위의 주름이나 구김을 펴고 줄을 세우기 위하여 다리미나 인두로 문지르다'는 의미를 나타내고 '지지-'는 '불에 달군 판에 기름을 바르고 전 따위를 부쳐 익히다'는 의미를 나타낸다.

(40나)는 형태론적 구조상으로 보면 '동네돌이, 털갈이' 등과 같으나 접미사 '-이'와 결합하는 어기가 '-음'에 의해 형성된 파생어를 동족목적어로 취한 형태라는 점이 특이하다. '걸음'은 '두 발을 번갈아 옮겨 걷는 동작'을 의미하고 '걸음걸이'는 '걸음을 걷는 모양새'를 의미한다. 표준어에서는 쓰이지 않고 있지만 중세한국어의 '우숨우ᅀᅵ, 사롬사리'와 근대한국어의 '노롬노리, 도롬도리(周旋)'도 같은 방법으로 형성된 파생어들일 것이다(송철의 1992:142). 이 지역어에서도 '걸음걸이' 외에 다른 예는 찾아볼 수 없다.

이 지역어에서도 명사 파생접미사 '-이'는 자음으로 끝나는 어기와만 결합하는 음운론적 제약을 갖고 있다. 명사 파생접미사 '-이'는 통

152) '대련'이라고도 함.
153) '다리-'가 움라우트를 입어 '대리-'로 된 것이다.

시적으로 보면 이형태를 이루던 '-이'와 '-기' 중에서 '-이'만이 파생 접미사로 발달했기 때문에[154] 이런 음운론적 제약을 갖게 되었을 것이다(구본관 2002a:121).

3.3.4. '-뒤:', '-돌이', '-내미'

3.3.4.1. '-뒤:'

'-뒤:'는 표준어의 '-둥이'에 해당하는데 '-둥이'가 움라우트, 'ㅇ' 탈락, 축약에 의한 보상적 장모음화 등 음운변화를 겪어 실현된 것이다. 접미사 '-뒤:'는 주로 명사와 결합하여 '그러한 특성을 가진 사람'을 귀엽게 또는 낮잡아 이르는 유정명사를 만든다.

(41) 가. 놈:뒤:, 재간뒤:, 팔삭뒤:, 칠삭뒤:, 쌍뒤:~쌍디:(A)
나. 막뒤:(A)
다. 문디:~문뒤:(A), 역뒤:
cf. 헌디:, 쌀개디:, 포재뒤:~포재디:, 화작뒤:~화작디:

(41가)는 일부 명사와 결합하여 '그러한 특성을 가진 사람'을 의미하는 유정명사를 만드는 경우이다. '놈:뒤:'는 '노여운 마음'을 의미하는 명사 '놈:'을 어기로 형성된 것인데 '노여움을 잘 타거나 잘 삐치는 사람'을 의미하고 '재간뒤:'는 '재간이 많은 사람'을 의미한다. '팔삭뒤:'는 '여덟달만에 태어난 아이'를, '칠삭뒤:'는 '일곱달만에 태어난 아이'를 의미하는데 조금 모자라는 사람을 놀림조로 이르는 말이기도 하다. '쌍뒤:'는 '한 어머니에게서 한꺼번에 태어난 두 아이'를 의미한다. (41나)의 '막뒤:'는 '마지막'의 뜻을 더하는 접두사 '막-'과 접미사 '-뒤:'

154) 중세국어 이후 '-이'와 '-기'의 통시적인 발달에 대해서는 구본관(1996/1998:131-138)을 참조.

가 결합되어 형성된 것인데 '맨 마지막에 난 아이 즉 막내'를 귀엽게 이르는 말이다. 한국어에서 '접두사+접미사'가 파생어를 형성하는 것은 극히 예외적인 일이다. '막뒤:'가 형성될 수 있었던 것은 '-뒤:'가 기원적으로 한자어 '동(童)'에 명사 파생접미사 '-이'가 결합되어 형성된 명사 '동이'가 접미사화한 뒤 '-동이>-둥이>-뒤:'의 발달과정을 겪어 형성된 것이기 때문이라고 여겨진다. (41다)는 일부 동사, 형용사의 어간과 결합하여 '그러한 특성을 가진 사람'을 의미하는 유정명사를 만드는 경우이다. '문뒤:~문디:'는 '떠서 상하다'는 의미의 동사 '물다'의 관형형 '문-'에 '-뒤:'가 결합된 것으로 '문둥병에 걸린 사람'을 의미하고 '역뒤:'는 '눈치가 빠르고 꾀바르다'는 의미의 형용사어간 '역-'을 어기로 형성된 것으로 '매우 눈치가 빠르고 역은 애들'을 의미한다. '문뒤:'와 '쌍뒤:'는 '/wi/>/i/'의 변화를 겪어 '문디:', '쌍디:'로 실현되기도 한다.

'-뒤:'파생은 비교적 생산적인 편이다. 함북 방언을 기반으로 형성되고 발전되어온 연변 지역어에서는 '헌디:, 쌀개디:, 포재뒤:~포재디:, 화작뒤:~화작디:' 등 파생어들이 새로이 만들어져 쓰이고 있다. '헌디:'는 '헐다'의 관형형에 '-디:'가 결합된 것으로 '살이 여기저기 많이 헐거나 자주 허는 사람'을 의미하고 '쌀개디:'는 '쌀개는 아이'를 의미하는데 이 지역어에서 '쌀개다'는 가만히 있지 않고 움직임이 많고 장난이 심하다, 여기저기 많이 돌아다니다, 학생들이 건달짓 하고 돌아다니다'의 의미로 쓰이는 동사이다. '포재'는 '어이없는 언행을 하거나 여자답지 않고 자기 마음대로 행동하는 여자, 남자관계가 복잡한 여자'를 낮잡아 이르는 말이다. '포재뒤:~포재디:'는 '포재'를 어기로 형성된 것으로서 '포재'의 속성을 지닌 사람을 낮잡아 이르는 말로 '포재'보다 비하의 의미가 더 강하다. '화작뒤:~화작디:'는 '화작이 많은 사람'을 의미하는데 이 지역어에서 '화작'은 '애교나 끼가 있고 겉치레가 많으며 가식적이거나 지나치게 과장되게 자기 생각이나 감정 따위를 표현하는 것'을 의미하는 명사이다. 또한 '/wi/>/i/'의 변화를 겪은 '팔삭

디:, 칠삭디:'도 함께 쓰이고 있다. 연변 지역어에서는 이러한 '/wi/>/i/'의 변화가 아주 보편적이다. 따라서 접미사 '-뒤:'는 보통 '-디:'로도 실현된다. 특히 젊은 층으로 오면서는 '-뒤:'보다는 '-디:'가 더 보편적으로 쓰이고 있다.

3.3.4.2. '-돌이'

이 지역어에서 '-돌이'는 동사, 형용사 어간이나 어근, 명사를 어기로 '그러한 특성을 가진 사람'을 의미하는 유정명사를 만드는 접미사이다. '-돌이'는 본래 '갑돌이'처럼 남자이름에 쓰이던 것인데 점차 '어떤 특성을 가진 사람'을 의미하는 접미사로 발달되었다. 이 지역에서는 아직도 '똥돌이'처럼 남자아이들의 태명에 '-돌이'가 나타나기도 한다. 그러나 '그러한 특성을 가진 사람'을 의미하는 접미사로 쓰일 때에는 남녀의 구별이 없이 남자나 여자를 모두 가리킬 수 있다. 표준어에서는 남자를 가리킬 때는 '-돌이'(짠돌이), 여자를 가리킬 때는 '-순이'(짠순이)를 선택하여 남녀를 구별한다. 이 지역어에는 '-순이'는 나타나지 않는다.

(42) 가. 발개돌이, 순돌이, 우추돌이, 빼빼돌이, 뻔뻔돌이, 빼지돌이
나. 꿰돌이(꾀돌이), 여끼돌이

(42가)는 동사, 형용사 어간이나 어근에 '-돌이'가 결합된 경우이다. '발개돌이'는 '발개-+-돌이'로 분석할 수 있는데 '발개는 아이'를 귀엽게 놀림조로 이르는 말이다. 이 지역어에서 '발개다'는 '가만히 있지 않고 움직임이 많고 장난이 심하다'의 의미로 쓰이는 동사이다. '순돌이'는 '순+-돌이'로 분석할 수 있는데 '순한 아이'를 귀엽게 이르는 말이다. 여기서 '순'은 '성질이나 태도가 부드럽다'는 의미의 형용사 '순하다'의 어근이다. '우추돌이'는 '우추+-돌이'로 분석할 수 있는데

'생각이나 행동이 음특한 사람'을 놀림조로 이르는 말이다. '우추'는 '우추하다~우추사다'의 어근으로 이 지역어에서 '우추하다~우추사다'는 '생각이나 행동이 저속하고 행실이 좋지 못하다'는 의미를 나타내는 형용사이다.[155] '빼빼돌이'는 '빼빼 + -돌이'로 분석할 수 있는데 '중처럼 머리를 빡빡 깎은 사람'을 놀림조로 이르는 말이다. '빼빼'은 '울퉁불퉁한데가 없이 고르고 빤빤하다'는 의미를 나타내는 '빼빼하다'의 어근이다.[156] '뻔뻔돌이'는 '부끄러운 짓을 하고도 염치없이 태연하다'는 의미를 나타내는 '뻔뻔하다'의 어근 '뻔뻔'과 '-돌이'가 결합되어 형성된 것인데 '뻔뻔하고 염치가 없는 사람'을 낮잡아 이르는 말이다. '뻔뻔돌이'는 '아무것도 없는 상태'를 뜻하기도 하는데 이때는 '아무것도 없이 빤빤하다'는 의미와 파생관계가 성립된다(예문 43). '빼지돌이'는 '빼질거리다, 빼질빼질'의 어근 '빼질'에 '-돌이'가 결합되어 형성된 것인데 두가지 의미를 가진다. 하나는 '빼빼돌이'와 같은 의미인데 이때는 어기의 '물체의 거죽이 기름기가 돌고 매끄럽다'는 의미와 파생관계가 성립되고 다른 하나는 '궂은 일에 요리조리 빠지는 사람'을 낮잡아 이르는 말인데 이때는 어기의 '몸을 요리조리 빼면서 계속 일을 열심히 하지 아니하다'는 의미와 파생관계가 성립된다.

(42나)는 명사에 '-돌이'가 결합된 경우이다. '꿰돌이'는 '꿰+-돌이'로 분석할 수 있는데 '꾀가 많은 아이'를 귀엽게 이르는 말이다. '꿰'는 '꾀'의 방언형이다. '여끼돌이'는 명사 '여끼'에 '-돌이'가 결합되어 형성된 것으로서 '교활하고 간사한 사람, 꾀를 부려 남을 잘 속여 넘기는 사람'을 낮잡아 이르는 말인데 주로 아이들한테 많이 쓴다. '여끼'는 '여우'의 방언형인데 표준어에서와 마찬가지로 이 지역어에서도

155) 우추사게스리 여자 뒤꽁무니만 졸졸 따라다닌다(음특하게 여자 뒤꽁무니만 졸졸 따라다닌다).

156) 이 지역어에서 '빼빼하다'는 '얼굴에 주름같은 노화의 흔적이 없이 빤빤하다', '(생김새)가 겉으로 보기에 말끔하고 곱살스럽다'는 의미도 가지고 있지만 '빼빼돌이'는 어기의 이런 의미와 파생관계가 성립되지 않는다.

'교활하고 간사한 사람'을 '여우'에 비유하여 말하는 데서 '여끼돌이' 같은 파생어가 형성되었을 것으로 생각된다.

이 지역어에서 접미사 '-돌이'는 또 일부 형용사어근과 결합하여 '그러한 상태임'을 의미하는 명사를 만든다.

(43) 뻔뻔돌이, 민민돌이

'뻔뻔돌이'는 '뻔뻔하다'의 어근 '뻔뻔'에 '-돌이'가 결합된 것인데 '아무것도 없이 빤빤한 상태'를 이르는 말이다. '민민돌이'는 '꾸미거나 딸린 것이 없이 번번한 상태'를 이르는 말인데 두 가지로 분석할 수 있다. 하나는 접두사 '민-'에 '-돌이'가 결합되어 '민돌이'가 형성된 후 다시 접두사 '민-'과 결합된 것으로 볼 수 있다. 그러나 이 지역어에서 '민돌이'가 나타나지 않는다. 다른 하나는 '밋미자다'의 어근 '밋밋'에 '-돌이'가 결합된 것으로 볼 수 있는데 이렇게 보려면 '밋밋'이 '민민'으로 되는 과정을 설명할 수 있어야 한다.

3.3.4.3. '-내미'

이 지역어에서 '-내미'는 '-네미'로도 나타나는데 'ㄹ'받침으로 끝나는 동사, 형용사어간이나 어근을 어기로 '잘 …하는 사람이나 그러한 특성을 가진 사람'을 의미하는 유정명사를 만드는 접미사이다. 표준어에도 '딸내미', '아들내미'와 같이 '내미'가 쓰인 어형들이 있지만 이 지역어에서 명사와 결합하여 파생어를 형성하는 경우를 찾아보기 힘들고[157] '-내미~네미'의 어원도 분명하지 않기 때문에 이들을 같은 것으로 보아야 할지는 판단하기 어렵다.

157) 경상, 전라, 함남지역에서는 명사 '정(情)'을 어기로 형성된 파생어 '정내미'가 나타나지만 인칭명사는 아니다.

(44) 가. 울내미~울네미[울래미~울레미]
나. 뻔들네미[뻔들레미], 삘내미[삘래미], 호똘내미[호똘래미]

(44가)는 동사어간에 '–내미'가 결합된 경우이다. '울내미'는 '울–+–내미'로 분석할 수 있는데 '걸핏하면 잘 우는 아이 즉 울보'를 뜻하는 말이다. '울내미'는 이 지역어에서 수의적으로 '울레미'로 나타나기도 한다.158) (44나)는 동사나 형용사 어근에 '–네미'가 결합된 경우이다. '뻔들네미'는 '뻔들+–네미'로 분석할 수 있는데 '뻔들'은 '뻔들거리다'의 어근으로 '머리털이 빠져서 벗어지고 뻔들거리는 사람 즉 대머리인 사람'을 놀림조로 이르는 말이다. '삘내미'는 '울래미'와 마찬가지로 '걸핏하면 잘 우는 아이'를 놀림조로 이르는 말인데 '삘삘', '삘삘거리다'의 어근 '삘'에 '–내미'가 결합된 것이다. 이 지역어에서 '삘삘'은 '어린 아이가 경망스럽고 꼴사납게 우는 소리 또는 그 모양'을 나타내는 의성의태어로 쓰이고 있다. 정향란(2007)에서는 '삘램이(삘내미)'를 접미사 '–이'에 의한 파생으로 보고 그 파생과정에 대해서는 '삘리리'가 명사 파생접미사 '–음'과 결합하여 '삘램'으로 되고 다시 명사 파생접미사 '–이'가 결합되어 '삘램이'가 형성된 것으로 보았으며, '–음'과 결합하여 '삘림'으로 되어야 할 파생어가 '삘램'으로 된 것에 대해서는 '삘림'에 호격조사 '–아'가 결합하여 '삘림아'로 되었다가 다시 '삘램'으로 축약된 것으로 보았다. 그러나 본서는 이런 해석보다는 '뻔들네미', '호똘네미'와 같이 접미사 '–내미'에 의한 파생으로 보는 것이 더 신빙성이 있다고 생각된다. '호똘내미'는 '호똘호똘', '호똘거리다'의 어근 '호똘'에 '–내미'가 결합된 것으로 '잠시도 가만히 있지 못하고 몸집이나 몸의 일부를 방정맞게 갑자기 움직이거나 흔드는 아이'를 놀림조로 이르는 말이다. '호똘호똘'은 이 지역어에서 '몸집이나 몸의 일부를 방정맞게 갑자기 움직이거나 흔드는 모양'을 나타내는

158) 경남지역에서도 '울보'의 방언형으로 '울내미'가 나타난다.

의성의태어로 쓰이고 있다.[159)]

3.3.5. '-내기$_2$', '-치'

3.3.5.1. '-내기$_2$'

'-내기$_2$'은 '태어나다'의 의미를 나타내는 동사어간 '나-'에 명사 파생접미사 '-기'가 결합되어 형성된 '나기'가 접미사화 한 후 움라우트를 입은 것이다. 이 지역어에서 '-내기$_2$'은 표준어에서와 마찬가지로 명사나 접두사와 결합하여 '그 지방에서 태어나 자라서 그 지역의 특성을 지니고 있는 사람' 혹은 '그런 특성을 지닌 사람'을 의미하는 유정명사를 만든다. 한국어에서 극히 예외적인 '접두사+접미사'가 파생어를 형성하는 현상이 나타나게 된 것은 명사로 기능하던 '내기<나기'가 접미사화한 것이기 때문으로 여겨진다.

(45) 가. 남내기(남도사람, A)
　　나. 풋내기(A), 햇내기

(45가)는 '지방이나 지역'을 뜻하는 명사와 결합하여 '그 지역에서 나서 자란 사람'을 의미하는 유정명사를 만드는 경우이다. '남내기'는 '남쪽'을 뜻하는 명사 '남(南)'과 결합하여 형성된 것인데 '남도지방에서 나서 자란 사람'을 의미한다. 이런 유형의 접미사 '-내기$_2$'는 생산력이 거의 없다. (45나)는 일부 접두사와 결합하여 '그런 특성을 지닌 사람'을 의미하는 유정명사를 만드는 경우인데 '경멸'의 의미를 가진다. '풋내기'는 접두사 '풋-'과 결합하여 형성된 것으로 '경험이 없어서 일에 서투른 사람'을 얕잡아 이르는 말이고 '햇내기'는 접두사 '햇

159) 이 지역어에서 '울래미, 호똘래미'는 '울래비, 호똘래비'로 나타나기도 한다.

-'과 결합하여 형성된 것으로 '풋내기'와 같은 의미로 쓰이고 있다. 이 유형의 '-내기'도 생산성이 거의 없는 것으로 여겨진다. 연변 지역어에서는 '풋내기'가 거의 사라지고 '햇내기'가 활발히 쓰이고 있다.

3.3.5.2. '-치'

'-치'는 명사나 동사 어근에 결합하여 '그 지역에서 나서 자란 사람', '그런 특성을 지닌 사람'을 의미하는 유정명사를 만드는 접미사인데 '경멸'의 의미를 가지고 있다.

(46) 가. 앞대치(남도사람, B), 온성치, 경원치, 도문치, 화룡치, 연길치…
　　나. 뽀돌치

(46가)는 '지방이나 지역'을 뜻하는 명사를 어기로 취하여 '그 지역에서 나서 자란 사람'을 의미하는 유정명사를 만드는 경우이다. '앞대치'는 '앞도치'의 음운변이형으로 '남도사람'을 의미하는데 '앞'은 '남(南)'을 뜻한다. (46나)는 '그런 특성을 지닌 사람'을 의미하는 유정명사를 만드는 경우이다. '뽀돌치'는 '뾰로통해 하다'의 의미를 나타내는 동사 '뽀돌떼리다~뾰돌떼리다'의 어근 '뽀돌~뾰돌'과 '-치'가 결합하여 형성된 것으로 '작은 것에도 쉽게 삐치는 사람'을 의미하는데 주로 '여성이나 어린아이'를 지칭한다.[160)]

접미사 '-치'와 '-내기$_2$'은 '지방이나 지역'을 뜻하는 명사를 어기로 '그 지역에서 나서 자란 사람'을 의미하는 유정명사를 만든다는 점에서 공통적이지만 이 지역어에서는 '-치'가 '-내기$_2$'보다 좀 더 생산적인 것으로 여겨진다. 함북 방언을 기반으로 형성되고 발전되어 온 연변 지역어에서는 접미사 '-내기$_2$'은 사라지고 '-치'가 그 의미기능을

160) '뽀돌치'는 '송사리'의 방언형이기도 하다.

대신하고 있다. '남내기, 앞대치'는 '남도치'로 대체되었고, '도문치, 화룡치, 연길치…'등[161] 파생어들이 만들어져 활발히 쓰이고 있다.

3.4. 그 밖의 접미사에 의한 파생

3.4.1. '-백이', '-들이', '-잽이'

3.4.1.1. '-백이'

'-백이'는 표준어의 '-박이'에 해당하는데 '-박이'가 움라우트를 겪은 것으로 동사어간 '박-(釘)'에 명사 파생접미사 '-이'가 결합되어 형성된 후 접사화한 것이다. '-백이'는 일부 명사와 결합하여 '무엇이 박혀 있는 사람이나 짐승 또는 물건'을 의미하는 명사를 파생한다.

(47) 차돌백이(차돌박이), 얼럭백이(얼룩배기), 점백이

(47)의 '차돌백이'는 '[차돌+-백이]'로 분석할 수 있는데 '짙은 회색의 깃털에 흰색, 검은색 점들이 많이 박혀 있는 닭'을 가리키는데[162] '보기에 차돌이 박힌 것처럼 보이는 겉모양'에서 유래한 것 같다. '얼럭백이'는 '[얼럭+-백이]'로 분석할 수 있는데 '겉이 얼룩진 동물이나 물건'을 가리키고 '점백이'는 '[점+-백이]'로 분석할 수 있는데 '얼굴이나 몸에 큰 점이 있는 짐승'을 의미한다.[163] 표준어에서는 '네눈박이'처럼 수량을 나타내는 명사구에도 결합될 수 있지만 이 지

161) '도문, 화룡, 연길…'은 연변지역의 도시명이다.

162) 표준어에서 '차돌박이'는 '소의 양지머리뼈의 한복판에 붙은 기름진 고기'를 가리키는 말이지만 이 지역어에서는 이런 의미로는 쓰이지 않는다.

163) 표준어에서는 '얼굴이나 몸에 큰 점이 있는 사람'을 가리키는 인성명사로도 쓰인다.

역어에서는 수량을 나타내는 명사구에는 결합하지 않는다.

3.4.1.2. '-들이'

'-들이'는 '들-(入)'에 '-이'가 결합되어 형성된 후 접사화한 것으로 수량을 나타내는 명사구 뒤에 붙어 '그만큼 양을 담을 수 있는 그릇'의 뜻을 더하는 접미사이다.

(48) 가. 한 근들이, 열 근들이
　　나. 사발들이, 벵들이, 근들이,

(48가)의 '한 근들이'는 '한 근을 담을 수 있는 용량을 가진 그릇'을 의미하고 '열 근들이'는 '열 근을 담을 수 있는 용량을 가진 그릇'을 의미한다. (48나)는 '무엇을 담을 수 있는 그릇이나 용기'를 나타내는 명사에 '-들이'가 결합된 것으로 '그 그릇이나 용기채로 하는 어떤 행위'를 의미하는데 표준어에는 이런 결합이 나타나지 않는다. '사발들이, 벵들이'는 '술이나 물 같은 것을 사발이나 벵채로 마시는 것'을 의미하고 '근들이'는 '근으로 파는 물건'을 의미한다(근들이술, 근들이과자 등).[164]

3.4.1.3. '-잽이'

'-잽이'는 표준어의 '-잡이'에 해당하는데 '-잡이'가 움라우트를 겪은 것이다. '-잽이'는 동사어간 '잡-'에 명사 파생접미사 '-이'가 결합된 후 접사화한 것으로 소나 말의 나이를 이르는 명사와 결합하여 '그 나이를 먹음'의 의미를 더해준다.

---

164) '벵'은 '병(甁)'의 방언형이다.

(49) 하릅잽이[165](A), 이듭잽이[166](A), 사릅잽이[167](A), 나릅잽이[168](A), 다습잽이[169](A), 여습잽이[170](김)

(49)은 소나 말의 나이를 이르는 명사와 결합하여 '소나 말의 나이'를 이르는 말인데 '하릅잽이'는 '한 살짜리 마·소', '이듭잽이'는 '두 살짜리 마·소', '사릅잽이'는 '세 살짜리 마소', '나릅잽이'는 '네 살짜리 마소', '다습잽이'는 '다섯 살 짜리 마소', '여습잽이'는 '여섯 살짜리 마소'를 가리킨다.

3.4.2. '-시'

'-시'는 형용사어간이나 어근에 결합하여 추상적인 명사를 형성하는 접미사인데 표준어에는 존재하지 않는다.

(50) 묵시[묵씨](C), 훓시[헐씨], 권시[권시]
cf. 길시~질시[길씨~질씨](길이, C)

(50)의 '묵시'는 척도명사로 쓰이는 '무게'의 의미가 아니라 '무게감'의 의미를 나타낸다.[171] 예를 들면 '무게감이 있어 보이다', '묵직해 보이다'의 의미로 '묵시 있어 보이다(묵직해 보인다)'가 쓰이지만 구체적인 '무게'를 나타내는 '무게가 얼마나 되니?'의 의미로는 '*묵시 얼마

165) 마소의 나이 한 살짜리.
166) 마소의 나이 두 살짜리.
167) 마소의 나이 세 살짜리
168) 마소의 나이 네 살짜리.
169) 마소의 나이 다섯 살짜리.
170) 마소의 나이 여섯 살짜리.
171) 임홍연(2015:45)에서 척도명사 파생으로 봄.

나 되니?'가 쓰일 수 없다. '묵시'는 형용사어간 '묵-(<믁-(重))'에 '-시'가 결합되어 형성된 것으로 지금 이 지역어에서 형용사어간 '묵-'은 나타나지 않는다.172) 다만 '묵직하다', '무겁다'에서 그 흔적을 찾아 볼 수 있다. '헗시'는 형용사어간 '헗-'에 '-시'가 결합된 것으로 '다른 사람의 도움으로 어떤 일을 쉽게 함'의 의미를 나타낸다. '귄시'는 '귀하고 복스러운 느낌'을 의미하는데 주로 어린 아이들한테 쓰는 말인데 '귄시 있다', '귄시 없다'의 형태로 사용된다. 그중에서도 부정의 표현으로 많이 쓰인다. 의미상으로 보면 어기는 '귀하다'의 어근 '귀'로 볼 수 있는데 형성과정에 'ㄴ'이 첨가된 것이다. 그 예문을 보이면 다음과 같다.

묵시: 묵시 있어 보이니?(묵직해 보이니?)
헗시: 제 덕에 헗시르 했소. 아이므 이 짐으 언제 다 날그겠소?(자네 덕분에 힘들이지 않고 쉽게 했소. 아니면 이 짐을 언제 다 나르겠소?)
귄시: 자느 정말 귄시 없게 생겼다.(저 애는 정말 복스러워 보이지 않는다.)

또한 함북 경흥 지역어에는 척도명사로 '길시~질시'가 쓰이는데 형용사어간 '길-~질-'에 '-시'가 결합된 것으로 '길이'를 뜻하는 말이다. 연변 지역어에서도 많이 쓰이고 있다.

길시: 길씨 길구나.(길이가 길구나.)/길씨 얼매야?(길이가 얼마냐?)

3.4.3. '-에기'

172) 임홍연(2015:45)에서 함북 방언에서 '무겁다'의 방언형으로 '묵다'가 사용되고 있다고 하였는데 이 지역어에서는 '무겁다'만 쓰이는 것으로 나타난다. 함북 방언 화자인 필자도 '무겁다'의 의미로 쓰이는 '묵다'는 들어본 적이 없는 것 같다.

'-에기'는 '-어기'에 기원하는 것으로 '-어기'가 움라우트를 겪은 형태가 접미사로 재분석된 것이다. '-에기'는 주로 모음 /ㅣ/나 유음으로 끝나는 명사, 어근, 동사 어간과 결합하여 명사를 파생한다. 많지는 않지만 모음교체형 '-애기'로도 나타난다.173)

(51) 가. 무데기(무더기), 뭉텡이(뭉치), (실)오래기(오리, A), 뿌레기(뿌리, A), 터레기(털)
나. 자끝에기(자투리, A), 소래기(소리)
다. 허줄에기(넝마, A), 찌꺼기/찌끄레기/쯔꺼기(A), 건(껀)데기(건더기, A)

(51가)는 명사와 결합하여 다시 명사를 파생하는 경우인데 어기와 파생어가 의미상에서 별다른 차이를 가지지 않는다. '무데기'는 표준어의 '무더기'에 해당하는데 '무디(무지)'에 '-에기'가 결합된 것이고 '뭉테기'는 '뭉티(뭉치)'에 '-에기'가 결합되어 형성된 것이다. '오래기'는 표준어의 '오라기'에 해당하는데 '오리'에 '-애기'가 결합된 것이고 '뿌레기'는 '뿌리'의 방언형인데 '뿌리'에 '-에기'가 결합된 것이다. 이 경우 '-에기'는 선행어기의 품사와 의미를 바꾸지 않는다. '터레기'는 형태상으로 보면 '털(毛)'에 '-에기'가 결합된 것으로 보이지만 통시적으로는 중세 한국어시기 어형 '터럭'에 접미사 '-이'가 결합된 후 움라우트를 겪은 것으로 보인다. 현재 이 지역어에서 '터럭'이 쓰이지 않으므로 '터레기'는 형태론적으로 어휘화한 것이다. 그러나 '털'과 '터레기'가 공존하고 있으므로 공시적으로는 '털'에 '-에기'가 결합된 것으로 볼 수 있다.

173) 정성경(2013:57)에서는 전남 방언의 명사 파생접미사 '-에기'는 원래 표준어에서 지소사(diminutive suffix)로 쓰이는 '-아기'였는데 움라우트, /ㅔ/와 /ㅐ/의 합류를 거쳐 '-에기'로 되었다고 하였다. 그러나 이 지역어의 '-에기'는 의미·기능상에서 볼 때 표준어의 지소사 '-아기'에 기원한다고 볼 수 없을 듯하다.

(51나) 역시 명사와 결합하여 다시 명사를 파생하는 경우이다. '자끝에기'는 표준어의 '자투리'에 해당하는데 '자끝(자로 잴 때 자막대기의 끄트머리 또는 자의 끄트머리치수)'에 '-에기'가 결합된 것이다. '소래기'는 '소리'에 '-애기'가 결합된 것인데 비하의 의미를 나타낸다. (51가)와의 차이점은 어기와 파생어가 의미상에서 구별된다는 것이다.

(51다)는 어근이나 동사어간에 결합하여 명사를 파생한 경우인데 '그러한 특성을 가진 사물'이나 '그러한 행동의 결과로 만들어진 사물'을 의미한다. '허줄에기'는 '허줄하다(차림새가 보잘 것 없고 초라하다)'의 어근 '허줄'에 '-에기'가 결합된 것이다. '찌꺼기'는 '찌끼'에 '-어기'가 결합된 것으로 '-어기'가 '-에기'로 변화하기 전 시기에 형성된 것으로 움라우트를 겪지 않고 그대로 굳어진 것이다. '찌꺼기'는 '쯔꺼기', '찌끄레기'로도 나타나는데 '찌끄레기'는 '적은 양의 액체나 기름 따위가 걸쭉하게 잦아들면서 자꾸 세게 끓는 소리나 그 모양'을 나타내는 '찌글찌글'의 어근 '찌글'에 '-에기'가 결합된 후 경음화한 것이다. 말하자면 '찌끄레기'는 '-어기'의 움라우트형 '-에기'가 접미사로 재분석된 다음 형성된 것이다. '건데기'는 '건디다(건지다)'의 어간에 '-에기'가 결합된 것이다.

3.4.4. '-아지'

'-아지'는 표준어에서 동물 이름이나 일부 명사에 결합하여 '새끼'나 '작은 것'을 나타내는 지소사(diminutive suffix)로 쓰이거나 비하의 의미를 나타내는 접미사로 쓰인다. 이 지역어에서 '-아지'는 주로 명사나 어근, 동사어간과 결합하여 명사를 파생한다. 많지는 않지만 모음교체형 '-어지'도 나타난다.

(52) 가. 개:지(강아지), 매:지(망아지), 쇄:지(송아지),

둥굴아지(수송아지)(A), 박아지(바가지, 瓢)
나. 버러지~벌거지(벌레, A), 놀가지(노루)
다. 뽀드라지(A), 남아지(나머지, A)

(52)가는 '-아지'가 명사와 결합한 것인데 '작은 것'을 나타내는 지소사로 쓰인 것이다. '개:지', '매:지', '쇄:지'는 표준어의 '강아지', '망아지', '송아지'에 해당하는데 움라우트, 비모음화, 'ㅇ'탈락, 보상적 장모음화 등 일련의 음운변화를 겪은 것이다.[174] '둥굴아지'는 '수송아지'를 뜻하는 말인데 '수소'를 의미하는 '둥굴이'[175]에 '-아지'가 결합된 것이고 '박아지'는 '박(瓠)'에 '-아지'가 결합된 것이다.

(52나)의 '벌거지'는 '벌레'의 방언형 '벌기'에 '-어지'가 결합된 것이고 '놀가지'는 '노루'의 방언형 '놀기~놀구'에 '-아지'가 결합된 것이다. 이 경우에 '-아지'는 (51가)의 '-에기'와 마찬가지로 선행어기의 품사와 의미에 변화를 주지 않는다. 즉 선행어기와 파생어는 의미상 별다른 차이가 없다.

(53) 목아지(모가지), 발목아지, 손목아지

(53)은 신체부위를 나타내는 명사에 '-아지'가 결합하여 비하의 의미를 나타내는 경우이다. '목아지'는 '목'에 '-아지'가 결합된 것이고 '발목아지'는 '발목'에 '-아지'가 결합된 것이며 '손목아지'는 '손목'에 '-아지'가 결합된 것으로 모두 비하의 의미를 나타낸다.

3.4.5. '-악지'

174) 임홍연(2015:48 각주 53)에서는 함북 방언에서 '개의 새끼'를 지칭할 경우 '강아지' 대신 '개 새끼'를 쓴다고 하였는데 '강아지'를 나타내는 말로 '개:지'도 쓰인다.
175) 본서 3.3.3.7. 예 (38) 참조.

'-악지'는 표준어에는 존재하지 않는 것으로 주로 명사나 어근, 형용사어간과 결합하여 명사를 파생한다. 주로 끝음절이 /리/인 명사나 /ㄹ/이나 /ㅂ/말음을 갖는 어근이나 형용사어간과 결합한다.

(54) 가. 고락지(고리), 개구락지(개구리),
메구락지~머구락지~모구락지(개구리, C)
나. 부스럭지(부스러기, C)
다. 길억지~질억지(길이, A), 너벅지(너비, 폭)

(54가)는 명사와 결합하는 경우인데 '고락지'는 명사 '고리'에 '-악지'가 결합한 것이고 '개구락지'는 '개구리'에 '-악지'가 결합된 것이며 '메구락지'는 '개구리'의 방언형인 '메구리~머구리~모구리'에 '-악지'가 결합된 것이다. 이 경우에 접미사 '-악지'는 (51가), (52나)의 경우와 마찬가지로 선행어기의 품사와 의미에 변화를 주지 않는다.

(54나)는 어근에 '-억지'가 결합하여 명사를 파생한 경우이다. '부스럭지'는 '물건이 작게 부스러지거나 또는 물기가 적어서 잘 엉키지 않고 흐트러지는 모양'을 의미하는 '부슬부슬'의 어근 '부슬'에 '-억지'가 결합된 것이다.

(54다)는 형용사어간에 '-억지'가 결합하여 척도명사를 파생한 경우이다. '길억지~질억지'는 표준어의 '길이'에 해당하는데 형용사어간 '길-~질-'에 '-억지'가 결합된 것이고 '너벅지'는 표준어의 '너비, 폭'에 해당하는데 '넙-'에 '-억지'가 결합된 것이다. '높-', '깊-'과 같은 형용사에는 결합하지 않는다.

3.4.6. '-이$_3$'

'-이$_3$'은 주로 형용사어간에 결합하여 명사를 파생한다.

(55) 가. 넓이(넓은 정도), 너비(폭(A)), 깊이, 높이
cf. 키, 두께, 무게
나. 덥이[더비](더위), 칩이[치비](추위)

(55가)는 형용사어간에 '-이'가 결합하여 척도명사가 파생된 경우이다.176) '넓이, 깊이, 높이'는 그 형태만 가지고 본다면 쉽사리 '[넓-+-이]', '[깊-+-이]', '[높-+-이]'로 분석될 수 있어서 형용사어간에 '-이'가 결합되어 척도명사가 파생된다고 할 수 있다. '넓이'는 송철의(1992: 131-132)에서 지적된 바와 같이 '넙-'이 '넓-'으로 재구조화되면서 그 재구조화된 '넓-'에 '-이'가 결합하여 형성된 척도명사이다. 이 지역어에는 '넓다'와 '넙다'가 공존하는데 '너비'는 '[넙- + -이]'로 분석될 수 있다. '너비'(<너븨)는 '넙-'을 어기로 형성된 파생명사인데 어기 '넙-'이 '넓-'으로 재구조화되면서 재구조화된 어기 '넓-'으로부터 새로이 파생명사 '넓이'가 형성되었는데도 '너비'는 사라지지 않고 쓰이고 있다. 물론 '너비'와 '넓이'가 의미상으로 완전히 동일하게 쓰이지는 않는다. 이 지역어에서 '너비'는 주로 '폭'을 의미하고 '넓이'는 주로 '넓은 정도'를 의미한다. 이런 점에서 보면 '너비'는 의미론적으로 어휘화한 셈이다.

그러나 '깊이, 높이'는 표준어에서와 마찬가지로 '-이'에 의해 공시적으로 파생된 파생어가 아니라 중세한국어 혹은 그 이전 시기에 형성된 '기픠, 노픠'로부터의 통시적인 발달형일 가능성이 없지 않다. 잘 아는 바와 같이 중세한국어에서 형용사로부터 척도명사를 파생시키는 접미사는 '-ᄋᆡ/의'였다. 그때 형성된 '기픠, 노픠'는 근대한국어로 오면서 'ᆞ'의 소멸('ᆞ'의 'ㅡ'로의 합류)과 음절두음으로 자음을 갖던 이중모음 '의'의 '-이'로의 단모음화라는 통시적 음운변화(죠긔>조기,

176) 이 지역어에서 표준어 '길이'에 대응하는 방언형으로는 '지럭지', '기장'이 쓰이고 있다.

거믜>거미, 호ᄆᆡ>호믜>호미, 나ᄇᆡ>나븨>나비, 모ᄀᆡ>모긔>모기, 믭->밉-)[177]의 결과로 '기피(>깊이), 노피(>높이)'가 되었으며 접미사 '-ᄋᆡ/의'는 지금의 동사어간으로부터 행위명사를 파생시키는 파생접사 '-이'와 그 형태와 기능이 동일하게 된 것이다.

이 외에도 이 지역어에 나타나는 척도명사로는 '키, 두께, 무게'가 있다. '키'는 중세한국어시기에 형용사어간 '크-'에 명사 파생접미사 '-ᄋᆡ/의'가 결합되어 형성된 'ᄏᆡ'의 발달형이다. 'ᄏᆡ'는 중세한국어시기에 '큰 정도, 즉 크기'라는 의미와 '신장'이라는 의미를 다 가지고 있었다.[178] 그러나 이 지역어에서 '키'(<ᄏᆡ)는 '신장'이라는 의미로만 쓰이고 있다. 이는 '키'가 통시적으로 의미상의 변화를 입어서 의미론적으로 어휘화했다는 것을 보여준다. '두께, 무게'도 공시적인 파생으로 보기 어렵다. 이 지역어에 불규칙 활용이 존재하지 않기 때문에 '두껍-+-이, 무겁-+-이'는 '두껍이, 무겁이'로 나타나야 한다. 이들로부터 '두께, 무게'가 도출되려면 'p→∅/__i, ə+i→e'와 같은 음운규칙들이 적용되어야 하는데 이 지역어에서 이런 음운현상들은 공시적으로 쉽사리 목격되지 않는다(가찹-+-이→가챕이). 그러므로 '두께, 무게'는 '두껍-, 무겁-'에 '-이'가 결합되어 형성된 것이 아니라 그 선대형인 '둗긔, 무긔'로부터의 통시적인 발달형이라고 볼 수 있다는 것이다.[179]

(55나)는 형용사어간에 '-이'가 결합되어 명사가 파생된 경우이다.

---

177) '의>이'의 통시적 음운변화에 대한 자세한 논의는 안병희(1967:240), 이기문(1978:206), 전광현(1976) 참조.

178) 모샛 蓮花ㅣ ᄏᆡ 술윗바회만 ᄒᆞᄃᆡ <월석 7:64b>
懼師羅長者ㅣ ᄏᆡ 석자히러니 <석보 6:44b>

179) 송철의(1992:132)에서도 표준어에서 '두껍-+-이, 무겁-+-이'로부터 '두께, 무게'가 도출되는데 필요한 공시적인 음운규칙이 존재하지 않고, 또 '-ᄢᅴ>-께, ᄒᆞᆫᄢᅴ>함께' 등을 고려한다면 통시적으로 '둗긔, 무긔'에 소급하는 '두께, 무게'는 공시적으로 '두껍-, 무겁-'에 '-이'가 결합되어 형성된 것이 아니라 '둗긔, 무긔'로부터의 통시적인 발달형이라고 볼 수도 있다고 했다.

'덥이[더비]', '칩이[치비]'는 그 형태로만 보면 '[덥-+-이]', '[칩-+-이]'로 분석될 수 있다. '덥이, 칩이'는 표준어에서 '더위, 추위'로 실현되는데 표준어에서는 이들을 음운론적으로 어휘화된 것으로 보고 있다. '더위, 추위'가 '덥-, 춥-'에 '-이'가 결합되어 공시적으로 파생된 것이라면 '더이, 추이'로 나타나야 하기 때문이다(김성규 1987: 25). 'ㅂ'불규칙이 존재하는 표준어에서 소위 'ㅂ'불규칙 활용을 하는 용언어간에 명사 파생접미사 '-이'가 결합되거나 부사 파생접미사 '-이'가 결합되면 어간말음 'ㅂ'은 탈락한다(굽-+-이→구이, 넝마줍-+-이→넝마주이, 반갑-+-이→반가이, 가깝-+-이→가까이). 그러나 이 지역어에는 'ㅂ'불규칙이 존재하지 않으며 표준어에서 'ㅂ'불규칙 활용을 하는 용언어간들은 이 지역어에서 규칙활용을 한다(굽-+-어라→구버라, 칩-+-아서→치바서, 가찹-+-으무→가차부무[180]). 또한 명사 파생접미사 '-이'가 결합되거나 부사 파생접미사 '-이'가 결합되어도 어간말음 'ㅂ'은 탈락하지 않는다(굽-+-이→구비, 칩-+-이→치비, 가찹-+-이→가채비). 따라서 이 지역어에서 '덥이, 칩이'는 '덥-+-이', '칩-+-이'로 분석될 수 있으며 형용사어간에 '-이'가 결합하여 공시적으로 파생된 파생어로 볼 수 있다.

이 지역어에서도 척도명사 파생은 표준어에서와 마찬가지로 반의관계에 있는 형용사의 대립짝들 중에서 정도성이 큰 형용사 즉 긍정 계열[181]의 형용사들로부터만 가능하며('*좁이, *얕이, *낮이'와 같은 척도명사 파생어가 나타나지 않음.)[182] 또한 척도명사 파생의 어기가 될

---

180) '칩-', '가찹-'은 '춥-', '가깝-'의 방언형이며, '-으무'는 '-으면'의 방언형이다.

181) '넓다/좁다, 깊다/얕다, 높다/낮다'와 같은 의미상의 대립짝들에서 '넓다, 깊다, 높다' 쪽을 긍정계열, '좁다, 얕다, 낮다' 쪽을 부정계열이라 부르기로 한다.

182) 척도명사 파생이 아닌 경우에는 의미상 대립되는 두 형용사로부터 모두 파생이 이루어지는 경우도 있는데 '덥다, 칩다'로부터 파생된 '더비, 치비'가 여기에 해당한다.

수 있는 형용사는 그것이 나타내는 의미내용의 정도를 수치로 나타낼 수 있는 형용사이어야 한다는 의미론적 제약[183]을 가지고 있다.

이 지역어에서는 형용사어간에 명사 파생접미사 '-이'가 결합되어 명사를 파생하는 경우가 그렇게 생산적이지 못하다.

이상으로 이 지역어의 명사 파생을 행위명사 파생, 사물명사 파생, 인칭명사 파생, 그 밖의 접미사에 의한 파생으로 나누어 살펴보았다. 그 내용을 표로 정리하면 다음과 같다.

[표 4] 함북 육진 방언의 명사파생

분류		접미사	분포(어기)	의미 기능	예
행위명사 파생		-이$_1$	V어간 'N+V', 'Ad+V'	V하는 행위 또는 그 동작이 미치는 대상물 V하는 행위 ,사건	뽑이, 벌이 동네돌이, 애기설이, 감옥살이
		-음	V어간 A어간 'N+V'	V하는 행위, V로 인한 결과물 감정을 나타내는 추상명사 사건	놀음, 웃음 아픔, 슬픔 달개먹음, 해개먹음
		-기	V어간 'N+V' 'Ad+V'	V하는 행위 ~하는 행위나 일, V하는데 수단이 되는 도구 운동명	덜기, 빼내기 널뛰기, 실뜨기 높이뛰기
		-질	N N, 어근 'V+음', 'V+개' 'V+각~거/악~억/박'	N을 이용하여 하는 행위(일), N하는 행위 반복적, 지속적인 행위 V하는 행위 V하는 행위	걸레질, 손가락질 도둑질, 교장질 담배질, 펄락질 땜질, 삐치개질 깁각질, 씿각질
		-내기$_1$	'V+ㄹ'	놀이명, 경기명, 운동명	말탈내기
사물명사		-개	V어간, 'N+V' 'N+V' V어간 'N+V'	도구 사물 (N을) V하는 신체적 특징을 가진 사람	끄스개, 걸개 신깔개, 책싸개 번디디개 오막쓰개

183) 어기의 의미상의 특질에 따라 파생어의 형성이 허용되거나 제약되는 것을 의미론적 제약이라 한다(고영근・구본관 2008:209).

파생			'Ad+V'	N을 자주 V하는 사람, 직업적으로 N을 V하는 사람 Ad하게 V한 사람	똥푸개 쫄딱벗개
		-애	V어간	도구, 사물	깔애, 구불에
		-대기$_1$	N	작음, 비하의 의미를 더함.	널판대기, 족대기
		-붙이	N	N에 딸린 같은 종류 혹은 같은 겨레	니룽붙이, 피붙이
인칭명사 파생	직업·신분	-재:~-재:	N A어근 'N + V'	N분야의 기술자 N을 전문적·직업적으로 하는 사람 N이 많거나 심한 사람, N을 잘 하는 사람 N을 착용한 사람, N을 만드는 사람 A의 속성을 가지는 사람 N이 V한 사람, N(병명)을 앓는 사람	돌재:~돌재: 빠마재:, 풍각재: 잔소리재:, 겁재: 메가내재:,양복재: 못때재:, 헤푸재: 말먹재:, 페병재:
		-꾼	N(행위)	N을 전문적으로 하는 사람 N을 상습적으로 또는 일삼아 하는 사람 N때문에 모인 사람 N을 잘하거나 즐거움으로 삼는 사람	사양꾼, 거간꾼 협잡꾼, 쓰리꾼 빚꾼, 구경꾼 재주꾼
	신체·외모적 특징	-보	N V어간 A어근	N이 많은 사람 잘 V하는 사람 A한 사람	털보 울보 뚱뚱보
		-애:/-에:	A어간 'N+A'	(N이) A한 신체적 결함이 있는 사람	삐뚤에: 등꼬불애:
	성격적 특징	-배:	N V+명사화소	N과 관련된 특성을 가진 사람 V와 관련된 행위를 하는 사람	가난배:, 간상배: 빌엉배:, 얽음배:
		-뚜거리	N(음식)	N을 좋아해서 많이 먹거나 즐겨 먹는 사람	사과뚜거리, 간장뚜거리
		-대기$_2$	V, A어간이나 어근 N	V했거나 A한 특성을 가진 사람 N과 관련된 처지에 있는 사람	호물때기, 늙으대기 가무때기, 촌떼기
		-채:	V어간 A어근	지나치게 V한 사람 지나치게 A한 사람	느렁채: 헐렁채:
		-바리	V어근	지나치게 V하는 사람	헬레바리, 새새바리

			A어근	지나치게 A한 사람	채채바리, 우추사다
		-꾸레기	N	N이 심하거나 많은 사람	잠꾸레기, 장난꾸레기
		-이$_2$	N, 어근, 의성·의태어	~와 같은 성질이나 특징을 가지는 것(사람, 동물, 사물)	곰배팔이, 똘똘이, 얼렉이, 누덱이
	애칭	-뒤:	N V, A어간, V의 관형형	N의 특성을 가진 사람 많이 V했거나 매우 A한사람	놈:뒤:, 재간뒤: 문뒤:, 역뒤:
		-돌이	V, A어간이나 어근 N	매우 V하거나 A한 사람 N의 특성을 가진 사람	발개돌이, 순돌이, 우추돌이 여끼돌이
		-내미	V, A어간('ㄹ'말음 어간)	잘 V하는 사람이나 A의 특성을 지닌 사람	울내미, 호똘내미
	지역	-내기$_2$	접두사 N(지역)	그런 특성을 지닌 사람 N에서 나서 자란 사람	풋내기, 햇내기 남내기
		-치	N(지역) V어근	N에서 나서 자란 사람 V의 특성을 지닌 사람	경원치, 도문치 뾘돌치
그 밖의 접미사	-백이		N	N이 박혀 있는 사람이나 짐승	차돌백이, 점백이
	-들이		N NP(수량을 나타냄)	N으로 하는 어떤 행위 그만큼 양을 담을 수 있는 그릇	사발들이 한 근들이
	-잽이		N(소, 말의 나이를 이름)	그 나이를 먹음	하릅잽이, 이듭잽이
	-시		A어간이나 어근	추상 명사	묵시, 귄시
	-에기		N V어간, 어근	의미 변화 없음, 비하의 의미 그러한 특성을 가진 사물, 그러한 행동의 결과 로 만들어진 사물	무데기, 오래기 건데기, 허줄에기
	-아지		N	지소사 의미 변화 없음. 비하의 의미	개:지, 매:지 놀가지, 벌거지 목아지
	-악지		N, 어근 A어간	의미 변화 없음. 척도명사	고락지, 개구락지 기럭지, 너벅지
	-이$_3$		A어간	척도명사	넒이, 깊이

4. 동사 파생

본 장에서는 이 지역어에 나타나는 사동사 파생, 피동사 파생, 반복접미사에 의한 파생('-거리-', '-대-', '-이-'), 강세접미사에 의한 파생('-떼리-', '-치-')을 살펴본다. 그중에서 한국어의 사·피동사 형성에 관해서는 많은 논의가 있어 왔다.

4.1. 사·피동사 파생

한국어의 사·피동사 형성에 관여하는 '-이-, -히-, -리-, -기-' 등은 한국어문법 연구에서 그 문법적 자격이 통사적 요소(굴절어미(활용어미))인가 아니면 형태론적 요소(파생접사)인가와 관련하여 많은 논란을 겪어 왔다. 전통문법에서는 이들을 굴절접사로 처리하는 것이 지배적이었지만 구조문법의 영향을 받으면서부터는 파생접사로 처리하는 것이 관례가 되었다(고영근 1999:525-534). 하지만 변형생성문법이 도입되면서부터 능동문을 사동문이나 피동문으로 변형시키는 과정에 관여하는 통사적 요소로 취급되었다가 최근에 다시 이들을 파생접미사로 보아야 한다는 견해가 우세해지고 있다(송철의 1992:174). 본서에서도 '-이-, -히-, -리-, -기-' 등에 의한 사·피동사 형성을 파생의 범주에 든다고 보는 견해를 받아들여 이들을 파생접미사로 보고 논의를 진행하려 한다.[1)]

1) 허웅(1975:78-80)에서는 중세한국어를 대상으로 한국어의 사·피동사형성을 파생의 범주에서 다루어야 하는 5가지 이유를 설명하였고, 최명옥(1982, 1988)에서는 방언 자료를 중심으로 음운론적 측면에서 한국어의 사·피동사형성을 파생으로 보아야 한다고 주장하였다. 안상철(1989)에서

사·피동사 형성을 파생의 범주에 든다고 볼 때, 관점에 따라 견해가 두 가지로 갈리고 있는데 바로 통시적인 것으로 보는 견해와 공시적인 것으로 보는 견해이다. 최명옥(1982:75, 1988:69-71)은 동남방언을 예로 들어 표준어의 사·피동사 형성이 공시적 현상이 아니라 통시적 현상이라는 것을 보여주는 여러 증거들을 제시함으로써 사·피동사 형성에서의 움라우트가 공시적 음운현상이 아님을 논증하였는데 그 논리는 결국 능동사어간이 재구조화된 예들이 많지만 재구조화한 어간으로부터 새로이 사·피동사가 형성되지 않으므로 사·피동사 형성은 통시적인 것으로 보아야 하며 이들은 각각 독자적인 단어로 어휘부에 등재되어야 한다는 것이다.

김성규(1987)에서는 음운론적 측면에서 사·피동사 형성을 공시적인 파생이 아니라 통시적인 파생으로 보는 두 가지 이유를 들고 있다. 첫째, 사·피동접미사의 이형태들인 '-이-, -히-, -리-, -기-' 등은 음운론적으로 조건된 것들이라고 보아야 하는데 동일한 음운론적 환경에서 서로 다른 이형태를 선택하는 예[2)]들이 있기 때문에 이들이 나타나는 음운론적 환경을 정확히 명시할 수 없다. 둘째, 경음화현상과 관련된 것인데 사·피동사 파생을 공시적인 파생으로 보게 되면 '실감개'와 '감기다, 안기다'에서 경음화가 상이하게 실현되는 이유를 설명할 수 없지만 통시적인 파생으로 보게 되면 쉽게 설명될 수 있다.

송철의(1992:182)에서는 주동사와 사동사, 능동사와 피동사 간의 파생관계가 분명하게 인식되는 예들이 아직도 많이 남아 있고, 또 재

는 Bauer(1983)가 제시한 파생과 굴절을 구분하는 기준들에 입각하여 한국어의 사·피동사형성을 파생의 범주에 드는 것으로 주장한 바 있고, 송철의(1992:176-181)에서는 파생과 굴절(활용)을 구분하는 6가지 기준을 제시하고 이 6가지 사실만으로도 사·피동사형성이 파생임을 입증하기에 충분하다고 주장한 바 있다.

2) 가. 꽂다/꽂히다 cf. 찢다/찢기다
나. 죽다/죽이다, 녹다/녹이다 cf. 익다/익히다
다. 묻다/묻히다 cf. 뜯다/뜯기다
라. 날다/날리다 cf. 들다/들이다

구조화된 어기로부터 새로 파생되었거나 사・피동사 파생의 이형태규칙이 변화를 입은 예[3]들을 근거로 사・피동사 파생이 전혀 공시적인 생산력을 갖지 못한다고 할 수 없으며 사・피동사 파생규칙의 생산력이 아직은 유지되고 있다고 보고 있다. 소신애(2007:9-19)에서는 문헌자료와 방언자료에서 나타나는 어기의 재구조화에 따라 파생어가 재형성된 예와 어기 변화와 무관하게 상이한 파생접사의 결합으로 인해 파생어가 재형성된 예들에 대한 검토를 통해 사・피동사 파생을 전적으로 통시적인 현상으로 보기 힘들다고 지적하면서 사・피동사 파생의 통시적 측면을 인정하되 일부에 한해서는 공시적 파생의 가능성도 열어두어야 한다고 하였다.[4]

곽충구(2004:29-31)에서는 함북 방언을 예로 들어 개신형 어간과 개신을 입기 이전에 파생된 파생어의 관계를 공시적인 단어 형성 규칙으로는 설명하기 어렵고(가두다-갇기(우)다, 끄스다-끗기다), 사・피동파생어들이 현재 규칙상실(rule loss)의 단계에 놓여 있는 움라우트 규칙을 겪은 형태로 남아 있으며, 이 지역의 노년층이 대체로 활용과 파생에서 경음화를 보이지 않으나 활용에서는 화자에 따라 경음화가 이루어지기도 한다는 것을 근거로 사・피동사 파생을 공시적인 단어 형성 규칙으로는 설명하기 어렵다고 피력하였다. 또한 동일한 어기에 각각 다른 접사가 결합한 예들을 들어 어기가 되는 활용어간과 파생어의 어기는 어휘부 안에서 서로 관련을 맺고 있기 때문에 파생어는 불변하는 존재가 아니라 언제나 변화할 수 있는 가변적인 존재이지만 어기와 접사의 결합에서 볼 수 있는 규칙성으로는 그 결합관계를 설명할 수 없으므로 파생어 형성 규칙에 의한 것이라 보기 어렵다고 하였다. 말하자면 공시적인 파생어 형성 규칙에 의하여 생산성을

3) 송철의(1992:183) 예문 (9).

4) 소신애(2007:22-24)에서는 파생어 재형성은 형태소의 기저 이형태를 최소화하려는 '기저 이형태 최소화 제약'과 '표면 이형태 최소화 제약'에 의해 이루어진다고 하였다.

증가시켜 가고 있는 것이라기보다는 통시적인 어형성 규칙에 의하여 형성된 기존의 파생어를 분석적으로 이해한 다음 그것을 바탕으로 새로운 파생어가 형성되는 것으로 보인다는 것이다. 이러한 사실들에 근거하여 사·피동사 파생을 기존의 파생어를 기반으로 한 일종의 유추에 의하여 형성되는 것으로 보았다.

이 지역어의 사·피동사 파생은 접미사의 목록으로부터 어기와 접사의 결합에서 볼 수 있는 음운론적 또는 형태론적 조건이 표준어와 큰 차이를 보인다. 형태론적인 면에서는 사·피동사 형성의 제약조건에서 벗어나 있고, 통사론적인 면에서는 사·피동사 구문과는 무관한 환경에서 쓰이는 사·피동사의 예들이 다수 발견되는 것이다(곽충구 2004: 1-2).

함북 방언의 사·피동사 파생에 대해서는 곽충구(2004)에서 상세히 논의된 바 있다. 본서에서는 이 논의를 바탕으로 주로 형태론적인 측면에서 이 지역 사·피동사 파생에 대하여 다시 한 번 검토해 보면서 그 특징들을 살펴보기로 한다.

이 지역어에서 동사 파생접미사는 주로 동사, 명사, 형용사, 부사, 의성·의태어 등과 결합하여 동사를 파생한다.

4.1.1. 사동사 파생

이 지역어의 사동접미사로는 '-이-', '-히-', '-기-', '-우-', '-이우-', '-구-', '-추-'가 있으며 이들은 자동사, 타동사, 형용사를 어기로 취하여 사동사를 파생시킨다.

4.1.1.1. '-이-'

이 지역어에서 사동접미사 '-이-'는 주로 말자음(또는 자음군)이 /ㄱ, ㄲ, ㄹ, ㅌ, ㄴㆆ, ㄵ, ㅀ/인 동사, 형용사 어간에 결합된다. 표준어에서처럼 어간말 자음이 /ㄴ, ㅁ, ㅅ/ 등으로 끝나는 어기와는 결합하지 않는다.

(1) 가. 멕이다(←먹다, 먹이다), 어기멕이다, 닉이다(←닉다(熟), 익히다), 묵이다(←묵다, 묵히다), 식이다(←식다, 식히다), 쎅이다(←썩다, 썩히다), 쌕이다(←삭다, 삭이다, 먹은 것을 ~), 녹이다(←녹다, 얼음을 ~), 속이다(←속다), 죽이다(←죽다, 불을 ~)　cf. 숙이다(머리를 ~)

나. 닦이다~댁이다(←닦다, 닦이다, 장판을 ~)

다. 쫄이다(←쫄다[5]), 졸이다, 소고기를 ~), (물감을)딜이다(←들다, 들이다, 물감을 ~), 구불이다(←구불다, 굴리다, 구부레[6])를 ~)　cf. (간장을)댈이다(달이다<달히다)

라. (불을)붙이다(←붙다, 붙이다), 깉이다(←깉다(餘), 남기다), 맡이다(←맡다(任), 맡기다)

마. 끈ㅎ이다(←끈ㅎ다, 끊이다)

바. 앉이다(←앉다, 앉히다, 의자에 ~, 밥을 ~)

사. 끓이다(←끓다, 끓이다)

(1가)는 사동접미사 '-이-'가 말자음이 /ㄱ/인 동사 어간에 결합하는 경우이다. 그중 '멕이다'는 타동사어간을 어기로 취한 경우이고 그 외는 모두 자동사어간을 어기로 취한 경우이다. '닉다', '묵다', '썩다', '식다'는 표준어에서 '-히-'에 의해 사동사로 파생되지만 이 지역어에서는 '-이-'를 선택하여 '닉이다', '묵이다', '쎅이다', '식이다'로 실현된다. 표준어에서 '썩다'는 그 의미에 따라 '-이-'를 선택하거나 '-히-'를 선택하여 '썩히다(거름을 ~)'와 '썩이다(속을 ~)' 두가지로 실현되지만 이 지역어에서는 '썩다'가 어떤 의미로 쓰이든 사동사는 언제

5) '쫄다'는 '졸아들다(작거나 적게 줄다)'의 방언형이다.
6) '굴렁쇠'의 방언형이다.

나 '-이-'를 선택하여 '쌕이다'로 실현된다. '쌕이다'는 '삭다'를 어기로 파생된 것인데 움라우트와 어두경음화를 겪어 '쌕이다'로 실현된 것이다. 이 지역어에서 '쌕이다'는 주로 '먹은 것을 소화시키다(먹은 것을 ~), 흥분되었던 어떤 심리상태를 가라앉히다(분을 ~)'의 의미로 쓰인다. '숙이다'는 조어법상 '숙-'에 '-이-'가 결합되어 파생된 사동사이지만 이 지역어에서 자동사 '숙다'는 쓰이지 않는다.

(1나)는 사동사접미사 '-이-'가 말자음이 /ㄲ/인 동사 어간과 결합하는 경우인데 타동사어간을 어기로 취한 것이다. '댞이다'는 '닦다'를 어기로 형성된 후 움라우트를 겪은 것이다.

한편, 유음 'ㄹ'다음에는 원칙적으로 사동접미사 '-구-'가 결합되지만 이 지역어에서는 (1다)와 같이 소수의 어간에 '-이-'가 결합되어 사동사를 파생하기도 한다. (1다)는 사동접미사 '-이-'가 말자음이 /ㄹ/인 동사어간과 결합하는 경우인데 모두 자동사어간을 어기로 취한 것이다. '쫄이다'는 표준어의 '졸이다'에 해당하는데 '쫄다'를 어기로 형성된 것이고 '딜이다'는 표준어의 '들이다'에 해당하는데 '들다'를 어기로 형성된 후 움라우트를 겪은 것이다. '구불이다'는 표준어의 '굴리다'에 해당하는데 '구불-'을 어기로 형성된 것이다. '구불이-/구불-'에 대응되는 중세국어형 '그우리-/그울-'을 참고하면 이 지역어의 '구불-'은 '*그블->그불->구불-'의 변화를 겪은 것이 된다. '구불이-'는 '구불기-'로 나타나야 하지만 중세국어형과 방언형에서 모두 '-기-'의 흔적을 보이지 않는데 그 이유에 대해서는 중세국어와 함북 방언에서 이른 시기에 /ㄱ/이 탈락한 것인지 아니면 다른 어떤 파생어 형성의 기제에 의한 것인지 불분명하기 때문에 분명히 말할 수 없다(곽충구 2004:23).[7] '댈이다'는 어원적으로 보면 자동사어간 '닳-'에

---

7) 곽충구(2004:23 각주 24)에서는 이외에 비록 소수의 예에 불과하지만 '*닐궤(七日)>니레', '*굴게>굴레'와 '*굴귀(그네)'에서 변화한 '굴기, 구리, 굴리'의 세 방언형의 존재는 함북 방언에서도 'ㄹ'아래에서 /k/가 탈락하는 현상이 있었음을 증명해주는 것이고, 또 탈락이후 '-Vr+V->-VrrV-'현

'-이-'가 결합되어 '달히다'가 되고 어중 'ㅎ'이 공명음 'ㄹ'과 모음사이에서 탈락하여 '달이다'가 되었다가 다시 움라우트를 겪어 '댈이다'로 실현된 것이다. 현재 이 지역어에서 자동사 '닳다'는 쓰이지 않는다.

(1라)는 사동접미사 '-이-'가 말자음이 /ㅌ/인 동사어간과 결합하는 경우인데 '붙이다', '깉이다'는 자동사어간을 어기로 취한 것이고 '맡이다'는 타동사어간을 어기로 취한 것이다. '깉이다'는 '남다'의 방언형인 '깉다'에 '-이-'가 결합되어 형성된 것인데 표준어의 '남기다'에 해당한다. '맡이다(<맛디다)'는 타동사어간 '맡-'을 어기로 형성된 것인데 '맜->맡-'의 변화와 함께 새로 파생된 '맡기다'도 함께 쓰이고 있으며(곽충구 2004:21) 젊은 층으로 갈수록 '맡기다'가 더 우세를 점하고 있다.

(1마~사)는 사동접미사 '-이-'가 말자음군이 /ㄴㆆ, ㄵ, ㅀ/인 동사어간과 결합한 것인데 '끈ㆆ이다'는 타동사어간 '끈ㆆ-'을 어기로 취한 것이고, '앉이다', '끓이다'는 자동사어간 '앉-', '끓-'을 어기로 취한 것이다. '끈ㆆ이다'는 표준어의 '끊이다'에 해당하는데 이 지역어에서 '끊다'는 '끈ㆆ다[끈따]'로 나타난다. '앉이다'는 표준어의 '앉히다'에 해당하는데 이 지역어에서는 '-히-'대신 '-이-'가 선택되었다. '밥을 앉이다'로 쓰일 때는 의미가 전이되어 어휘화한 것으로 볼 수 있다.

(2) 가. 흘리다(←흐르다), 얼리다(←어르다, 구슬리다), 얼리다(속이다)
　나. 닑이다(←니르다(讀), 읽히다), 닑이다(←니르다(謂), 말하게 하다)[8]

상도 미약하나마 존재한다는 사실도 보여준다고 하였다.

8) 표준어 '이르다(謂)', '읽다(讀)'의 이 지역 방언형은 '니르다', '닑다'이다.

(2)는 특수한 어간 교체를 보이는 활용어간들이 사동사로 파생된 경우이다. (2가)는 활용어간 {XVrɨ-}$_1$로부터 파생된 사동사인데 모음으로 시작되는 어미 '-아X/-어X'가 결합될 때 교체되는 교체형 'XVrr-'에 사동접미사 '-이-'가 결합되어 형성된 것이고 (2나)는 활용어간 {XVrɨ-}$_2$로부터 파생된 사동사인데 모음으로 시작되는 어미 '-아X/-어X'가 결합될 때 교체되는 교체형 'XVrk-'에 사동접미사 '-이-'가 결합되어 형성된 것이다.[9] 즉 (2가)의 '흐르다', '어르다'는 모음으로 시작되는 어미 '-아X/-어X' 앞에서 '흘ㄹ-', '얼ㄹ-'로 교체되는데 이 교체형에 '-이-'가 결합되어 '흘리다', '얼리다'와 같은 사동사가 파생된 것이고 (2나)의 '니르다(讀)', '니르다(謂)'는 모음으로 시작되는 어미 '-아X/-어X' 앞에서 '닐ㄱ-', '닐ㄱ-'으로 교체되는데 이 교체형에 '-이-'가 결합되어 '닑이다(使讀)', '닑이다(使謂)'와 같은 사동사가 파생된 것이다. 함북 방언을 기반으로 형성되고 발전되어 온 연변 지역어에서는 이런 특수한 어간 교체를 보이는 활용어간들이 교체계열의 단순화(leveling)(곽충구 2004:20)에 의해 'XVrɨ-'$_1$은 'XVrrɨ-'로, 'XVrɨ-'$_2$는 'XVrkɨ-'로 재구조화되었다. 그러나 사동사는 변화하지 않았다.

(3) 높이다(←높다, 높이다, B), 구부리다(←구불다(曲), B),
꼬부리다(←꼬불다(曲), ~구 자다)

(3)은 형용사어간을 어기로 사동사를 파생시키는 경우인데 그 예가 많지 않다. '구부리다'는 '굽다'의 의미를 나타내는 이 지역의 방언형 '구불다'의 어간을 어기로 형성된 것이고, '꼬부리다'는 '곱다'의 의미를 나타내는 이 지역의 방언형 '꼬불다'의 어간을 어기로 형성된 것이다.

---

9) 'XVrɨ-/XVrr-'로 교체되는 활용어간을 {XVrɨ-}$_1$, 'XVrɨ-/XVrk-'로 교체되는 활용어간을 {XVrɨ-}$_2$라 부르기로 한다.

4.1.1.2. '-히-'

이 지역어에서 사동접미사 '–히–'는 주로 말자음(또는 자음군)이 /ㄷ, ㅂ, ㅈ, ㄵ, ㄺ, ㄼ/인 동사, 형용사 어간에 결합된다.

(4) 가. 묻히다(←묻다(染), 손에 물을 ~)
　　나. 늡히다(←늡다(臥), 눕히다, 침대에 ~),
　　　　닙히다(←닙다, 입히다, 옷을 ~)
　　다. 쩢히다(←젖다(濕), 젖히다, 옷을 ~),
　　　　맞히다(←맞다, 맞히다, 도둑질 ~, 주사를 ~)
　　라. 앉히다(←앉다), 물앉히다(←물앉다, 주저앉히다)

(5) 가. 더럽히다(←더럽다), 굽히다(←굽다(曲), 허리를 ~),
　　　　뎁히다(←덥다(暑), 덥히다/데우다, 구들을 ~/밥을 ~),
　　　　간지럽히다(←간지럽다, 간질이다)
　　나. 밝히다(←밝다), 묽히다(←묽다, 찰떡으 ~)
　　다. 넓히다(←넓다, 길을 ~)
　　　　cf. 쫍히다(←쫍다(窄), 구멍을 ~)

(4가)는 말자음이 /ㄷ/인 자동사어간에 사동접미사 '–히–'가 결합된 경우이다. (4나)는 말자음이 /ㅂ/인 어기에 사동접미사 '–히–'가 결합된 경우인데 '늡히다'는 자동사어간 '늡–'을 어기로 취한 것이고 '닙히다'는 타동사어간 '닙–'을 어기로 취한 것이다. '늡히다'는 표준어의 '눕히다'에 해당하는데 이 지역어에서 '눕다'의 방언형은 '늡다'로 나타나고, '닙히다'는 표준어의 '입히다'에 해당하는데 이 지역어에서 '입다'의 방언형은 '닙다'로 나타난다. (4다)는 말자음이 /ㅈ/인 어기에 접미사 '–히–'가 결합된 경우인데 '쩢히다'는 자동사어간 '젖–'을 어

기로 취한 후 움라우트를 입은 것이고, '맞히다'는 타동사어간 '맞-'을 어기로 취한 것이다. 표준어에서의 '도둑을 맞다'는 표현을 이 지역어에서는 '도둑으 맞히다, 도둑질 맞히다'로 표현한다. 도둑을 맞도록 한 것은 자신의 부주의에 말미암은 것이므로 사동표현을 쓴 것이다(곽충구 2004:7). (4라)는 말자음이 /ㄵ/인 자동사어간에 접미사 '-히-'가 결합된 경우이다. '물앉히다'는 표준어의 '주저앉히다'에 해당하는데 '주저앉다'의 방언형 '물앉다'의 어간에 '-히-'가 결합되어 형성된 것이다.

(5)는 형용사어간에 사동접미사 '-히-'가 결합된 경우이다. (5가)는 말자음이 /ㅂ/인 형용사어간을 어기로 취한 경우이다. '뎁히다'는 표준어의 '덥히다, 데우다[10]'에 해당하는데 형용사어간 '덥-'에 '-히-'가 결합된 후 움라우트를 겪은 것이다. '굽히다'는 형용사어간 '굽-'에 '-히-'가 결합되어 형성된 것인데 '구부리다(曲)'와 같은 의미로 쓰인다. '간지럽히다'는 표준어의 '간질이다'에 해당하는데 형용사어간 '간지럽-'에 '-히-'가 결합된 것이다. (5나)는 말자음군이 /ㄺ/인 형용사어간을 어기로 취한 경우이다. '밝히다'는 형용사어간 '밝-'에 '-히-'가 결합되어 형성된 것이고 '묽히다'는 형용사어간 '묽-'에 '-히-'가 결합되어 형성된 것이다. 이 지역어에서 '묽히다'는 '굳어진 것에 열을 가해서 묽게 하다'의 의미로 많이 쓰인다. (5다)는 말자음군이 /ㄼ/인 형용사어간을 어기로 취한 경우이다. 함북 방언을 기반으로 형성되고 발전되어온 연변 지역어에서는 형용사어간 '쫇-(窄)'에 '-히-'가 결합되어 형성된 '쫇히다'도 나타난다. '쫇히다'는 표준어의 '좁히다'에 해당하는데 비음운론적 요인에 의해 재구조화된 형용사어간 '쫇-(窄)'에 '-히-'가 결합되어 형성된 것으로 중년층에서 젊은 층으로 가면서 널리 쓰이고 있다. 활용어간 '(졻-)>쫇-'이 기존의 '좁-(窄)'을 대체하였고 '(졻히-)>쫇히-' 또한 '좁히-'를 대체하였다. 소신애

10) 이 지역어에도 '데우다'가 존재하는데 표준어의 '데치다'의 방언형이다.

(2007:15)에서 지적한 바와 같이 이와 같은 경우는 일종의 감염(contamination)(‘좁-(窄)’이 ‘졸-(縮)’ 혹은 ‘솔-(窄)’의 형태 및 의미상의 유사성에 이끌린 것)으로 인해 활용 어간의 형태가 변화하고 파생어도 재형성된 것이다.

4.1.1.3. ‘-기-’

이 지역어에서 사동접미사 ‘-기-’는 말자음(또는 자음군)이 /ㄴ, ㄷ, ㅌ, ㄹ, ㅁ, ㅅ, ㅊ, ㄻ(ㄻ)/인 동사어간에 결합된다.

(6) 가. 신기다[싱기다](←신다(履), 신기다), 앤기다[앵기다](←안다, 아이를 ~)
나. 뜯기다(←뜯다(拈), 풀을 ~)
다. 맽기다(←맡다, 맡기다)
라. 말기다(←말다(勿), 말리다, 싸움을 ~), 물기다(←물다(咬), 물리다), 빨기다~뿔기다(←빨다~뿔다(吸), 빨리다), 빌기다(←빌다(借), 빌리다), 들기다(←들다, 들리다, 짐을 ~), 쓸기다(←쓸다, 쓸리다), 털기다(←털다, 털리다, 먼지를 ~), 울기다(←울다(泣), 울리다), 날기다(←날다(飛), 날리다), 딸기다(←따르다, 딸리다, 애를 할머니에게 딸게 보내다)
마. 숨기다(←숨다, 숨기다),
감기다~갬기다[갱기다](←감다, 눈을 ~, 실을 ~, 머리를 ~),
넴기다[넹기다](←넒다, 넘기-<너므-~넒-, 넘기다)
바. 뻿기다(←뻿다(脫), 벗기다), 줏기다(←줏다, 줍게 하다, 이삭을 ~), 웃기다(←웃다, 웃기다)
사. 싲기다(←싲다(洗), 씻기다)
아. 굶기다[궁기다](←굶다, 굶기다), 옮기다[옹기다](←옮다,

옮기다)

자. 걿기다~걿기다~걷기다(←걿다<걷다(步), 걸리다),
닳기다~닳기다~댄기다(←닳다(<단다(走), 달리게 하다),
싫기다~신기다(←싫다<신다(載), 실리다)

(6가)는 말자음이 /ㄴ/인 타동사어간을 어기로 취하여 사동사를 파생하는 경우이다. '신기다[싱기다]'는 동사어간 '신-'에 '-기-'가 결합된 후 위치동화를 입은 것이고 '앤기다[앵기다]'는 동사어간 '안-'에 '-기-'가 결합된 후 움라우트와 위치동화를 입은 것이다. '앤기다[앵기다]'는 사동사의 기능도 하고 피동사의 기능도 한다. 즉 타동사 '안다'의 사동사와 피동사가 동일한 형태로 나타난다(184면 참조). (6나)는 말자음이 /ㄷ/인 타동사어간을 어기로 취하여 사동사를 파생하는 경우이고 (6다)는 말자음이 /ㅌ/인 타동사어간을 어기로 취하여 사동사를 파생하는 경우이다.

(6라)는 말자음이 /ㄹ/인 동사어간을 어기로 취하여 사동사를 파생하는 경우인데 '말기다', '물기다', '빨기다', '빌기다', '들기다', '쓸기다', '털기다'는 타동사어간을 어기로 취한 경우이고, '울기다', '날기다', '딸기다'는 자동사어간을 어기로 취한 경우이다. 또한 어기가 타동사어간이든 자동사어간이든 표준어에서는 모두 접미사 '-리-'에 의해 사동사로 파생되던 것들이다.11) 그중 '물기다', '빨기다~뽈기다', '쓸기다', '털기다', '날기다'는 동일한 동사어간으로부터 파생된 피동사와 형태가 동일하다(184-185면 참조). 이 지역어에서 '날다'의 사동

11) 표준어에서 '-리-'는 선행어기의 어간말음이 /ㄹ/인 어기와 결합하는 음운론적 제약을 갖고 있다. 중세한국어에서는 사·피동접미사 '-리-'가 확인되지 않으며 말음이 'ㄹ'인 어기와 결합하는 사동접미사로 '-이-'가 일반적인 쓰임을 보이고 있다. 근대한국어에 와서 '-이-'가 '-리-'로 대체되었는데 사동접미사 '-리-'는 16세기말에 새로 추가된 것으로 추정된다(예: '살이-'(月印釋譜二 77), '살리-'(小學諺解 六 32, 선조판 1586))(기주연 1994:198).

사로 '날기다'와 접미사 '-구-'에 의해 파생된 '날구다'가 함께 쓰이고 있다. '딸기다'는 '따르다'의 사동사인데 모음으로 끝난 어간을 어기로 취한 것이 특징적이다.

(6마)는 말자음이 /ㅁ/인 동사어간을 어기로 사동사를 파생하는 경우인데 '숨기다'는 자동사어간에 '-기-'가 결합된 경우이고 '감기다', '넴기다[넹기다]'는 타동사어간에 '-기-'가 결합된 경우이다. '넹기다'는 위치동화와 움라우트를 겪은 것이다. '감기다'는 동일한 동사어간 '감-'으로부터 파생된 피동사와 형태가 동일하다(184면 참조).

(6바)는 말자음이 /ㅅ/인 동사어간을 어기로 취한 경우인데 '뻿기다', '줏기다'는 타동사어간에 '-기-'가 결합된 것이고 '웃기다'는 자동사어간에 '-기-'가 결합된 것이다. '뻿기다'는 '뺏-'에 '-기-'가 결합된 후 움라우트를 겪은 것이고 '줏기다'는 '줍게 하다'는 의미로 '줏다'의 사동사인데 '줏다'는 '줍다'의 방언형이다. (6사)는 말자음이 /ㅊ/인 타동사어간에 '-기-'가 결합된 경우이다. '싳기다'는 표준어의 '씻기다'에 해당하는데 '씻다'의 방언형은 '싳다'로 나타나고 동일한 동사어간으로 파생된 피동사와 형태가 동일하다.

(6아)는 말자음군이 /ㄻ/인 동사어간에 '-기-'가 결합된 경우이다. '굶기다[궁기다]', '옮기다[옹기다]'는 타동사어간에 '-기-'가 결합된 것이다. 이들은 동사어간이 '-기-'와 결합된 후 자음군단순화와 위치동화를 겪은 것이다. 이 지역어에서 '굶다', '옮다'의 어간은 '굶다', '옮다'로 재구조화되었지만 사동사는 변화가 없다.

(6자)는 말자음군이 /ㄹㆆ, ㄹㅎ/인 동사어간에 '-기-'가 결합된 경우인데 '겛/겋기다', '닳/닳기다'는 자동사어간을 어기로 취한 경우이고 '싫/싣기다'는 타동사어간을 어기로 취한 경우이다. '싫/싣기다'는 동일한 동사어간으로부터 파생된 피동사와 형태가 동일하다. 이들은 모두 'ㄷ' 불규칙 용언들이었던 어간이 'ㄷ>ㄹㆆ, ㄹㅎ'의 변화를 겪은 것인데 그에 따라 파생어도 '걷기->겛/겋기-', '댇기->닳/닳기-', '싣기->싫기-'와 같이 변화하였다. 즉 어기가 되는 활용어간의 변화로 파생어가 변

화한 것이다. 어기가 변화하면 그 변화한 어기 말음에 새로운 접사가 결합되어야 한다. 다시 말하면 '고ᇙ/곯-, 다ᇙ/닳-, 시ᇙ-'은 말음이 'ㆆ/ㅎ'이므로 응당 '-이-'가 결합될 것이 기대되지만 과거와 같이 '-기-'가 결합되어 있는데 이는 활용어간 이형태들의 단순화에 의하여 어간이 '고ᇙ/곯-, 다ᇙ/닳-, 시ᇙ-'로 변화한 다음 그것이 그대로 파생어의 어기를 대체한 것이 된다. 그러므로 재구조화한 '고ᇙ/곯-, 다ᇙ/닳-, 시ᇙ-'에 접미사 '-기-'가 결합되어 형성된 사동사 '고ᇙ/곯기다, 다ᇙ/닳기다, 시ᇙ기다'는 파생어 형성 규칙에 의하여 생겨난 것이라고 할 수 없다. 그러나 이들은 활용어간과 파생어의 어기가 일정한 거리를 두고 서로 관련을 맺고 있음을 보여주는 사례로서 사・피동사 파생의 또다른 일면을 보여준다(곽충구 2004:22-23).

이 지역어에서는 형용사어간에 '-기-'가 결합되어 사동사를 파생하는 경우는 찾아보기 어렵다. 표준어에는 '궂기다', '검기다' 등과 같은 사동사가 존재하지만 이 지역어에서는 쓰이지 않는다.

4.1.1.4. '-우-'

(7) 가. 거두다(←걷다(收), 거두다, B), 가두다(←갇다(囚), 가두다)
모두다(←몯다(集), 모으다), 솎우다(←솎다<솏다, 솎다),
쫓우다(←쫓다)
나. 깨우다(←깨다), 피우다(←피다, 불을 ~),
티우다~튀우다(←튀다, 튀기다, B),
시우다~쉬우다(←쉬다, 밀가루반죽을 ~),
퍼지우다(←퍼지다, 때를 ~),
터지우다(←터지다, 풍선을 ~), 빠디우다(←빠디다, 물에 ~)
다. 이우다(←이다, 보따리를 ~), 지우다(←지다, 짐을 ~),
띠우다(띠다+-우-, 허리띠를 띠우다), 끼우다(←끼다, B),
메우다(←메다, 가방을 ~), 티우다(←티다, 시험을 ~),

매우다(←매다, 김을 ~), 지우다~쥐우다(←쥐다, 쥐이다, 숟가락을 ~), 헤우다(←헤다, 빨래를 ~)

(7)은 동사어간을 어기로 취하여 사동사를 파생하는 경우이다. (7가)는 어간말음이 자음인 타동사어간에 '-우-'가 결합된 것인데 예가 몇 없다. 통시적으로 보면 중세한국어시기에 '거두다'는 '걷-'에 '-우-'가 결합되어 형성된 것이고, '가두다'는 '갇-'에 '-오-'가 결합되어 형성된 후 '가도다>가두다'의 변화를 겪은 것이고 '모두다'는 표준어의 '모으다'에 해당하는데 '몯-'에 '-오-'가 결합된 후 '모도다>모두다'의 변화를 겪은 것이다. 현재 이 지역어에서 '걷-', '갇-', '몯-'은 쓰이지 않고 '거두-', '가두-', '모두-~모드-'로 어간 재구조화되었다. '솎우다'는 '솟고다>속고다'에 소급하는데 '솟고다'는 '솏-+-오-'로 분석될 수 있다(기주연 1994:202). 이 지역어에서 '솎다'는 쓰이지 않고 '솎우다'가 표준어의 '솎다'에 대응되는 의미로 쓰이고 있다. '쫓우다'는 '쫓-'에 '-우-'가 결합되어 형성된 것인데 이 지역어에서 '쫓-'은 '쫓우-'로 어간 재구조화되었다.

(7나~다)는 어간말음이 모음인 동사어간에 '-우-'가 결합된 경우인데 (7나)는 자동사어간을 어기로 취한 것이고 (7다)는 타동사어간을 어기로 취한 것이다. (7나)의 '깨우다'는 '깨-(<ᄭᆡ-)'에 '-우-'가 결합되어 형성된 것이고(ᄭᆡ오다>깨우다) '피우다'는 '피-(<퓌-)'에 '-우-'가 결합되어 형성된 것이다(퓌우다>퓌오다>픠오다>피우다).[12] '티우다~튀우다'는 표준어의 '튀기다'에 해당하는데 '튀-'에 '-우-'가 결합되어 형성된 것이다. 표준어에서는 '-기-'에 의해 파생되었지만 이 지역어에서는 '-우-'에 의한 파생으로 나타난다. '쉬우다'는 표준어에서도 '쉬우다'로 나타나는데 자동사어간 '쉬-'에 '-우-'가 결합된 것이다. '티우다', '시우다', '지우다'는 '튀우다', '쉬우다',

12) 이 지역어에서 '피다'는 자동사로만 쓰인다. 표준어의 '불을 피다, 담배를 피다'는 이 지역어에서 '불을 피우다, 담배를 피우다'로만 쓰인다.

'쥐우다'가 '/wi/>/i/'의 변화를 겪은 것인데 이 지역어에서는 두 형태가 함께 쓰이고 있다. 젊은 층으로 갈수록 '티우다', '시우다', '지우다'의 사용빈도가 높다. '터지우다', '퍼지우다', '빠지우다'는 표준어의 '터뜨리다', '퍼뜨리다', '빠뜨리다'에 해당하는데 모두 [V+-어 +지-(<디-)]구성을 가지는 합성동사어간 '터지-', '퍼지-', '빠지-'에 '-우-'가 결합되어 형성된 것이다. (7다)의 '이우다', '지우다', '띠우다', '끼우다', '메우다'는 표준어에서와 형태가 동일하게 나타나는데 타동사어간 '이-', '지-', '띠-', '끼-', '메-'를 어기로 취한 것이다. '티우다'는 '티-'에 '-우-'가 결합되어 형성된 것인데 '티-'는 표준어 '(시험을) 치-'의 방언형이다. '티우다'는 '치게 하다'는 의미를 나타낸다. '매우다'는 표준어의 '매이다'에 해당하는데 '매-'에 '-우-'가 결합되어 형성된 것이다. '쥐우다'는 표준어의 '쥐이다'에 해당하는데 '쥐-'에 '-우-'가 결합되어 형성된 것이다. 표준어에서는 '-이-'에 의해 파생되었지만 이 지역어에서는 '-우-'에 의한 파생으로 나타난다. 또한 '지우다~쥐우다'는 동일한 동사어간으로부터 파생된 피동사와 형태가 동일하게 나타나고 있다(157면 참조). '헤우다'는 표준어의 '헹구다'에 해당하는데 '헤-'에 '-우-'가 결합되어 형성된 것이다. 이 지역어에서 '헤-'는 '헤우-'로 재구조화되었다.

(8) 흐리우다(←흐리다, 물을 ~), 비우다(←비다(空), 집을 ~)

(8)은 형용사어간을 어기로 취하여 사동사를 파생하는 경우이다. '흐리우다'는 이 지역어에서 타동사로만 쓰이는데 표준어의 '흐리게 하다'와 같은 의미로 쓰인다. 평북 철산 지역어에도 '흐리우다'가 나타나는데 이 지역어에서는 자동사와 타동사로 모두 사용되고 있다(정의향 2010: 89). '흐리우다'는 15세기 문헌에서도 나타나는데[13] 이 지역어

13) 가. 큰 道理 一定ᄒᆞ고 네차힌 中國 風俗을 흐리우디 아니ᄒᆞ리니 <1459 월석 2:72a>

에서는 그 고형을 그대로 유지하고 있는 것이다. '비우다'는 '비다'의 사역형인데 형용사어간 '비-(<뷔-)'에 '-우-'가 결합되어 형성된 것이다(뷔우다(두해 20:19)>뷔오다(한청 4:14)>비우다).

이처럼 이 지역어에서는 사동표현과 관련하여 접미사 '-우-'가 매우 활발하게 쓰이고 있는데 이는 이 방언의 또 하나의 특징이라고 할 수 있다. 예를 들면 '쉬우다', '줘우다', '빠디우다', '퍼지우다'의 '-우-'는 사동사를 파생시키는 적극적인 기능을 담당하지만 어떤 경우에는 '-이-', '-히-', '-기-' 등 'ㅣ'로 끝난 사동접미사 다음에 결합되는데 이때의 '-우-'는 태(態)의 변화에 간여하지 않으므로 잉여적인 셈이다.[14] 이런 경우에 '-우-'는 그것이 결합된 동사의 사동성을 강조하는 기능을 가진 것으로 생각된다(곽충구 2004: 10)[15]. (9)의 '-우-'가 바로 이에 해당된다. (9)는 사동접미사 '-이-', '-히-', '-기-'에 의해 파생된 사동사어간에 '-우-'가 결합된 경우인데 (9가)는 '-이-'에 의해 파생된 사동사어간에 '-우-'가 결합된 것이고 (9나)는 '-히-'에 의해 파생된 사동사어간에 '-우-'가 결합된 것이며 (9다)는 '-기-'에 의해 파생된 사동사어간에 '-우-'가 결합된 것이다. (9)의 '-우-'는 사동사를 파생하는 기능보다는 동사의 사동성을 강조하는 기능을 하는 것으로 보인다.

나. 다ᄉᆞᆺ ᄀᆞᆯ비 보ᄂᆞᆫ 覺ᄋᆡ 妄ᄋᆞᆯ 빠 ᄆᆞᆯᄀᆞᆫ 거슬 흐리워 濁이 ᄃᆞ외니 <1461 능엄 4:82a>

14) 함북 방언의 사·피동접미사는 선행 어기의 성조에 관계없이 언제나 고조로 실현되지만 여기에 다시 파생접미사가 결합되면 성조는 최종접사 쪽에 놓인다. '-우-'가 결합되면 성조는 다시 '-우-'로 옮아간다(곽충구 1994:413-414).

15) 이상억(1970:180)에서는 이런 현상을 피동의 접사 가운데는 이른바 피동의 조동사 '-지다'를 요구함으로써 이중의 피동을 형성하는 것과 같은 현상이 아닌가 한다(이상억 1970:180). 가령 '먹히다-먹혀지다, 묻히다-묻혀지다'에서처럼 접미사가 유연성을 잃고 어간에 밀착됨으로써 능동사와 변형관계가 성립되기 어려운 것이다. 따라서 피동의 접사만으로써는 피동의 의미가 명백하지 않으므로 그것을 보강하기 위하여 나타난 현상이라고 할 수 있다(고영근 1999:598-599).

(9) 가. 닦이우다~댂이우다(←닦이다, B), 깪이우다(깎이다, B),
데우다(<더이-+-우-, 손을 ~), 말리(우)다(←마르다(乾)),
몰리(우)다(←모르다(不知), 모르게 하다),
나. 신기우다[싱기우다](←신기다), 알기우다(←알기다),
닐기우다(←닐기다, 읽히다), 물기우다(←물기다, 아이에게 젖을 ~), 말기우다(←말기다, 옷을 마르게 하다),
말기(우)다(←마르다(裁斷), 옷을 마르게 하다),
다. 업히우다(←업히다), 씹히우다(←씹히다),
찝히우다(←찝히다), 앉히우다(←앉히다, B)

(10) 꼼치우다(꼼치다), 드티우다(드티다, 옮기다),
네리우다(네리다, 내리다),

이 지역어에서 '-우-'는 (9)처럼 사동접미사 '-이-', '-히-', '-기-'에 의하여 파생된 사동사어간에 결합하여 사동성을 강조하는 기능을 할 뿐만 아니라 (10)처럼 어간 모음이 'ㅣ'로 끝난 타동사어간에 결합하여 상(相)적 의미를 강조하는 기능을 하기도 한다.16)

4.1.1.5. '-이우-'

16) 곽충구(2004:10)에서는 사·피동접미사 '-우-'는 '-이-', '-히-', '-기-' 등 'ㅣ'로 끝난 접미사 다음에 결합하기도 하는데 이때의 우는 사동성이나 피동성을 강조하는 기능을 갖는 것으로 보이고, 어간모음이 'ㅣ'로 끝난 동사어간에도 결합되는데 이때의 '-우-'는 상(相)적 의미를 강조하는 기능을 하는 것으로 보인다고 하였다. 또한 이 '-우-'는 활용에서 나타나기도 하고 나타나지 않기도 하며 대체로 어미 '-아서/-어서', 선어말어미 '-았-/-었-'과 함께 쓰이는 경우가 많은데 이때의 '-우-'는 이미 완료된 상태를 기술하는 데 많이 쓰인다고 하였다. 사동일 경우에는 명령형 어미 '-아라/-어라'와도 함께 쓰이는 경우가 많다. 예) 네리다-네리왔다-네리와라, 꼼치다-꼼치왔다-꼼치와라.

'-이우-'는 15세기 말모음이 'ᄋᆞ, 으'인 어간에 결합된 '-ㅣ오-/-ㅣ우-'에서 변화한 것으로서 표준어에서는 원칙적으로 모음으로 끝난 어기에 결합된다는 음운론적 제약을 갖고 있다(정의향 2010:91). 이 지역어에서도 '-이우-'는 모음으로 끝난 동사어간이나 형용사어간을 어기로 사동사를 파생한다.

(11) 가. 배우다(←보다(視), <보-+-이우-),
재우다(←자다, 잠을 ~, B),
태우다(←타다(乘)), 채우다(←차다, 기저귀를 ~),
뉘우다(←누다, 오줌을 ~), 뀌우다(←꾸다, 돈을 ~),
씨우다(←쓰다, 씌우다, 모자를 ~, 글을 ~, B)
나. 태우다(←타다(焦), 속을 ~),
채우다(←차다(滿), 독에 물을 ~),
세우다(←서다, 차를), 놀래우다(←놀라다, 놀래다),
자래우다~재래우다(←자라다(長), 키우다)
티우다(←트다, 싹을 ~),
띠우다(←뜨다, 띄우다, 메주를 ~, 배를 ~)

(11가)는 타동사어간에 '-이우-'가 결합되어 사동사를 파생한 경우이다. '배우다'는 동사어간 '보-'에 '-이우-'가 결합되어 형성된 것이다. '재우다', '태우다', '채우다'는 동사어간 '자-', '타-', '차-'에 '-이우-'가 결합되어 형성된 것으로 이중모음의 단모음화를 겪은 것으로 볼 수 있다. '뉘우다', '뀌우다'는 동사어간 '누-', '꾸-'에 '-이우-'가 결합된 것이고 '씨우다'는 동사어간 '쓰-'에 '-이우-'가 결합되어 형성된 것이다. (11나)는 자동사어간에 '-이우-'가 결합되어 사동사를 파생한 경우이다. '태우다', '채우다', '세우다', '놀래우다', '자래우다'는 동사어간 '타-', '차-', '서-', '놀라-', '자라-'에 '-이우-'가 결합되어 형성된 것이고 '티우다'는 동사어간 '트-'에 '-이우-'가 결

합되어 형성된 것이다. '띠우다'는 동사어간 '뜨-(<쁘-)'에 '-이우-'가 결합되어 형성된 것인데 '메주 따위가 발효되다'는 의미와 '물 위나 공중에 떠 있다'는 의미와 모두 파생관계가 성립된다. 표준어에서는 볼 수 없는 '놀래우다', '자래우다' 같은 동사가 나타나는 것이 특징적이다.

(12) 데우다

(12)의 '데우-'는 형용사어간 '덥-'와 접미사 '-이우-'가 결합되어 형성된 것이다. '덥다'가 'ㅂ'불규칙 용언이므로 통시적으로 보면 '데우다'는 '더뵈우다>더이우다>데우다'와 같은 변화를 거친 것이라 하겠다. 이 지역어에서 '데우다'는 '끓는 물에 잠깐 넣어 슬쩍 익히다'는 의미를 나타내는 것으로 표준어의 '데치다'와 같은 의미로 쓰인다. '덥다'와 '데우다'의 관계는 그 형성기제에는 통사적 요인이 작용하였으나 그들 개별 단어는 통사적 연계를 벗어나 독자적인 의미의 단어로 굳어버린 것이라고 볼 수도 있다(심재기 1987:390).

4.1.1.6. '-구-'

이 지역어에서 사동접미사 '-구-'는 말음이 /ㄷ, ㄹ, ㅁ/인 동사, 형용사 어간에 결합되는데 그중에서도 주로 말음이 /ㄹ/인 어기에 결합된다. 이는 동북 방언의 한 특징이면서 중세한국어와 가까운 일면을 보여주는 것이기도 하다(곽충구 2004:20). 표준어에서 '-구-'는 자동사어간 및 동작성 어근을 선행소로 갖고 그것들을 타동사화하는데 그 타동사가 {+유정성}을 주어로 하기 때문에 결과적으로는 사동의 의미를 가지게 된다(심재기 1987: 387~388).

(13) 가. ㄲ슬구다(←ㄲ슬다, 그슬리다, 불에 ~),

날구다(←날다, 날리다),
살구다(←살다, 살리다, 먹여 살구다),
얼구다(←얼다, 얼리다),
돌구다(←돌다, 돌리다), 늘구다(←늘다(增), 늘리다),
불구다(←불다<붇다(增), 물에 ~, 불리다),
뿔구다(←뿔다<뿓다(增), 돈을 ~, 불리다),
늘구다(←늘다(延), 늘이다, 고무줄을 ~),
쫄구다(←쫄다(縮), 줄이다),
쭐구다(←쭐다(縮), 줄이다),
절구다(←절다, 절이다, 김치를 ~)
설구다$_1$(←설다, 밥을 ~), 다슬구다(←다슬다, 손톱을 ~),
달구다(←달다, 쇠를 ~, 달구다),
일구다$_1$(←일다, 먼지를 ~, 일으키다),
일구다$_2$(←일다, 불을 ~, 붙이다),
일구다$_3$(←일다, 행복한 가정을 ~, 이루다)

나. 설구다$_2$(←설다, 애를 ~), 닐구다(←닐다(起), 일으키다),
부슬구다(부스르다, 과자를), 간질구다(간지르다, 얼굴을 ~),
주물구다(←주무르다, 어깨를 ~, B),
물구다(←물다(償), 물리다, 벌금을 ~),
물구다(←물다(償), 물리다, 사온 물건을 ~),
알구다~알쿠다~알쾌주다~알캐주다(←알다, 알리다, 소식을 ~)

다. 돋구다(←돋다, 뱉을 ~, 돋우다)

라. 넘구다(←넘다, 넘기다)

(13)은 동사어간을 어기로 취하여 사동사를 파생하는 경우이다. (13가)는 말음이 'ㄹ'인 자동사어간에 '-구-'가 결합된 것이고 (13나)는 말음이 'ㄹ'인 타동사어간에 '-구-'가 결합된 것이다. (13가)의 'ㄲ슬구다'는 표준어의 '그슬리다'에 해당하는데 자동사어간 'ㄲ슬-'에

'-구-'가 결합되어 형성된 것이고 '날구다'는 표준어의 '날리다'에 해당하는데 자동사어간 '날-'에 '-구-'가 결합되어 형성된 것이다. '살구다', '얼구다'는 표준어의 '살리다', '얼리다'에 해당하는데 자동사어간 '살-', '얼-'에 '-구-'가 결합된 것이고 '돌구다', '늘구다'는 표준어의 '돌리다', '늘리다'에 해당하는데 자동사어간 '돌-', '늘(增)-'에 '-구-'가 결합되어 형성된 것이다. '살구다'는 '죽어 가는 사람을 살리다'는 의미를 나타낼 뿐만 아니라 '사그라져 가는 불씨를 살리다'는 의미도 나타낸다.

'불구다'와 '뿔구다'는 모두 표준어의 '불리다'에 해당하는데 '불구다'는 자동사어간 '불-'에 '-구-'가 결합된 것으로 '물에 적시어 부피가 커지게 하다'는 의미로 쓰이고 '뿔구다'는 자동사어간 '뿔-'에 '-구-'가 결합된 것으로 '분량이나 수효가 많아지다'는 의미로 쓰인다. '늘구다'는 표준어의 '늘이다'에 해당하는데 자동사어간 '늘-'에 '-구-'가 결합된 것이고 '쫄구다'와 '쭐구다'는 모두 표준어의 '줄이다'에 해당하는데 자동사어간 '쫄-'과 '쭐-'에 '-구-'가 결합되어 형성된 것이다.[17] '절구다'는 표준어의 '절이다'에 해당하는데 자동사어간 '절-'에 '-구-'가 결합되어 형성된 것이다. '설구다$_1$'는 자동사어간 '설-(열매나 음식 같은 것이 덜 익다)$_1$'에 '-구-'가 결합되어 형성된 것인데 '원인을 제공하여 ~을 설게 하다'의 의미로 쓰이고 '다슬구다'는 자동사어간 '다슬-'[18]에 '-구-'가 결합되어 형성된 것인데 '물건의 거친 표면을 매끈하고 곱게 다듬다'는 의미이다. '달구다'는 자동사어간 '달-(타지 않는 고체인 쇠나 돌 따위를 불에 대어 뜨겁게 하다)'에 '-구-'가 결합되어 형성된 것인데 '타지 않는 고체인 쇠나 돌 따위를 불에 대어 뜨겁게 하다'는 의미이다. '일구다$_1$'는 자동사어간 '일-(없던 현상이 생겨나거나 생겨서 움직이다)$_1$'에 '-구-'가 결합되어 형성된 것

17) '쫄다'와 '쭐다'는 표준어 '줄다'의 방언형으로 수의적으로 교체되어 사용된다.

18) '다슬다'는 표준어 '닳다'의 방언형이다.

으로 '~을 일으키다'의 의미로 쓰이고 '일구다$_2$'는 자동사어간 '일-(불이 붙다)$_2$'에 '-구-'가 결합되어 형성된 것으로 '불을 붙이다'의 의미로 쓰인다. '일구다$_3$'은 표준어의 '이루다'에 해당하는데 자동사어간 '일-$_3$'에 '-구-'가 결합된 것이다.

(13나)의 '설구다$_2$'는 타동사어간 '설-(아이를 배다)$_2$'에 '-구-'가 결합되어 형성된 것인데 '여성으로 하여금 애를 배게 하다'의 의미를 나타내고 '닐구다'는 타동사어간 '닐-'에 '-구-'가 결합된 것으로 '일으키다'의 의미를 뜻한다.[19] '부슬구다', '간질구다', '주물구다'는 각각 타동사어간 '부스르-', '간지르-', '주무르-'에 '-구-'가 결합된 것인데 제1요소(어기)의 형태음소적 변동('르'의 '으'탈락)을 거쳐 형성된 것이다.[20] 즉 이들은 각각 '부스르-+-구-→부슬+-구-', '간지르-+-구-→간질+-구-', '주무르-+-구-→주물+-구-'로 분석할 수 있다. '물구다'는 표준어의 '물리다'에 해당하는데 타동사어간 '물-'에 '-구-'가 결합되어 형성된 것이고 '알구다'는 '알쿠다'로도 나타나는데 표준어의 '알리다'에 해당하며 타동사어간 '알-'에 '-구-'가 결합되어 형성된 것이다.

(13다)는 말음이 'ㄷ'인 자동사어간에 '-구-'가 결합된 것이고 (13라)는 말음이 'ㅁ'인 타동사어간에 '-구-'가 결합된 것이다. (13다)의 '돋구다'는 표준어의 '돋우다'에 해당하는데 자동사어간 '돋-'에 '-구

---

19) '닐-'은 자동사어간으로도 쓰인다.

20) '제1요소의 형태음소적 변동'에 대해서는 이현희(2002), 정의향(2010)을 참조. 정의향(2010:96)에서는 평북 철산 지역어에 나타나는 사동사 '말쿠다(裁)'가 파생어에서의 제1요소(어기)의 형태음소적 변화('르'의 '으' 탈락) 즉 '마르-+-쿠-→말+-쿠-'의 과정을 거쳐 형성되었다고 하였다. 말하자면 중세한국어에는 파생어에서 보이는 제1요소(어기)의 형태음소적 변동이 있다는 것이다. 예를 들면 중세한국어에는 '니르-'의 사동사로 '니르위-'와 '닐위-'가 나타나는데 그중 '닐위-'는 파생접미사 앞에서 '니르-'의 '으'가 탈락되어 형성된 것이라는 것이다. 중세한국어의 합성어에서 보이는 제1요소의 형태음소적 변동에 대해서는 일찍 이현희(2002:150-151)에서 논의한 바 있다.

-'가 결합되어 형성된 것이고 (13라)의 '넘구다'는 표준어의 '넘기다'에 해당하는데 타동사어간 '넘-'에 '-구-'가 결합되어 형성된 것이다.

(14) 널구다~널쿠다(←너르다(廣), 넓히다),
길구다(←길다(長), 기르다, 머리를 ~),
느질구다~느지구다(←느질다~느지다, 느리게 행동하다, B)

(14)는 형용사어간을 어기로 사동사를 파생하는 경우이다. '널구다'는 표준어의 '넓히다'에 해당하는데 형용사어간 '너르-'에 '-구-'가 결합되어 형성된 것으로 '공간을 넓게 하다'는 의미를 뜻한다. 이 경우에도 '부슬구다', '간질구다', '주물구다'처럼 제1요소(어기)의 형태음소적 변동('르'의 '으' 탈락)이 일어난다. 즉 '널구다'는 '너르-+-구-→널+-구-'의 과정을 거쳐 형성된 것이다. '널구다'는 '널쿠다'로도 나타난다. '길구다'는 표준어의 '기르다'에 해당하는데 형용사어간 '길-'을 어기로 형성된 것이다. '느질구다~느지구다'는 형용사어간 '느질-~느지-'에 '-구-'가 결합된 것으로 '느리게 행동하다'는 의미를 뜻한다.

이상 살펴본 바와 같이 이 지역어의 '-구-'에 의한 사동사 파생은 주로 말음이 /ㄹ/인 어간을 어기로 취하며 표준어에서는 '-리-'나 '-이-'에 의한 파생으로 나타난다. 또한 표준어의 사동사 목록에서 볼 수 없는 것들이 많이 나타난다.

4.1.1.7. '-추-'

이 지역어에서 '-추-'는 동사어간이나 형용사어간을 어기로 취하여 사동사를 형성하는데 그 어간의 수가 극히 제한되어 있으며 어간말음이 /ㄹ, ㅈ/인 어기에 결합된다.

(15) 맞추다(←맞다(合), 밥물을 ~, 수수께끼를 ~),
들추다(←들다, 이불을 ~)

(15)는 동사어간에 '-추-'가 결합되어 형성된 것인데 '맞추다'는 자동사어간 '맞-'을 어기로 취한 것이고 '들추다'는 타동사어간 '들-'을 어기로 취한 것이다. 이 지역어에서 '맞추다'는 표준어의 '맞추다'와 '맞히다'의 의미로 모두 쓰이고 있다. 표준어에서 '맞히다'에는 '적중하다'의 의미가 있어서 '정답을 골라내다'는 의미를 가지지만 '맞추다'는 '대상끼리 서로 비교하다'는 의미를 가져서 '답안지를 정답과 맞추다'와 같은 경우에만 쓴다. '들추다'는 '겉에 가리어 있는 것을 헤치거나 들어 올리다'의 의미를 뜻하는데 이 지역어에서는 '무엇을 찾으려고 자꾸 뒤지다'의 의미로도 쓰이고 있다.

(16) 낮추다(←낮다, 소리를 ~), 늦추다(←늦다, 시계를 ~)

(16)은 형용사어간에 '-추-'가 결합되어 형성된 것이다. '늦추다'는 형용사어간 '늦-'을 어기로 취한 것인데 15세기에는 '늦-'어간에 사동파생접미사 '-히-'가 결합된 것이었다. '낮추다'는 형용사어간 '낮-'을 어기로 형성된 것이다.

4.1.2. 피동사 파생

이 지역어의 피동접미사로는 '-이-', '-히-', '-기-', '-우-', '-이우-'가 있으며 이들은 타동사를 어기로 취하여 피동사를 파생시키는데 대체로 어기 말음의 음운론적 조건에 따라 결합된다.

표준어에서는 피동사 파생에 있어서 타동사만을 어기로 취할 수 있으며 '-하다'계 동사들은 피동사 파생의 어기가 되지 못한다는 형태론적 제약과 수여동사(주다, 받다), 수혜동사(얻다, 잃다), 대칭동사(만

나다, 닮다), 사동사(웃기다, 붉히다) 및 추상적인 심리작용과 관계되는 타동사(반기다, 알다)는 피동사 파생의 어기가 되지 못한다는 통사·의미론적인 제약을 갖는다.[21] 그러나 이 지역어에서는 표준어에 나타나는 이러한 제약조건이 전부 적용되지는 않는다.

4.1.2.1. '-이-'

(17) 가. 깪이다(←깎다, 깎이다, 점수를 ~),
　　　닦이다~댞이다(←닦다, 닦이다)
　나. 쌓이다(←쌓다, 먼지가 ~), 놓이다(←놓다, 시름이 ~)
　다. 백이다~백히다(←박다, 박히다)
　라. 뚥이다~둙이다(←둙(뚥)다, 뚫리다),
　　　없이다(←없다, 없히다),
　　　곪이다[곰미다]~곪기다[공기다](←곪다, 곪기다),
　　　삶이다[삼미다]~쌂기다[생기다](←삶다(烹), 삶기다)

(17)은 타동사어간을 어기로 취한 경우이다. (17가)는 말음이 /ㄲ/인 어기에 '-이-'가 결합된 경우로 '깪이다'는 '깎-'에 '-이-'가 결합된 후 움라우트를 겪은 것이고, '닦이다'는 '닦-'에 '-이-'가 결합되어 형성된 것인데 '먼지나 때 같은 것이 깨끗하게 닦아지다'는 의미 외에 '볶이다'의 의미로도 활발히 쓰이고 있다.[22] (17나)는 말음이 /ㅎ/인 어기에 '-이-'가 결합된 경우이다. (17다)는 말음이 /ㄱ/인 어기에 '-이-'가 결합된 경우로 '백이다'가 유일한데 '백히다'도 수의적

21) 표준어의 피동사의 파생제약에 대해서는 이익섭·임홍빈(1983:202), 송철의(1992:186)을 참고.

22) 이 지역어에서 '닦다'는 '먼지나 때 같은 것을 없애려고 문지르거나 훔치다'는 의미 외에 '볶다'는 의미로도 쓰인다. '닦다'로부터 형성된 피동사 '닦이다' 역시 두 가지 의미로 모두 쓰인다. 예: '문지 잘 닦인다(먼지가 잘 닦인다)', '코~이 잘 아이 닦였다(콩이 잘 안 닦였다)'

으로 함께 쓰이고 있다. 이 경우도 어기가 '-이-'와 결합된 후 움라우트를 겪은 경우이다. '백이다'는 표준어의 '배기다(바닥에 닿는 몸의 부분에 단단한 것이 받치는 힘을 느끼게 되다)'의 의미로도 쓰이고 '백히다'는 '신체의 어떤 부위가 장애물 같은 것에 부딪치다'는 의미로도 쓰인다.

(17라)는 말음이 자음군 /ㄺ, ㄵ, ㅁㅁ/인 어기에 '-이-'가 결합되어 피동사를 형성한 경우이다. '뚫다'의 방언형으로는 '둙다~뚥다'와 '둛다~뚧다'가 나타나는데 그 피동사는 '둙이다~뚥이다'와 '둛히다~뚧히다'로 나타난다. 어간 말음이 /ㄺ/인 어기에는 '-이-'가 결합되고 어간 말음이 /ㄼ/인 어기에는 '-히-'가 결합된 것으로 어기가 되는 활용어간이 변화한 후 새로운 접미사가 결합되어 새로운 파생어를 형성한 것이다. '둙-'은 '둛-'의 말자음이 ㅂ>ㄱ의 변화를 겪은 어형일 수 있고(곽충구 2004:15) '뚥-'은 그러한 변화와 어두경음화를 겪은 어형일 것이다. '둛-'은 '들ᇦ-/들w-'의 활용에서 뒷요소의 원순성에 의한 역행동화를 겪은 것이고 '뚧-'은 거기에 어두경음화까지 겪은 것이다(정승철 2007:135-136). 표준어에서는 'ㅸ'의 변화로 인해 '*들ᇦ->…>뚫-'의 재구조화가 이루어지고 피동사 '뚤리-'가 만들어진 것이나 이런 변화를 일으킨 'ㅸ'에 대해 'ㅂ'으로 의 대응을 보여주는 지역어에서는[23] 활용어간이 '뚫-'로 재구조화되지 않았으며 '뚧-'에 '-히-'가 결합된 피동사 '뚧히-'가 이미 형성되어 쓰이고 있었다(정승철 2007:136). '얹이다'는 표준어의 '얹히다(滯)'에 해당하는데 '얹이-'에 피동접미사 '-우-'가 결합되어 형성된 '얹이우다'도 나타난다. 또한 '곪다'와 '삶다'의 방언형으로 '곪다'와 '삶다'가 나타나는데 그 피동사는 각각 '곪이다[곰미다]'와 '삶이다[삼미다]'로 자음군 /ㅁㅁ/뒤에 '-이-'가 결합되는 점이 흥미롭다.[24]

---

23) 동북 방언과 동남 방언이 그 대표적인 방언에 속한다(이병근 1976:3).

24) '삶다'의 방언형으로는 '삶다'와 '삶다'가 있는데 피동사도 각각 '삼미다'와 '삶기다[생기다]'로 나타난다. 어기가 되는 활용어간이 '삶->삼-'으로

(18) 가. 발리다(←바르다(塗), 발리다),
눌리다(←누루다(壓), 눌리다),
나. 발기다(←바르다(剝), 발리다), 갈기다(←가르다(分), 갈리다),
딜기다~띨기다(←디르다/띠르다(刺),
짤기다(←짜르다(剪), 짤리다)
다. 잼기다(←자무다(鎖), 잠기다)

(18)은 특수한 어간 교체를 보이는 활용어간들이 피동사로 파생된 경우이다. (18가)는 활용어간 {XVri−}$_1$로부터 파생된 피동사인데 모음으로 시작되는 어미 '−아X/−어X'가 결합될 때 교체되는 교체형 {XVrr−}에 피동접미사 '−이−'가 결합되어 형성된 것이고 (18나)는 활용어간 {XVri−}$_2$로부터 파생된 피동사인데 모음으로 시작되는 어미 '−아X/−어X'가 결합될 때 교체되는 교체형 'XVrk−'에 피동접미사 '−이−'가 결합되어 형성된 것이다. 즉 (18가)의 '바르다', '누루다'는 모음으로 시작되는 어미 '−아X/−어X'앞에서 '발ㄹ−', '눌ㄹ−'로 교체되는데 이 교체형에 '−이−'가 결합되어 '발리다', '눌리다'와 같은 피동사가 파생된 것이고 (18나)의 '바르다', '가르다'는 모음으로 시작되는 어미 '−아X/−어X'앞에서 '발ㄱ−', '갈ㄱ−'로 교체되는데 이 교체형에 '−이−'가 결합되어 '발기다', '갈기다'와 같은 피동사가 파생된 것이다. 사동사 파생에서 이미 언급한 바와 같이(132면 참조) 함북 방언을 기반으로 형성되고 발전되어 온 연변 지역어에서는 이런 특수한 어간 교체를 보이는 활용어간들이 교체계열의 단순화에 의해 'XVri−'$_1$은 'XVrri−'로, 'XVri−'$_2$는 'XVrki−'로 재구조화되었지만 피동사는 변화하지 않았다. 피동접미사 '−이−'와 결합되어 형성된 피동사 어간 '발기−', '갈기−', '딜기−~띨기−'에 피동접미사 '−우−'가 결합

재구조화된 후 그 파생어도 새로운 접미사와 결합하여 새로운 파생어를 형성한 것이다(곽충구 2004:16). '곪다'도 '삶다'와 같은 경우이다.

된 '발기우다', '갈기우다', '딜기우다~떨기우다'도 나타난다. (18다)는 활용어간 {XVmu-}로부터 파생된 피동사인데 모음으로 시작되는 어미 '-아X/-어X-'가 결합될 때 교체되는 교체형 'XVmk-'에 피동접미사 '-이-'가 결합되어 형성된 것이다. 즉 '자무다'는 모음으로 시작되는 어미 '-아X/어X-'앞에서 '잠ㄱ-'으로 교체되는데 이 교체형에 피동접미사 '-이-'가 결합되어 '잠기다'가 된 후 움라우트를 겪어 '잼기다'가 된 것이다.

이처럼 이 지역어에서 비자동적 교체를 보이는 동사어간으로부터 파생된 피동사는 모음으로 시작되는 어미 '아X-/어X'앞에서 교체되는 이형태에 접사 '-이-'가 결합되어 파생되었다는 공통점을 지니며 이들 활용어간의 교체 및 그 파생법은 중세한국어에서와 같게 나타난다(곽충구 2004:16-17).[25)]

4.1.2.2. '-히-'

이 지역어에서 피동접미사 '-히-'는 말음(또는 자음군)이 /ㄱ, ㄺ, ㅂ, ㄼ, ㅈ, ㄵ/인 동사, 형용사어간에 결합하여 피동사를 파생하며 어간말음이 모음인 경우에는 결합되지 않는다. 또한 $\{XVrɨ-\}_2$ 유형에 속하는 어간의 모음으로 시작되는 어미 '-아X/어X-'앞에서의 교체형 '늙-'에도 결합된다.

(19) 가. 맥히다(←먹다, 먹히다),
맥히다(←막다, 막히다), 백히다(←박다, 박히다),
속히다(←속다, 속히다), 긁히다(←긁다, 긁히다)
나. 접히다(←접다, 접히다), 뽑히다(←뽑다, 뽑히다),
엡히다(←업다, 업히다),

---

25) 이런 특수한 어간 교체를 보이는 활용어간에 대해서는 곽충구(2000)을 참고.

잽히다(←잡다, 잡히다, B), 굽히다(←굽다, 고기가 ~),
갭히다(갑다, 괴다, B), 붋히다(←붋다, 밟히다),
둷히다~뚧히다(←둷다~뚧다, 뚫리다, B)

다. 즞히다(←즞다), 즈즈즞히다(←즈즈즞다),
엀히(우)다(←엀다, 얹히다)

라. 생각히(우)다

(19가)는 말음이 /ㄱ, ㄺ/인 동사어간을 어기로 피동사를 파생한 것으로 '멕히다', '맥히다', '백히다'는 타동사어간 '박-'이 피동접미사 '-히-'와 결합된 후 움라우트를 겪은 것이다. '백히다'는 피동접미사 '-이-'에 의해 파생된 피동사 '백이다'와 수의적으로 함께 쓰이고 있으며 '신체의 어떤 부위가 장애물 같은 것에 부딪치다'는 의미로도 쓰인다. '속히다'는 자동사어간 '속-'에 '-히-'가 결합되어 형성된 것으로 '속다'와 마찬가지로 '거짓이나 꾀에 넘어가다'는 의미를 뜻하는데 그 중 '속히다'가 '속임을 당하다'는 의미가 더 강하게 나타난다. 즉 '속히다'가 '속다'에 비해 피동성의 자질을 더 지닌 것으로 보인다.

(19나)는 말음이 /ㅂ, ㄼ/인 동사어간을 어기로 피동사를 파생한 것으로 '업히다', '잽히다', '갭히다'는 피동접미사 '-히-'와 결합된 후 움라우트를 겪은 것이다. '갭히다'는 자동사어간 '갑-'에 '-히-'가 결합되어 형성된 것으로 '갑다'와 마찬가지로 모두 표준어의 '(물이)고이다'와 같은 의미이다. 곽충구(2004:4-5)에서는 굳이 그 차이를 말한다면 '갑다'는 '차다(滿)'와 가까운 의미로 상태성이 강하고 '갭히다'는 동작성이 강하다고 하였다.[26] 또한 통사론적으로 보면 '갑-'은 '갭히다'의 능동사가 될 수 없으며 이들이 사용된 문장에는 행동주가 존재하지 않을 뿐만 아니라 '갭히다'가 사용된 문장에 대당되는 능동문 역시 존재하지 않지만 조어법상에서 보면 '갭히다'는 자동사어간 '갑-'에 '-히-'가 결합되어 파생된 동사로[27] '갭히다'의 어기에 해당하는

26) '갑다'와 '갭히다'에 대해서는 곽충구(2004:4-5)의 예문 3을 참고.

어기 '갑-'이 존재하고 또 두 동사는 일정한 의미차이를 보이므로 어형성의 면이나 어휘 의미 자질의 면에서 볼 때는 피동사와 다를 바 없다고 하였다. (19가)의 '속히다'도 '갭히다'와 마찬가지로 통사론적으로 보면 피동사라고 할 수 없는 어휘적 파생어이지만 조어법상에서 보면 피동사와 다를 바 없다. '속히다'와 '갭히다'는 '타동사만을 어기로 할 수 있다'는 표준어의 피동사 파생의 제약에는 위배되는 것이다. '굽히다'는 타동사어간 '굽-'에 '-히-'가 결합되어 형성된 것인데 '구워지다'의 의미로 표준어에는 존재하지 않는다. 즉 표준어에서는 '굽다'의 피동사가 존재하지 않고 '구워 지다'에 의하여 피동표현이 이루어지지만 이 지역어에서는 피동사 '굽히다'에 의하여 피동표현이 이루어진다. '볾히다'는 타동사어간 '밟-'의 방언형 '볾-'에 '-히-'가 결합된 것이고 '둛히다~뚧히다'는 타동사어간 '뚫-'의 방언형 '둛-~뚧-'에 '-히-'가 결합된 것이다.

(19다)는 어간 말음이 /ㅈ, ㄵ/인 동사, 형용사 어간을 어기로 피동사를 파생한 경우이다. '궂히다', '즈즈궂히다'는 형용사어간 '궂-'과 자동사어간 '즈즈궂-(좋지 않은 일이 계속되다)'에 '-히-'가 결합되어 형성된 것인데 통사론적으로 피동구문의 형성이 불가능하지만 피동사로 존재한다.[28] 표준어에서 주어의 동작이나 상태의 변화만을 인식하는 것과 달리 주어에 미친 동작이나 작용이 행동주라고 할 수 있는 어떤 타율적인 요인에 의하여 이루어지는 것으로 인식한 결과이다(곽충구 2004:9). (19라)의 '생각히다'는 타동사어간 '생각하-'에 '-히-'가 결합되어 형성된 것으로 표준어에서 '-하다'계 동사들은 피동

27) '갑다'는 중세한국어 '고ᇦ다(溜)'의 반사형으로 표준어 '괴다'는 '고ᇦ다'에서 발달한 것으로 보이나 그 변화과정이 분명하지 않은데 중세한국어의 파생법을 고려하면 '고ᇦ+ㅣ-'를 상정할 수 있지만 접사 'ㅣ'앞에서는 w(<β)가 탈락하므로 'ᄀ이->고이-'의 변화는 용인하기 어렵다(곽충구 2004:5).

28) ㄱ. 내일 날이 <u>궂히겠다.</u> (내일 날이 궂겠다.)
ㄴ. 요즘 어때 날이 이렇게 <u>즈즈궂나?/</u>요즘 어때 날이 이렇게 <u>즈즈궂히니?</u>(요즘 왜 날이 이렇게 좋지 않니?)

사 파생의 어기가 되지 못한다는 형태론적 제약 조건에 적용되지 않는다. 피동사어간 '생각히-'에 피동접미사 '-우-'가 결합된 '생각히우다'도 함께 쓰이고 있다.

(20) 닑히다(←니르다(讀), 읽히다)

(20)은 특수한 어간 교체를 보이는 동사로부터 파생된 피동사이다. '니르-'가 {XVrɨ-}$_2$ 어간이므로 모음으로 시작하는 어미 앞에서의 교체 이형태에 피동접미사 '-이-'가 결합되어야 하지만 '-히-'가 결합되어 피동사 '닑히다'를 형성하였다. 이는 '니르-/닑-'을 어기로 파생된 사동사 '닑이-'와의 변별을 위한 것으로 보인다(곽충구 2004:17). 표준어에서는 피동사와 사동사가 '읽히-'로 동일하지만 이 지역어에서는 접사에 의하여 구분되어 나타난다.

4.1.2.3. '-기-'

피동접미사 '-기-'는 말음(또는 자음군)이 /ㄷ, ㄹ, ㅁ, ㅅ, ㅈ, ㅊ, ㄴ, ㄴㆆ, ㄻ/인 동사어간에 결합된다.

(21) 가. 댇기다(←닫다(閉), 닫히다), 댇기다(←닫다(走), 달려지다),
닳기다(←닳다(走), 달려지다), 닯기다(←닯다(走), 달려지다),
갇기다~갣기다(←가두다(囚), 갇히다)
파묻기다(←파묻다(埋), 파묻히다),
뜯기다~띧기다(←뜯다, 뜯기다),
듣기다(←듣다(聽), 들리다), 싣기다(←싣다(載), 실리다)
나. 다슬기다(←다슬다(磨), 닳아지다),
들기다(←들다(擧), 들리다),
그슬기다~끄슬기다(←그슬다~끄슬다, 불에~),

말기다~몰기다(←말다~몰다(捲), 말리다),
알기다(←알다, 알게 되다),
물기다(←물다, 물리다, 모기에~),
불기다(←불다(吹), 바람개비가 잘 ~),
걸기다(←걸다, 걸리다, 옷이 옷걸이에 ~),
날기다(←날다(飛), 날리다),
붙들기다(←붙들다, 붙들리다),
몰기다(←몰다(驅), 몰리다),[29]
쌀기다~쏠기다(←쌀다~쏠다(切), 썰리다),
밀기다(←밀다(推), 밀리다),
열기다(←열다, 열리다, 열매가 ~),
헐기다(←헐다(毁), 헐리다),
(매)달기다(←(매)달다(掛), (매)달리다, 열매가 ~),
탈기다(←탈다(捻), 꼬이다/탈리다),
팔기다(←팔다, 팔리다, 옷이 잘 ~),
널기다(←널다, 옷이 ~, 널리다),
털기다(←털다, 먼지가 ~, 털리다),
떨기다(←떨다, 몸이 ~, 떨리다),
흔들기다(←흔들다, 흔들리다)

다. 감기다~갬기다(←감다, 실이 ~, 눈이 ~),
댐기다(←담다, 담기다)

라. 붓기다(←붓다(腫), 눈이 ~),
앳기다(←앗다(奪), 빼앗기다),
쫏기다(←쫏다, 쫏기다, 닭에게 ~),
젓기다(←젓다, 죽이 잘 저어지다)
cf. 끗기다(←끄스다, 끌리다),

마. 쯪기다(←쯪다(撕), 찢기다), 꽂기다(←꼽다, 꽂히다),

29) '몰기다(몰리다)'는 '몰다(驅)'의 피동사외에 '따돌림을 당하다'의 의미로 도 쓰인다.

싳기다(←싳다, 씻기다)

바. 곪기다[공기다](←곪다, 곪기다),

쌂기다[생기다](←삶다, 삶기다)

사. 앤기다[앵기다](←안다, 안기다, 아이가 ~),

끈ㅎ기다(←끈ㅎ다, 끊기다,)

(21가)는 말음이 /ㄷ/인 동사어간에 '-기-'가 결합되어 형성된 것이다. '댇기다'는 타동사어간 '닫-(閉)'이 피동접미사 '-기-'와 결합된 후 움라우트를 겪은 것이다. '댇기다(<닫-+-기-)'는 파생어의 어기와 활용어간이 다른 예인데 파생어의 어기는 '닫-(走)'이지만 활용어간은 '닭-' 또는 '닮-'로 나타난다. 또한 '닭기-' 또는 '닮기-'도 보이므로 '댇기-'는 '닫-'이 '닭-'이나 '닮-'로 재구조화되기 이전에 파생된 것이다.[30] '댇기다', '닭기다', '닮기다'는 사동사로도 쓰인다.[31] 따라서 '닭기다'와 '닮기다'는 활용어간이 재구조화된 후 다시 피동접미사 '-기-'와 결합되어 형성된 것이다. '갇기다~갣기다'는 타동사어간 '갇-'에 '-기-'가 결합된 것인데 어기가 되는 활용어간이 '가두-'로 변하였지만 피동사는 과거의 모습을 그대로 유지하고 있다. '파묻기다', '뜯기다~띧기다'는 규칙 활용을 하는 타동사어간 '파묻-', '뜯-~띧-'에 '-기-'가 결합된 것이고 '듣기다', '싣기다'는 불규칙 활용을 하는 타동사어간 '듣-', '싣-'에 '-기-'가 결합된 것이다. 즉 피동접미사 '-기-'는 'ㄷ'규칙 용언 어간뿐만 아니라 'ㄷ'불규칙 용언 어간에도 결합된다.[32]

이 지역어에서는 표준어에서와 달리 말음이 /ㄹ/인 동사어간에 '-

30) 곽충구(2004:19)에서 이미 '댇기-'는 '닫->닭-'의 변화 이전에 파생된 것임을 지적한 바 있음.

31) 예) 운동자: 댇게라~닭게라~닮게라.(운동장을 달리게 해라).

32) 곽충구(2004:18)은 이같은 사실을 지적하면서 구본관(1994)의 경주 방언에서 'ㄷ'정칙 및 변칙 용언에 '-기이-'가 결합된 다는 점에서 함북 방언과 일치한다고 하였다.

기-'가 결합되는데 (21나)가 그 예들이다. '다슬기다'는 자동사어간 '다슬-'에[33) '-기-'가 결합된 것으로 '다슬-'과 마찬가지로 '닳아지다'의 의미를 나타내는데 '다슬-'에 비해 피동성이 더 강하다. '그슬기다~끄슬기다'는 자동사어간 '그슬~끄슬-'에 '-기-'가 결합된 것으로 '그슬~끄슬-'과 마찬가지로 '그을다'의 의미를 나타내는데 '그슬~끄슬-'에 비해 피동성이 더 강하다.[34) '다슬기다', '그슬기다~끄슬기다'는 '속히다', '잽히다'와 마찬가지로 통사론적으로는 피동사라 할 수 없는 어휘적 파생어이지만 조어법상에서 보면 피동사와 다를 바 없으며 '타동사만을 어기로 할 수 있다'는 표준어의 피동사 파생의 제약에 위배되는 것이다. '들기다', '물기다'는 타동사어간 '들-', '물-'에 '-기-'가 결합된 것인데 사동사로도 쓰인다. '알기다'는 타동사어간 '알-'에 '-기-'가 결합된 것으로 '알게 되다'의 의미를 나타내는데 이는 '의미론적인 면에서 본다면 대체로 추상적인 심리작용과 관련되는 타동사들은 피동사 파생의 어기가 되지 못한다'는 표준어의 피동사 파생의 제약에 위배되는 것이다.[35) '불기다'는 동사어간 '불-'에 '-기-'가 결합된 것으로 '불어지다'의 의미를 나타낸다. '알기다', '불기다' 등은 표준어에서는 대응하는 피동사가 나타나지 않으며 '-게 되다'나 '-어지다' 피동 구문에 의해 피동표현을 대신한다.

(21다)는 말음이 /ㅁ/인 동사어간에 '-기-'가 결합된 경우이다. '갬기다', '댐기다'는 타동사어간 '감-', '담-'에 '-기-'가 결합된 후 움라우트를 겪은 것이다.

---

33) '다슬-'은 '닳-'의 방언형이다.

34) 이 지역어에서 '그슬-~끄슬-'은 표준어의 '그슬-'과 달리 '그을-'과 같은 의미로 자동사로만 쓰인다.

35) 평북 방언에서도 '의미론적인 면에서 대체로 추상적인 심리작용과 관련되는 타동사들은 피동사의 파생의 어기가 되지 못한다'는 표준어의 피동사 파생 제약 조건의 예외라고 할 수 있는 '알다'의 피동형 '알리다'를 사용한다(정의향 2010:101). 피동접미사로 '-리-'가 결합된 것이 함북 방언과 다르다.

(21라)는 말음이 /ㅅ/인 동사어간에 '-기-'가 결합된 경우이다. '붓기다'는 자동사어간 '붓-'에 '-기-'가 결합된 것으로 '붓다'와 같은 의미로 사용되는데 '붓기다'가 피동의 의미가 더 강하다. '붓기다'는 '다슬기다', '그슬기다'와 같은 유형으로 '타동사만을 어기로 할 수 있다'는 표준어의 피동사 파생 제약에 위배되는 것이다. '앳기다'는 타동사어간 '앗-'에 '-기-'가 결합된 후 움라우트를 겪은 것이고 '쫓기다'는 타동사어간 '쫓-'에 '-기-'가 결합된 것이다. '젓기다'는 타동사어간 '젓-'에 '-기-'가 결합된 것인데 표준어에서는 대응하는 피동사가 존재하지 않으며 '-어 지다' 피동 구문 '저어지다'에 의해 피동 표현을 대신한다. '끗기다'는 어기가 되는 활용어간이 교체 계열의 '단순화(leveling)'에 의해 'ㄲ스-'로 변화하였지만 피동사는 여전히 과거의 모습을 그대로 유지하고 있는 예이다. '끗기다'는 형태상으로 보면 '-기-'에 의한 파생으로 보이지만 통시적으로 보면 '-이-'에 의한 파생인 것이다. 말하자면 중세한국어에서 'ㄲ스-'는 '그ᅀᅳ-/긇ㅇ-'으로 비자동적 교체를 보이고 있었으므로 이 지역어에서도 '그스-/긋ㄱ-'으로 교체되었던 시기가 있었고 {XVrɨ-}나 {XVmu-} 어간처럼 '-아X/-어X'앞에서 교체되는 이형태 '끗ㄱ-'에 접미사 '-이-'가 결합되어 '끗기-'가 되었을 것이다(곽충구 2004:20).

(21마)는 어간말음이 /ㅈ, ㅊ/인 동사어간에 '-기-'가 결합된 경우이다. '쯪기다', '싳기다'는 타동사어간 '쯪-', '싳-'에 '-기-'가 결합되어 형성된 것이고 '꽂기다'는 타동사어간 '꽂-'에 '-기-'가 결합된 것으로 어기가 되는 활용어간은 '꼽-'으로 변화되었지만 그 파생어는 과거의 모습을 그대로 유지하고 있는 예이다. '싳기다'는 이 지역어에서 사동사로도 쓰이고 있다.

(21바)는 어간말음이 자음군 /ㄻ/인 동사어간에 '-기-'가 결합된 경우이다. 이 지역어에서 '곪-', '삶-'의 방언형으로는 '곪-'과 '곰-', '삶-'과 '삼-'이 있는데 그 피동사는 각각 '곪기다[공기다]'와 '곰미다', '삶기다[생기다]'와 '삼미다'로 나타난다. 즉 어기가 되는 활용어

간이 '곪->고ퟢ-', '삶->사ퟢ-'으로 변화하면서 그 파생어도 '곪기다[공기다]'에서 '고ퟢ이다[곰미다]', '쇎기다[생기다]'에서 '사ퟢ이다[삼미다]'로 바뀐 것이다. 피동사어간이 어기가 되는 활용어간의 변화에 따라 같이 바뀌었을 뿐만아니라 결합되는 피동접미사도 바뀌었다. '곪-', '삶-'에는 피동접미사 '-기-'가 '고ퟢ-', '사ퟢ-'에는 피동접미사 '-이-'가 결합되었다. 자음군 /ㅁㅁ/뒤에 접미사 '-이-'가 결합된 것이 흥미롭다.

(21사)는 어간말음이 /ㄴ, ㄴㆆ/인 동사어간에 '-기-'가 결합된 경우이다. '앤기다[앵기다]'는 타동사어간 '안-'에 '-기-'가 결합된 후 움라우트와 연구개음화를 겪은 것이고 '끈ㆆ기다'는 타동사어간 '끈ㆆ-'에 '-기-'가 결합된 것이다. '앤기다[앵기다]'는 사동사로도 쓰인다.

이상에서 보는 바와 같이 이 지역어에서는 표준어와 달리 어간말음이 /ㄹ/인 어기에는 '-기-'가 결합되며 'ㄷ'규칙 용언어간뿐만 아니라 'ㄷ'불규칙 용언 어간에도 '-기-'가 결합된다. 또한 피동사의 어기와 활용어간이 다른 예들이 존재하며('댇기다(走)', '가두다(囚)'), 어간말음이 /ㅈ/인 어기에는 '-기-'가 결합된다.[36]

4.1.2.4. '-우-'

이 지역어에서 접미사 '-우-'는 사동표현과 관련하여 활발하게 쓰일 뿐만 아니라 피동표현과 관련하여서도 활발하게 쓰이고 있다. '-우-'는 모음으로 끝나는 동사어기에 결합하여 피동사를 파생한다.

(22) 가. 떼우다(←떼다, 떼이다, 돈을 ~),
꼬집아떼우다(←꼬집아떼다[37]), 꼬집히다),
케우다(←케다(飮)[38]), 켜이다, 물이 ~),

36) 곽충구(2004:18-19)에서 이미 지적된 바 있음.
37) '꼬집아떼다'는 '꼬집다'의 방언형이다.

헤비우다(←헤비다[39]), 허비우다, 얼굴을 ~),
다티우다(←다티다, 눈을 ~), 들키우다(←들키다),
홀리우다(←홀리다, 홀림을 당하다, B)
지우다~쥐우다(←쥐다, 발밑에 돌이 ~)
나. 부시우다(←(눈)부시다, 눈이 ~, B)

(22가)는 모음으로 끝나는 타동사어간에 '-우-'가 결합된 경우이다. '떼우다', '케우다'는 표준어에서는 타동사어간 '떼-', '케-'에 '-이-'가 결합되어 피동사를 파생하지만 이 지역어에서는 '-우-'가 결합된다. '-우-'는 어간 모음이 'ㅣ'로 끝난 경우에도 결합되는데 '헤비우다', '다티우다', '들키우다', '홀리우다'가 그 경우이다. 이때의 '-우-'는 상(相)적 의미를 강조하는 것으로 생각된다. 이들은 동사어간 '헤비-', '다티-', '들키-', '홀리-'에 '-우-'가 결합된 것인데 '헤비우다'를 제외하고는 표준어에서 이와 대응되는 피동사가 없이 어기가 되는 용언으로 피동표현을 한다.

(22나)의 '부시우-'는 '부시-+-우-'로 분석할 수 있는데 이때 어기가 되는 활용어간 '부시-'는 이 지역어에서 형용사로도 기능하고 자동사로도 기능하는데 주로 '눈이 부시다'형태로 쓰이어 '빛이 세거나 밝아서 바로 보기가 어렵다'는 의미를 나타낸다. 표준어에는 '부시우다'에 대응하는 피동사가 존재하지 않는다. 표준어에서는 주어의 동작이나 상태의 변화만을 인식하지만 이 지역어에서는 '눈이 부시다'의 동작주인 '눈'이 어떤 타율적인 요인에 의하여 '부시게 된'것으로 인식했기 때문에 '부시우다'가 형성된 것이다. 이 역시 '타동사만을 어기로 할 수 있다'는 표준어의 피동사 파생의 제약에 어긋나는 것이다.

---

38) '케다'는 '켜다(飮)'의 방언형인데 '케다'보다는 '들이케다'로 많이 쓰이지만 피동사는 '케우다'와 '들이케우다'가 모두 사용빈도가 높다.
39) '헤비다'는 '허비다'의 방언형이다.

(23) 가. 얼리우다(←얼리다, 속히다, B), 속이우다(←속이다),
발리(우)다(←바르다(塗), 발리다),
눌리(우)다(←누루다(壓), 눌리다),
묶이우다(←무꾸다 또는 묶다, 묶이다),
볶이우다(←볶이다, 속이 ~),
섞이우다(←섞이다), 깎이우다(←깎이다),
훑이우다(←훑이다, 훑이다),
얹이우다~얹히우다(←얹이다~얹히다, 체하다)
나. 갇기우다~갣기우다(←갇기다~갣기다, B),
끗기우다(←끗기다, B),
앳기우다(←앳기다(奪), 빼앗기다), 뺏기우다(←뺏기다),
밀기우다(←밀기다), 쫒기우다(←쫒기다),
찔기우다(←찔기다, 칼에 ~),
물기우다(←물기다, 개에게 ~),
짤기(우)다(←짜르다(剪), 짤리다),
딜기(우)다~띨기다(←디르다~띠르다(刺), 찔리다),
말기(우)다(←마르다(裁), 말리다),
발기(우)다(←바르다(剝), 발리다),
갈기(우)다(←가르다(分), 갈리다), 깔기우다(←깔기다),
몰기(우)다(←몰기다, 도둑으로 ~)
다. 긁히(우)다(←긁히다), 잽히(우)다(←잡히다(執)),
생각히우다(←생각히다), 낡히우다(←낡히다),
속히우다(←속히다), 멕히우다(←멕히다),
업히우다(←업히다)

피동접미사 '-우-'는 사동접미사 '-우-'와 마찬가지로 피동사를 파생시키는 적극적인 기능을 담당할 뿐만 아니라 어떤 경우에는 '-이-', '-히-', '-기-' 등 'ㅣ'로 끝난 접미사 뒤에 결합되어 피동사를 파생하기도 한다. (23가)는 접미사 '-이-'에 의해 파생된 사동사나 피동사어간에 다시 '–우–'가 결합되어 피동사를 파생한 경우이다. '얼리우다'와 '속이우다'는 사동사어간에 '–우–'가 결합된 경우이고 그 외의 것은 피동사어간에 '–이–'가 결합된 경우이다. (23나)는 접미사 '–기–'에 의해 파생된 피동사어간에 다시 '–우–'가 결합되어 피동사를 파생한 경우이고 (23다)는 접미사 '–히–'에 의해 파생된 피동사어간에 다시 '–우–'가 결합되어 피동사를 파생한 경우이다. 접미사 '–이–', '–히–', '–기–' 등 접미사 다음에 결합되는 사동사접미사 '–우–'가 태의 변화에 간여하지 않고 그것이 결합된 동사의 사동성을 강조하는 기능을 하는 것처럼 피동사형성에서도 '–이–', '–히–', '–기–' 등 접미사 다음에 결합되는 '–우–'는 대체로 태의 변화에 간여하지 않고 그것이 결합된 동사의 피동성을 강조하는 기능을 한다고 생각된다. 다만 피동사의 파생에 있어서는 태의 변화에 간여하는 예외가 존재한다는 것이 흥미롭다.[40] '얼리우다', '속이우다'가 그 예인데 이들은 사동사 '얼리다', '속이다'에 '–우–'가 결합되어 피동사가 파생된 경우이다.

4.1.2.5. '-이우-'

피동접미사 '–이우–'는 표준어에서와 마찬가지로 모음으로 끝난 어기에 결합하여 피동사를 파생한다.

(24) 채우다(←차다(蹴), 차이다)[41], 쨰우다(←짜다(編), 짜이다),

---

40) 곽충구(2004:10)에서는 접미사 '–우–'는 태의 변화에 간여하지 않으므로 잉여적인 셈이며 그것이 결합된 동사의 피동성 또는 사동성을 강조하는 기능을 가진 것으로 생각된다고 하였다. 그러나 태의 변화에 간여하는 예외가 있다는 것은 언급하지 않았다.

41) '채우다'는 어기가 되는 동사어간 '차–'가 '발길로 내지르다'의 의미일 때는 사동사로도 쓰이지만 '차–'가 '사랑 또는 부부관계에서 일방적으로 관계를 끊다'는 의미일 때는 사동사로 쓰일 수 없다. 반면 피동사로 쓰일 때

쌔우다(←쏘다, 쏘이다, 벌에 ~), 배우다(←보다(視), 보이다)[42],
바끼우다(←빠꾸다, 바뀌다), 쫓이우다(←쫓우다, 쫓기다, B),
똘기우다(←똘구다(逐), 쫓기다), 닐기우다(←닐구다, 일으켜지다),
피우다(푸-+-이우-, 물을 푸다),
씨우다(←쓰다, 쓰이다, 회사에서 잘 ~)

(24)는 모음으로 끝나는 타동사어간에 '-이우-'가 결합되어 피동사를 파생한 경우이다. '채우다', '째우다'는 동사어간 '차-', '짜-'에 '-이우-'가 결합된 것으로 이중모음의 단모음화를 겪은 것으로 볼 수 있고 '쌔우다', '배우다'는 동사어간 '쏘-', '보-'에 '-이우-'가 결합된 것이다. '바끼우다', '쫓이우다', '똘기우다', '닐기우다', '피우다'는 동사어간 '바꾸-', '쫓우-', '똘구-', '닐구-', '푸-'에 '-이우-'가 결합된 것이고 '씨우다'는 동사어간 '쓰-'에 '-이우-'가 결합된 것이다. 표준어에는 '닐기우다', '피우다'에 대응되는 피동사가 존재하지 않는데 '-어 지다'에 의한 피동표현을 쓴다. '닐기우다'는 '일으켜지다'의 의미를 나타내고 '피우다'는 '퍼 지다'의 의미를 나타낸다.

4.2. 반복접미사에 의한 파생

비록 근대한국어를 대상으로 하였지만 기주연(1994)에서는 '-거리-', '-이-'를 동사화 접미사로, 이현희(2006)에서는 반복접미사로, 강은국(1993:104-106)에서는 되풀이됨을 뜻하는 접미사로 분류하였고 송철의(1992:189)에서는 '-거리-'와 '-대-'가 대부분의 국어사전들에서 동의적인 것으로 처리될 만큼 기능과 의미가 유사하다고 하였다. 이처럼 '-거리-', '-대-', '-이-'는 유사한 점이 많은 것이다.

역사적으로 보면 '-이-'는 15세기에 비교적 활발하게 쓰였는데 언

는 '차-'가 두 가지 의미로 모두 쓰일 수 있다.
42) '배우다'는 사동사로도 쓰인다.

제나 2음절 이상으로 된 소리나 행동을 나타내는 의성·의태어와 결합하여 그런 소리나 행동이 되풀이됨을 나타내었다. '-거리-'는 중세한국어시기에 나타나서 갈수록 생산성이 높아지기는 하였으나 19세기에 이르러서도 현대에 비하면 빈도수가 아주 낮은 편이었다(강은국 1993:393-394). '-대-'는 가장 늦게 확인되는데 근대 후기 문헌에서부터 소수의 용례만 발견되므로 그 이후에 생산성이 많이 향상된 것으로 보인다(정성경 2013:139).

표준어에서 접미사 '-거리-'와 '-대-'는 동사를 파생시키는 접미사 중에서 가장 생산적인 접미사들로 그 기능과 의미가 유사하지만[43] 세부적인 면에 있어서는 차이점을 보이고 있다.[44] '-거리-'와 '-대-'는 동작성 어근과 결합하여 어기의 동작이 반복적으로 이루어짐을 나타낸다(송철의 1992:189). 또한 '-거리-'와 '-대-'는 공시적으로 일종의 의존적인 형식으로서 통사적인 구성에 참여하여 공시적으로 어휘부에 존재하며 첩어성 의성·의태부사에 결합한다는 제약을 갖고 있다(구본관 1993:132). '-이-'는 '-거리-'나 '-대-'만큼 생산적인 것은 아니지만 그들처럼 동작성 어근과 결합하여 동사를 파생시키는 접미사이다(송철의 1992:194). 그러나 후기 근대한국어에서 '-이-'는 거의 '-거리-'에 버금가는 생산성을 가지고 있었으며 '-대(<ᄃᆡ)-)'보다는 훨씬 생산적이었다(조성금 2015:105). 분명한 것은 사·피동접미사의 이형태 중의 하나인 '-이-'와 동일한 형태를 가지고 있지만 그 의미기능은 다르다는 것이다.

4.2.1. '-거리-'

43) 대부분의 국어사전들에서는 이들을 동의적인 것으로 처리하고 있는데 이에 대해서는 이병근(1986:400) 참조.

44) 표준어의 '-거리-', '-대-'에 대해 본격적으로 다룬 업적으로는 김영희(1975), 김지홍(1986), 조남호(1988), 이건식(1988), 송철의(1992) 등이 있다.

이 지역어에서 '-거리-'는 일반적으로 동작성을 나타내는 의성·의태어 어근이나 그 반복형과 결합하여 어기의 동작을 반복적으로 하거나 그 소리나 동작이 연달아 계속됨을 나타내는 접미사이다.

(25) 가. 너덜거리다, 빈정거리다, 깜짝거리다, 끄덕거리다, 꿈지럭거리다, 쩔뚝거리다, 삐쭉거리다, 찌덕거리다, 미끌거리다, 우쭐거리다, 호똘거리다/헤뜰거리다, 비틀거리다, 굽실거리다, 덜렁거리다, 쏠랑거리다(쏠라닥거리다), 들썽거리다, 글썽거리다, 펄럭거리다, 매삼거리다, 푸드득거리다, 꾸물거리다, 번쩍거리다, 어정거리다, 지분덕거리다(집적거리다), 알랑거리다(아양 떨다)

나. 떨꺼덕거리다(덜커덕거리다), 쑥덕거리다, 쿨쩍거리다, 콜록거리다, 두두벌거리다(중얼거리다), 지지벌거리다, 중얼거리다, 떠듬거리다, 히히닥거리다, 시분덕거리다(시덕거리다)

다. 두근두근거리다, 빌빌거리다, 씩씩거리다, 앵앵거리다, 쿵쿵거리다, 낑낑거리다, 징징거리다, 찡찡거리다, 실실거리다

라. 긁적거리다, 흔들거리다, 기웃거리다, 까불거리다, 들락거리다, 만지작거리다

(25)는 '-거리-'가 동작성 어근에 결합된 경우인데 (25가)는 어기가 의태어 어근인 경우이고 (25나)는 어기가 의성어 어근인 경우이다. (25가)의 '너덜거리다'는 '자꾸 너덜너덜하다'는 의미로도 쓰이고 '몹시 경망스러운 행동을 하거나 자꾸 까불대다'는 의미로도 쓰인다. '쏠랑거리다'는 '까불까불하며 가벼운 장난을 자꾸 하다'는 의미를 나타내고, '매삼거리다'는 '초조하여 안절부절 못하고 자꾸 돌아치다'는 의미를 나타낸다. '호똘거리다'는 '몸집이나 몸의 일부를 방정맞게 갑

자기 움직이거나 흔드는 모양'을 나타내는 의태어 '호똘'에 '-대-'가 결합된 것으로 '잇달아 자꾸 호똘호똘하다'는 의미를 나타낸다. (25나)의 '쑥덕거리다'는 '남이 알아듣지 못하게 낮은 소리로 자꾸 쑥덕쑥덕하다'는 의미이고 '두두벌거리다'는 '무엇에 대한 불만을 혼자말로 자꾸 중얼중얼하다'는 의미이고 '지지벌거리다'는 '혼자말로 계속 중엉중얼하다'는 의미이다. '히히덕거리다'는 '시분덕거리다'와 같은 의미로 '실없이 웃으며 자꾸 시덕거리다'는 의미이다. (25다)는 어기가 반복형 의성·의태어 어근인 경우이고 (25라)는 어기가 동사로부터 파생된 의태어적 성격을 띠는 어근인 경우이다.

보는 바와 같이 이들 어기들은 모두 동작성을 띠는 어근들이다. 이 지역어에서도 순수히 상태성만 띠는 의태어 어근들은 '-거리-'와 결합할 수 없으나(*다닥거리다, *터덕거리다, *주룽거리다 …)[45] 의성어 어근들은 동작성 어근이 아니더라도 거의 예외없이 '-거리-'와 결합할 수 있는데 이는 의성어 어근들의 속성 중의 하나가 반복성을 띠는 것이고 그 자체가 동작성을 띠지 않는다고 해도 반드시 어떤 동작이나 움직임을 수반해야만 하기 때문이다(송철의 1992:189-190). 또한 '-거리-'가 1음절 어기와 결합하는 경우는 없으며 어근이 1음절인 경우에는 반드시 그 반복형에만 결합이 가능하다. 조남호(1988:58-63)에서는 그것은 1음절 의태어 어근은 순간성만을 지닐 뿐 지속성을 지니지 못하기 때문에 '-거리-'와 결합하면 충돌이 생기기 때문이라고 하였고 송철의(1992:191)에서는 그 이유가 무엇인지 분명하지 않지만 이익섭·임홍빈(1983)에서 지적한 바와 같이 1음절의 반복으로 이루어진 반복어들은 일반적으로 둘로 분석될 가능성이 없다고 하면서 1음절 반복으로 이루어진 반복어들을 둘로 분석해서 나오는 요소는 의미를 갖지 못하는 요소가 되는데 이런 무의미한 요소에 접미사

45) 다닥다닥: 자그마한 것들이 한곳에 많이 붙어 있는 모양.
터덕터덕: 물체의 겉이 매끈하지 못하고 매우 거치른 모양.
주룽주룽: 무엇이 줄줄이 매달려있는 모양.

'-거리-'가 결합하여 파생어를 만들 수는 없기 때문일 것이라고 하였다.

4.2.2. '-대-'

'-대-'는 거리와 마찬가지로 주로 동작성 어근과 결합하여 '어기의 반복적인 동작과 그 행위의 지속성'을 나타내는 접미사로서 동사를 파생한다.

(26) 가. 빈정대다, 너덜대다, 꿈지럭대다, 꾸물대다, 비틀대다, 호똘대다, 서성대다, 빌빌대다(비실비실)
나. 으르렁대다, 쿨쩍대다, 두두벌대다
다. 끙끙대다, 칭칭대다, 징징대다, 낑낑대다

(26)은 '-대-'가 동작성 어근과 결합한 경우인데 (26가)는 어기가 의태어 어근인 경우이고 (26나)는 어기가 의성어 어근인 경우이며 (26다)는 어기가 반복형 의성·의태어 어근인 경우이다. '칭칭대다'와 '징징대다'는 같은 의미로 '어린아이가 마음에 못마땅하여 보채거나 짜증을 내며 우는 모양'을 나타내는 의태어 '칭칭, 징징'에 '-대-'가 결합된 것으로 '잇달아 자꾸 칭칭하거나 징징하다'는 의미를 나타낸다.

'-대-'는 어기와의 결합양상에 있어서 '-거리-'와 거의 같은 양상을 보이고 있다. 순수히 상태성만 띠는 어근에는 결합되지 않으며 의성어는 동작성 어근이 아니라도 어기로 취할 수 있다. 음절수의 제약에 있어서서는 '-거리-'와 마찬가지로 1음절 어근에는 결합하지 못하지만 그 반복형에는 결합할 수 있다. 이처럼 '-거리-'와 '-대-'는 그 의미나 기능이 매우 유사하므로 차이점이 거의 없는 것으로 느껴지며 대부분의 경우는 서로 대치될 수 있다. 이런 점에서 이들을 의미상으로 변별성이 없는 접미사로 보는 경우도 있지만(김계곤 1969a:125/

1996:79) 차이점이 전혀 없는 것은 아니다. 어기와의 결합에 있어서 '-거리-'와 결합할 수 있지만 '-대-'와는 결합하지 못하거나 반대로 '-대-'와는 결합할 수 있지만 '-거리-'와는 결합하지 못하는 것들이 있다.

(27) 미끌거리다/*미끌대다, 매삼거리다/*매삼대다

'-대-'와 '-거리-'가 모두 어기의 동작의 반복성과 지속성을 나타내는 것이지만 '-대-'는 지속성보다는 반복성을 더 강조하여 나타내는 듯하다. 즉 '-대-'와 결합하는 어기는 동작성이 아주 강해야 하고 그 동작이 능동적이어야 한다는 것이다. 반면 '-거리-'는 어기의 능동성 여부와 상관없이 그저 동작성만 띠면 되는 것으로 느껴진다.

이 지역어에서도 '-거리-'와 '-대-'는 의미와 기능면에서 매우 유사하지만 완전히 동일하다고는 할 수 없다는 것이다. 생산성에 있어서는 '-거리-'가 훨씬 더 생산적인 모습을 보이고 있다.

'-거리-'와 '-대-'의 미세한 차이에 대해서는 김지홍(1986), 조남호(1988), 이건식(1988), 이익섭 · 채완(1999) 등에서 논의된 바 있는데 김지홍(1986:55-81)에서는 이들을 동의의 접미사가 아니라고 하였고 조남호(1988:64-68)에서도 이들은 의미가 같지 않으며 분포에 있어서도 제약을 보이는 별개의 접미사로 보았다. 이익섭 · 채완(1999:111)에서도 표준어에서 '으스대다', '뻗대다'가 가능하지만 '*으스거리다', '*뻗거리다'가 불가능한 것으로 보아 이 둘은 완전히 일치하는 것이 아니며 '-거리-'는 1음절 어기와는 전혀 결합할 수 없고 모음으로 끝나는 어기에도 거의 결합되지 않는 제약이 있다는 점에서 '-대-'와 구별된다고 하였다. 정의향(2010:110)에서는 이들의 논의에 근거하여 평북 철산 지역어에서 '-대-'는 '-거리-'와 마찬가지로 동작성을 띠는 어기와 결합하여 지속적인 동작을 나타내지만 '-거리

-'와 달리 화자가 동작을 적극적인 동작으로 파악하고 표현하고자 할 때 쓴다고 하였다.

한편 표준어에서 '-거리-'와 '-대-'가 어근분리현상을 보이지만 이 지역어에서는 이런 어근분리현상을 쉽게 찾아볼 수 없다(*호똘두 거린다/댄다, *낑낑들 거린다/댄다' …)[46].

4.2.3. '-이-'

이 지역어에서 '-이-'는 동작성 어근이나 동사, 형용사어간을 어기로 동사를 파생하며 기본적으로 '반복적 동작'이라는 의미를 나타내는데 생산성은 그리 높지 않다.

(28) 가. ㄲ덕이다, 허덱이다(허덕이다), 번떽이다(번쩍이다),
들멕이다(들먹이다), 울멕이다(울먹이다),
속색이다(속삭이다), 움직이다, 반짹이다(반짝이다),
지껄이다, 망설이다

나. 수구리다(수그리다), 오므리다(오므리다),
우쿠리다(웅크리다)

다. 오굴이다(오그리다), 우굴이다(우그리다), 찌글이다,
구불이다~꾸뿔이다

(28가)는 대체로 동작성 어근에 '-이-'가 결합되어 자동사 또는 타동사를 파생한 경우이다. 이때 어기가 되는 어근은 말음이 'ㄱ'이나 'ㄹ'인 2음절로 되어 있으며 그중 어기의 말음이 'ㄱ'인 경우가 대부분이다. '허덱이다', '번떽이다', '들멕이다', '울멕이다', '속색이다', '반짹

46) 고영근・구본관(2008:228-229)에서는 '-거리-'와 '-대-'가 어근분리 현상을 보이는 것은 이들이 파생접미사로 보기에는 다소 자립성이 강하다는 특성에서 온 것으로 생각된다고 하였다.

이다'는 파생어가 형성된 후 움라우트를 겪은 것이고 '망설이다'는 어기 '망설'을 동작성 어근으로 보기 어려운 예로 예외로 보아야 한다.

(28나, 다)는 동사어간에 '-이-'가 결합되어 타동사를 파생한 경우이다. 이들은 표준어 이전 시기에 동사어간을 형성하는 접미사 '-을(올)-'에 의해 파생된 동사어간을 어기로 파생된 동사들인데[47] '수굴다', '오물다', '우쿨다'가 공시적으로는 존재하지 않으므로 (28나)의 '수구리다', '오무리다', '우쿠리다'는 형태론적으로 어휘화한 것으로 보아야 한다.[48] 같은 이유로 표준어에서는 (28다)의 '오굴이다', '우굴이다', '찌글이다', '구불이다~꾸불이다'에 해당하는 '오그리다', '우그리다', '찌그리다', '구부리다'도 역시 형태론적으로 어휘화한 것으로 보았지만(송철의 1992:198) 이 지역어에서는 '오굴다', '우굴다', '찌글다', '구불다~꾸불다'가 존재하므로 공시적인 파생에 의한 것으로 볼 수 있다.

'-이-'는 1음절반복어(어근)나 어근의 반복형에 결합하는 일이 없이(이건식 1988:53-54, 송철의 1992:195) 2음절로 된 어기에만 결합하여 기본적으로 '반복적 동작'이라는 의미를 나타낸다. (28가)의 예들은 대부분 반복적인 동작을 나타내지만 '망설이다'는 어근 '망설'이 '이리저리 생각만 자꾸 하고 태도를 결정하지 못하다'는 의미로 '생각'의 반복일 뿐 '망설임'의 '반복적 동작'이라고 보기 어렵다.[49] 이런 예외까지 포괄시키기 위하여 김지홍(1986:70)에서는 '폭을 가진 지속성'[50]이라 하고 이건식(1988)에서는 '반복적 동작'을 나타내긴 하지

---

47) 이현희(1987a:139-140)에서는 '두드러지다'를 설명하기 위하여서는 중간단계로 '두들다'를 가정하지 않을 수 없다고 하면서 동사어간을 형성하는 접미사 '-올/을-'을 설정하였을 뿐만 아니라 매우 생산적인 접미사로 보았다.

48) 송철의(1992:198) 참조.

49) 송철의(1992:198)에서는 표준어의 '망설이다', '끈적이다' 등을 반복적 동작이라고 하기 어려우므로 예외로 보았다.

50) '폭을 가진 지속성'은 중의성(重義性)을 띠는데 일정한 주기를 지니고 반복되는 경우와 주기의 반복이라는 전제가 없이 한 번의 주기 속에서 어

만 반드시 빈도성을 가지는 것은 아니라고 하였다.

(28나, 다)의 예들은 (28가)의 예들과 달리 그 어기에 '-거리-'가 결합될 수 없으며[51] 접미사 '-이-'의 의미도 다르게 나타나는 것으로 보인다. 송철의(1992:198)에서는 표준어에서 '-이-'가 결합될 수 있는 모든 어근에는 '-거리-'도 결합될 수 있으나[52] (28나, 다)의 예들에서 보이는 어기에는 '-거리-'가 결합될 수 없으므로 (28가)와 (28나, 다)의 예들은 구분되어야 할 필요성이 있다고 하면서 (28나, 다)는 사역적인 의미가 강한 것으로 보인다고 하였고 정향란(2004:37)에서는 이들을 반복성보다는 피동의 상황에 의한 지속으로 보아 객관적인 동작이 완료된 상태가 그대로 지속됨을 나타낸다고 하였다.

4.3. 강세접미사에 의한 파생

'-떼리-'와 '-치-'는 표준어의 강세접미사 '-뜨리-/-트리-', '-치-'에 해당한다. 한국어의 강세접미사는 중세한국어 시기부터 원래 실사(實辭)인 용언으로 기능하던 것이 시간의 흐름에 따라 점차 문법화하여 접미사로 된 것인데 어기의 의미를 강화하는 의미를 가진다는 점에서 흔히 '강세접미사'라고 불러 왔다(이현희 1997).[53] '-떼리-'와 '-치-'는 이 지역어에서도 강세접미사로 기능한다.

떤 행위가 지속되는 경우가 있다(김지홍 1986:70 참조). '반복적 동작'의 의미를 갖는 '끄덕이다', '움직이다' 등은 첫 번째 경우에 속하고 '망설이다'처럼 '반복적 동작'으로 보기 어려운 것은 두 번 째 경우에 속한다.

51) '오물거리다', '오굴거리다', '우굴거리다', '찌글거리다', '구불거리다~꾸불거리다'가 가능하여 예외인 것처럼 보이지만 이때의 '오물', '오굴', '우굴', '찌글', '구불~꾸불'은 '오무리다', '오구리다', '우구리다', '찌그리다', '구부리다~꾸부리다'의 어기와는 다른 의미를 갖는다.

52) 이 지역어에서는 '지껄거리다', '망설거리다'는 성립되지 않는다.

53) 강은국(1995)는 '강조의 뜻을 나타내는 접미사'라고 불렀다.

4.3.1. '-떼리-'

'-떼리-'는 표준어의 강세접미사 '-뜨리-/-트리-'에 해당하는데 중세한국어 'ᄣᅳ리-'로부터 문법화한 것으로 'ᄣᅳ리->떠리->떼리-'의 변화를 경험한 것이다(곽충구 1994b: 22-23).[54] '-떼리-'는 몇몇 동사의 아/어 연결형 또는 어간이나 어근과 결합하여 '강조'의 뜻을 더한다.

(29) 가. 넘어떼리다(넘어뜨리다)
　　나. 내레떼리다/내리떼리다(내려뜨리다),
　　　올레떼리다/올리떼리다(올려뜨리다),
　　　딜에떼리다/딜이떼리다(들이뜨리다)
　　다. 내떼리다(내뜨리다)

(29가, 나)는 동사의 아/어 연결형에 '-떼리-'가 결합되어 형성된 것이다. '넘어떼리다'는 '넘-'의 활용형 '넘어'에 '-떼리-'가 결합된 것으로 '넘어지게 하다'의 의미를 나타낸다. '내레떼리다', '올레떼리다', '딜에떼리다'는 사동사 '내리-', '올리-', '딜이-'의 활용형 '내레', '올레', '딜에'에 '-떼리-'가 결합된 것으로 '내려가게 하다', '던져 올려서 올라가게 하다', '던져서 들어가게 하다'의 의미를 나타낸다. 활용형이 아닌 사동사어간에 직접 결합된 '내리떼리다', '올리떼리다', '딜이떼리다'도 나타나는데 이는 이 지역어에서 '-떼리-'와의 결합에 있어서 '-아/어'의 개재는 수의적임을 말해준다. (29다)의 '내떼리다'

54) 'ᄣᅳ리-'가 '뜨리-'로 변화한 것은 'ᄣᅳ리-'가 다른 타동사와 결합하여 복합어를 형성하면서 비어두위치에 놓이게 되고 이로써 'ᆞ>으'의 변화에 합류하였기 때문이고 '-뜨리-'와 '-트리-'가 공존하는 것은 'ᄣᅳ리-'의 'ㅂ'계 자음군이 경음과 유기음 두 갈래의 변화를 겪었기 때문이다(곽충구 1994b:23).

는 '안에서 바깥쪽으로 집어던지다'는 의미를 나타내는데 어기 '내-'는 '겉으로나 밖으로 나가거나 나오다'는 의미를 뜻하는 자동사 '나다(出)'의 사동사어간으로 '겉으로나 바깥쪽으로 끄집어내다'는 의미를 나타낸다. 이처럼 '-떼리-'는 사동의 의미를 나타내거나 사동의 의미를 강조하는 기능을 한다.

(30) 가. 꼬불떼리다(꼬부라뜨리다), 꾸불떼리다(꾸부러뜨리다),
찌글떼리다(찌그러뜨리다)
나. 쪼골떼리다(쪼그라뜨리다), 쭈굴떼리다(쭈그러뜨리다),
수굴떼리다~수쿨떼리다(수그러뜨리다),
우쿨떼리다(웅크러뜨리다), 우물떼리다, 쭈물떼리다,
뽀돌떼리다~뿌들떼리다

(30)은 어기 말음이 /ㄹ/인 동사어간이나 어근, 의성・의태어 어근에 '-떼리'가 결합된 경우이다. (30가)는 동사어간 '꼬불-', '꾸불-', '찌글-'에 '-떼리-'가 결합되어 형성된 것으로55) '꼬불떼리다', '꾸불떼리다'는 '신체의 일부를 한쪽으로 구붓하게 굽어지게 하다'는 의미를 나타내고 '찌글떼리다'는 '얼굴이나 눈살을 찡그리어 주름이 잡히게 하다'는 의미를 나타낸다. (30나)는 동사어근이나 의성・의태어 어근에 '-떼리-'가 결합된 것이다. '쪼골떼리다', '쭈굴떼리다'는 '쪼골쪼골', '쭈굴쭈굴'의 어근 '쪼골', '쭈굴'에 '-떼리-'가 결합된 것으로 '팔다리를 오그려 몸을 작게 움츠리다'는 의미를 나타낸다. '수굴떼리다~수쿨떼리다'는 '수구리다~수쿠리다'의 어근 '수굴~수쿨'에 '-떼리-'가 결합된 것으로 '깊이 폭 수그리다'는 의미를 나타내고 '우쿨떼리다'는 '우쿠리다'의 어근 '우쿨'에 '-떼리-'가 결합된 것으로 '몸을 잔뜩 웅크려 작게 하다'는 의미를 나타낸다. '우물떼리다', '쭈물떼리다'는 '우물우

55) 표준어에서는 '꼬불다', '꾸불다', '찌글다'가 존재하지 않지만 이 지역어에서는 존재한다.

물', '쭈물쭈물', '우물쭈물'의 어근 '우물', '쭈물'에 '-떼리-'가 결합된 것으로 '우물떼리다'는 '말이나 행동을 선뜻 하지 못하고 머뭇거리거나 망설이다'는 의미를 나타내고 '쭈물떼리다'는 주로 '활발하지 못하고 어줍거나 부끄럼을 많이 타서 자꾸 머뭇거리거나 쭈뼛쭈뼛하다'는 의미를 나타낸다. 이 지역어에서 '우물떼리다'는 '말이나 행실이 떳떳하지 못하고 무언가 감추는 것이 있다'는 의미로도 쓰이는데 이때는 의미론적으로 어휘화된 것이다. '뽀돌떼리다~뿌들떼리다'는 '불만스럽거나 못마땅하여 뿌루퉁해 있다'는 의미를 나타내는데 어기 '뽀돌~뿌들'은 어원을 확인할 수 없으나 '뽀~뿌'는 '뽀로통~뿌루퉁'의 '뽀~뿌'와 같은 의미로 '붓거나 부풀어 올라서 볼록하다'는 의미를 뜻하는 것으로 보여진다.

(30)의 경우도 '-떼리-'는 사동의 의미를 가지는 동시에 강조의 의미도 나타낸다. 이 경우 대응되는 표준어는 '-아/어'활용형에 '-뜨리-/-트리-'가 결합된 것으로 통합구조상에서 차이를 보이고 있으며 표준어에서는 동작이 미치는 대상이 '사물'일 수도 있고 '몸이나 신체의 일부'일 수도 있지만 이 지역어에서는 '몸이나 신체의 일부'만 해당된다. 또한 '우물떼리다', '쭈물떼리다', '뽀돌떼리다/뿌들떼리다'같은 추상적인 심리작용과 관련된 어근을 어기로 한 파생어들도 나타나고 있는데[56] 표준어에는 이에 대응되는 동사가 존재하지 않는다. 이는 이 지역어에서 접미사 '-떼리-'에 의한 파생이 표준어에 비해 생산적임을 말해준다.

4.3.2. '-치-'

이 지역어에서는 강세접미사로 '-떼리-' 외에 '-치-(<-티-)'도 나타난다. '-티-'는 '打'의 의미를 갖는 동사 '티-'에서 온 것으로 보

56) 표준어에 '우무러뜨리다'는 존재하지만 그 의미는 '우물떼리다'와 전혀 다르다.

이므로 '-티-'가 결합되어 형성된 단어는 파생어가 아닌 합성어인 것으로 볼 수도 있으나 합성어 어근이 실질적인 의미를 잃어버리고 형식적인 의미로 쓰이게 되면 공시적으로 파생접미사가 되기도 한다는 데 근거하여 '-티-'가 '打'의 의미를 갖지 않는 경우 공시적으로 파생접미사가 된 것으로 볼 수 있다(구본관 1998a:242-243). 즉 '-치-'는 '打'의 의미를 갖는 동사어간 '티-(>치-)'가 문법화하여 접미사로 된 것인데 중세한국어시기에 아주 생산적으로 사용되던 '-티-'는 근대후기에 들어서서 '-티-'형태가 급격하게 줄어들면서 '-치-'로 통합되어 현재까지 사용되고 있다(이현희 2006:209). 심재기(1987:375)에서는 '티-(>치-)'는 원래 '(비바람이 세차게) 움직이다, (세차게) 때리다'는 뜻을 가진 동사어간인데 접미사로 된 경우에도 '세차게'라는 부가적 의미가 그대로 작용한다고 하였다.

이 지역어에서 '-치-'는 주로 명사나 동사어간과 결합하여 타동사를 형성한다.

(31) 가. 합치다, 겝치다(겹치다)
　　나. 쏟치다(쏟뜨리다), 받치다, 헤치다, 감치다, 걸치다, 덮치다, 홀치다
　　　cf. 메치다(메어치다)

(31가)는 명사성 어근에 '-치-'가 결합된 경우이다. '합치다'는 명사성 어근 '합'에 '-치-'가 결합되어 형성된 것으로 '합하다'를 강조하여 이르는 말이고 '겝치다'는 표준어의 '겹치다'에 해당하는데 명사성 어근 '겝'에 '-치-'가 결합되어 형성된 것으로 '여러 사물이나 내용 따위가 서로 덧놓이거나 포개어지게 하다'는 의미이다.

(31나)는 동사어간에 '-치-'가 결합된 경우이다. '쏟치다'는 표준어의 '쏟뜨리다/쏟트리다'에 해당하는데 동사어간 '쏟-'에 '-치-'가 결합된 것으로 '쏟-'을 강조하거나 '쏟아지게 하다'는 의미를 나타내고

'받치다'는 '받-'에 '-치-' 결합된 것으로 '받다'의 의미를 강조하는 말이다. '헤치다'는 동사어간 '헤-'에 '-치-'가 결합된 것으로 이 지역어에서는 주로 '속에 든 물건을 드러나게 하려고 덮인 것을 파거나 젖히다'는 의미나 '모인 것을 제각기 흩어지게 하다'는 의미로 쓰이며 '앞에 걸리는 물건을 좌우로 물리치거나 방해되는 것을 이겨 나가다'는 의미로 쓰이는 경우는 적다. 그러나 이 지역어에서 현재 '헤-'가 쓰이지 않으므로 '헤치다'는 형태론적으로 어휘화된 것이다. '메치다'는 '메-'에 '-치-'가 결합되어 형성된 것처럼 보이지만 사실은 '메어치다'의 준말로 이때 '치-'는 접미사가 아니다.

표준어에서는 '-뜨리-'와 '-치-'가 같은 어기와 결합하여 동사를 파생하는 경우(쏟치다, 쏟뜨리다)가 있지만 이 지역어에서는 그런 경우가 존재하지 않는다.

이상으로 동사 파생을 사·피동사 파생, 반복접미사에 의한 파생, 강세접미사에 의한 파생으로 나누어 살펴보았다. 그 내용을 표로 정리하면 다음과 같다.

[표 5] 함북 육진 방언의 동사 파생

분류	접미사	분포(어기)	의미 기능	예
사동사 파생	-이-	[V]$_{\text{ㄱ, ㄲ, ㄹ, ㅌ,ㄴㅎ, ㄵ, ㅀ}}$ [A]$_{\text{ㅍ, ㄹ}}$	사동	멕이다, 댂이다, 늪이다, 구불이다
	-히-	[V]$_{\text{ㄷ, ㅂ, ㅈ, ㄵ}}$ [A]$_{\text{ㅂ, ㄺ, ㄼ}}$		묻히다, 늡히다, 젲히다, 뎁히다, 밝히다, 넓히다
	-기-	[V]$_{\text{ㄴ, ㄷ, ㅌ, ㄹ, ㅁ, ㅅ, ㅊ, ㄻ, ㅀ(ㅀ)}}$		뜯기다, 다슬기다, 쯫기다
	-우-	[V]$_{\text{ㄷ, ㄲ, ㅊ, 모음}}$		거두다, 쑦우다, 좇우다, 지우다
	-이우-	[V]$_{\text{모음}}$		재우다, 세우다, 놀래우다
	-구-	[V]$_{\text{ㄷ, ㄹ, ㅁ}}$ [A]$_{\text{ㄹ, 모음}}$		끄슬구다, 돋구다, 넘구다 길구다, 느지구다
	-추-	[V]$_{\text{ㄹ, ㅈ}}$ [A]$_{\text{ㅈ}}$		들추다, 맞추다 낮추다
피동	-이-	[V]$_{\text{ㄱ, ㅎ, ㄲ, ㄺ, ㄵ, ㄻ}}$	피동	백이다, 깩이다, 곪이다

사 파생	-히-	$[V]_{\text{ㄱ, ㅂ, ㅈ, ㄵ, ㄺ, ㄼ}}$ $[A]_{\text{ㅈ}}$		멕히다, 뽑히다, 볽히다 궂히다
	-기-	$[V]_{\text{ㄷ, ㄹ, ㅁ, ㅅ, ㅈ, ㅊ, ㄴ, ㄶ, ㄻ}}$		댇기다, 다슬기다, 곪기다
	-우-	$[V]_{\text{모음}}$		떼우다, 케우다, 홀리우다
	-이우-	$[V]_{\text{모음}}$		채우다, 쌔우다, 배우다
반복접미사	-거리-	어근(동작성), Ad(첩어성 의성・의태)	반복, 지속	호똘거리다, 찡찡거리다, 흔들거리다
	-대-	어근(동삭성)	반복, 지속	호똘대다, 쿨쩍대다, 끙끙대다
	-이-	어근(동작성), V, A	반복적 동작	지껄이다, 찌그리다, 구불이다
강세접미사	-떼리-	V의 아/어 연결형, V, 어근	강조	넘어떼리다, 내떼리다, 쪼골떼리다
	-치-	N, V	강조	합치다, 쏟치다, 감치다

5. 형용사 파생

이 지역어에는 주로 명사, 동사, 형용사, 어근 등 어기와 결합하여 형용사를 파생하는 접미사들이 다수 존재한다. 이런 접미사들은 의미상으로는 '감정'을 나타내는 어간에 연결되어 '주관적인 감정'을 나타내는 파생어를 만드는데(안병희 1982:66) '어기의 속성이 풍부히 있음'을 나타낸다(김창섭 1984/1996:174).

본장에서는 이 지역어에 나타나는 형용사 파생접미사 '-스럽-', '-롭-', '-답-', '-압/업-', '-ㅂ-', '-브-', '-앟/엏-', '-다마-', '-지-', '-차-'에 대해 다룰 것이다. 이 중 '-스럽-', '-롭-', '-압/업-', '-앟/엏-', '-다마-'는 비교적 높은 생산성을 보여주고 있다. 또한 '-ㅂ-', '-브-'는 그렇게 생산적이지는 않지만 파생된 파생어의 사용빈도는 높다.

5.1. '-스럽-', '-롭-', '-답-'

5.1.1. '-스럽-'

명사나 어근과 결합하여 형용사를 만드는 파생접미사 '-스럽-'은 18세기에 이르러서야 처음 나타나는데[1)] 표준어의 형용사 파생접미사 중에서 가장 생산적인 모습을 보여 주고 있으며 현재도 '-스럽-'에

---

1) 기주연(1994:234, 각주 47)에서는 '역어유해(1975)'부터 등장한다고 하였고 강은국(1995:419)에서는 '몽어유해보(1970)'부터 발견된다고 하였다.

의한 신조어들이 계속 증가하고 있는 것으로 보아(김창섭 1984, 조남호 1988, 송철의 1992:199) '-스럽-'의 생산성은 현재도 계속 증대되고 있는 것으로 생각된다. 또한 '-롭-'에 의해 파생된 일부 단어들이 별다른 의미차이가 없이 '-스럽-'에 의한 파생으로 교체될 수 있는 것과[2] 한자어를 고유어로 바꾸어 쓰려는 사람들이 '-的'을 유사한 의미를 가진 '-답$_2$/롭-'이 아니라 '-스럽-'으로 바꾸어 쓴다는 사실(김창섭 1984:160)[3]도 '-스럽-'이 매우 높은 생산성을 가지고 있음을 증명해준다.[4] 이 지역어에서도 '-스럽-'은 표준어에서와 마찬가지로 구체명사나 추상명사와 결합하여 형용사를 파생하는데 추상명사와의 결합이 훨씬 더 생산적이다.

(1) 가. 어른스럽다,
　　나. 촌스럽다
(2) 경사스럽다, 수고스럽다, 공포스럽다, 변덕스럽다,
　　챙피스럽다(창피스럽다), 복스럽다, 고독스럽다, 자연스럽다,
　　부자연스럽다, 부담스럽다, 조심스럽다, 의심스럽다,
　　근심스럽다, 사랑스럽다, 자랑스럽다, 호들갑스럽다, 고급스럽다,
　　고집스럽다, 다행스럽다, 고생스럽다, 만족스럽다, 걱정스럽다,
　　인정스럽다, 영광스럽다, 식스럽다(패셔너블하다)

(1)은 구체명사를 어기로 '-스럽-'이 결합하여 형용사를 파생한

---

2) '평화롭다/평화스럽다, 수고롭다/수고스럽다, 자유롭다/자유스럽다'에서 '-롭-'이 '-스럽-'으로 교체될 수 있는 것은 '-스럽-'이 중세한국어의 '-드텡(답)/르텡(롭)-'이 수행하던 의미기능을 부분적으로 이어받은 것이기 때문으로 생각된다(송철의 1992:204-205).

3) 김창섭(1984:160)의 예문 47 참조.

4) 김창섭(1984:160)에서는 의미상으로는 '-的-'이 '-답$_2$/롭-'에 가장 가깝지만 '-답$_2$/롭-'이 생산성을 거의 상실하였기 때문에 '-스럽-'으로 대치된 것으로 보인다고 하였다. 이는 '-답2/롭-'의 비생산성을 말해주는 동시에 '-스럽-'이 생산성이 높다는 것을 말해준다.

경우인데 구체명사와 결합하는 경우는 극히 적다. (1가)는 어기가 인성명사인 경우이고 (1나)는 어기가 비인성명사인 경우이다. 이 지역어에서도 표준어에서와 마찬가지로 인성명사와 결합할 때의 '-스럽-'의 의미는 'N(어기)는 아니지만 N가 지니고 있는 특징적 속성 중의 일부를 지니고 있음'이라고 할 수 있겠다(윤동원 1986). '어른스럽다'는 '어른은 아니지만 어른의 특징적 속성 중의 일부를 지니고 있음' 즉 '나이는 어리지만 어른 같은 데가 있다'는 의미를 가진다. 인성명사가 아닌 구체명사와 결합할 때도 '-스럽-'에 의한 파생어들은 어기와 관련하여 연상되는 어떤 속성이나 특징 혹은 비유적 의미를 문제 삼는다(송철의 192:203). '촌스럽다'는 '세련된 맛이 없고 어수룩해 보이는 데가 있다'는 의미를 나타내는 데 여기서 '촌'은 단순히 '시골'의 의미를 나타내는 것이 아니라 '시골'과 관련하여 연상되는 '세련된 맛이 없음'의 속성을 의미한다. 이 지역어에서는 '-스럽-'이 인성명사나 인성명사가 아닌 구체명사와 결합하는 경우가 극히 적다.

(2)는 추상명사에 '-스럽-'이 결합하여 형용사를 파생한 경우인데 어기의 대부분이 한자어이며 높은 생산력을 보인다. '-스럽-'은 결합하는 어기가 실체성의 명사이든 추상명사이든 '선행소(어기)의 특징적 속성에 가깝게 접근했음'이라는 의미기능을 갖는데 그 판단은 '주관적 감각적인 면에서의 평가'이다(김창섭 1984:151-152).[5]

(3) 가. 가증스럽다, 미안스럽다, 충성스럽다, 원통스럽다(원통하다),
민망스럽다, 면구스럽다(면목이 없어서 부끄럽다)
나. 깜찍스럽다, 끔찍스럽다, 거북스럽다(복이 없다),
뻔뻔스럽다, 투박스럽다, 이악스럽다(앙칼스럽다),

5) 송철의(1992:204)에서는 이를 '어기가 의미하는 속성이나 특성이 있음에 대한 단정을 유보한 판단'이라고 할 수 있는데 이때의 판단은 판단대상의 내면적인 것에 대한 판단이 아니라 외형적인 것에 대한 판단이라고 하였다.

엉큼스럽다, 머절스럽다(바보스럽다)
다. 먹음직스럽다, 믿음직스럽다, 곱살스럽다, 맛깔스럽다, 밉깡스럽다(밉광스럽다)
라. 갑작스럽다, 새삼스럽다

이외에도 '-스럽-'은 여러 종류의 어근과 결합하여 형용사를 파생하는데 어근과 결합하는 경우에도 매우 생산적인 모습을 보인다. (3가)는 한자어 어근에 결합한 경우이고 (3나)는 상태성 어근과 결합한 경우이며 (3다)는 어근형성접미사에 의해 동사나 형용사로부터 파생된 어근과 결합한 경우인데 상태성을 띠는 어근들이다. (3라)는 부사성 어근과 결합한 경우이다. 이처럼 표준어에서와 마찬가지로 '-스럽-'과 결합하는 어근들은 대부분 상태성 어근이며 동작성 어근과 결합하는 경우는 찾아보기 힘들다(송철의 1992:205).

또한 어근을 어기로 취할 때 '-스럽-'의 의미 기능은 형용사 파생 접미사 '-하-'의 의미 기능과 거의 같은 것으로 느껴진다. 즉 이들에 의해 파생된 파생어들은 분명한 의미차이를 보이지 않는다.[6]

5.1.2. '-롭-'

'-롭-'은 모음말음으로 끝나는 명사나 어근과 결합하여 형용사를 파생시키는 접미사로서 '어기의 속성이 풍부히 있음'(김창섭 1984:150)의 의미를 나타낸다. '-롭-'은 비교적 생산적이긴 하지만 '-스럽-'보다는 생산적이지 않다.

(4) 경사롭다, 해롭다, 페롭다~페럽다(폐롭다), 리롭다(이롭다),

---

6) 송철의(1992:205-206), 이익섭·채완(1999:108), 정의향(2010:123)에서도 이러한 사실을 지적한 바 있다.

자유롭다, 줴롭다~좨롭다(C)(죄롭다, 혼자 있는 노인들이 가엾다, B)

(5) 가. 자애롭다, 순조롭다

나. 날카롭다, 애처롭다~애처럽다, 번거롭다

(6) 새롭다, 궤롭다(괴롭다)

(4)는 명사를 어기로 취한 것인데 어기가 한자어인 경우이다. 이 지역어에서는 고유어 명사를 어기로 취한 경우는 찾아보기 힘들다. '페롭다'는 한자어 명사 '페(弊)'[7]에 '−롭−'이 결합된 것인데 '귀찮고 폐가 되는 듯하다'의 의미가 아니라 '성질이 괴팍하다'는 의미로 주로 연세가 계신 분들한테 쓰는 말이다. '페롭다'는 '페럽다'로도 나타난다. '줴롭다~좨롭다'는 한자어 명사 '줴(罪)'[8]에 '−롭−'이 결합되어 형성된 것인데 '혼자 있는 노인들이 가엾다'는 것을 형용하는 말이다.

(5)는 어근을 어기로 취한 경우인데 (5가)는 한자어 어근을 어기로 취한 것이고 (5나)는 고유어 어근을 어기로 취한 것이다. (5나)에서 분석되어 나오는 어기 '날카, 애처, 번거' 등은 그 정체가 불분명하여 그 형태와 의미를 공시적으로 설명하기 어려우므로 어휘화한 것으로 볼 수밖에 없다(송철의 1992:207). 이 중 '애처(哀凄)'는 '슬프고 쓸쓸하고 처량하다'는 의미의 한자어인 것 같지만 어근의 자격을 가지지는 못하는 듯하다.

(6)은 공시적인 분석이 어려운 경우이다. '새롭다'의 '새'는 표준어에서와 마찬가지로 명사로 기능하던 시기에 '−롭−'과 결합되어 형성된 것으로 현재는 '새'가 접두사로 기능하기 때문에 어휘화한 것으로 볼 수 있겠다. '궤롭다'의 '궤'도 정체가 불분명한데 의미상으로 보면 한자어 '苦'와 관련이 있을 듯하다(괴롭다<고롭다<苦ᄅᆞᆸ다 <법화>). 그렇다면 '궤롭다'는 한자어 어근 '苦'에 '−롭−'이 결합된 후 음운변화

7) '페'는 '폐'의 방언형이다.

8) '줴'는 '죄'의 방언형이다.

를 거친 것이다.[9)]

5.1.3. '-답-'

'-답-'은 주로 명사와 결합하여 형용사를 파생하는 접미사로서 선행어기에 대한 긍정적 가치평가를 나타낸다. '-답-'은 표준어에서 늘 '-스럽-', '-롭-'과 비교되어 다루어져 왔는데 그만큼 '-답-', '-스럽-', '-롭-'은 유사한 점도 있고 차이점도 있다는 것이다. '-답-'에 '정답다, 참답다, 아름답다'에서의 '-답$_1$-'과 '남자답다, 어른답다, 신사답다'에서의 '-답$_2$-' 두 가지 종류가 있다는 사실은 김창섭(1984)에서 처음으로 밝혀졌다. 논의에서 '-답$_1$-'은 명사구와 결합하여 형용사구를 형성하는 계사(繫辭) '-이-'와 같은 통사적인 기능을 하는 것으로 보았고 '-답$_2$-'야말로 진정으로 형용사를 파생하는 접미사로서 '-롭-'과 이형태 관계에 있다고 보았다.

'-답$_1$-'은 명사구에 결합하여 형용사구를 형성하는 것으로 '판단주체의 주관적이고 긍정적인 가치평가'의 의미를 가지며 단어파생의 기능을 하는 것이 아니라 선행 명사구를 형용사구화하는 기능을 하는 것이다(김창섭 1984:148). '-답$_1$-'은 명사에만 결합되며 선행어기 말음이 자음이든 모음이든 상관없이 모두 결합될 수 있으며 음운론적 제약을 가지지 않는다.

이 지역어에서는 명사구와 결합하여 형용사구를 형성하는 '-답$_1$-'(남자답다, 어른답다, 여자답다…) 대신 '-같-'(남자같다, 여자같다, 자라이같다[10)]…)이 그 기능을 대체하여 쓰이고 있다.

주지하다시피 '-답$_2$-'와 '-롭-'은 중세한국어 시기에 음운론적인

9) 이에 대해서 송철의(1992:207)에서 이미 지적한 바 있다. '괴롭다'의 '괴'가 '苦'와 관련이 있지 않을까 싶다고 하면서 그렇다면 '괴롭-'은 어근에 '-롭-'이 결합된 셈이 된다고 하였다.

10) '자라이'는 '어른'의 방언형이다.

교체를 보이는 이형태들로서 자음 뒤에는 '-답$_2$-(<-ᄃᆞᆸ-)'이 결합되고 모음 뒤에는 '-롭-(-<ᄅᆞᆸ-)'이 결합되었으며 빈도상에서 '-답-'이 '-롭-'에 비해 우세에 있었으나 현대에 와서는 '-롭-'만이 어느 정도의 생산성을 유지하고 있고 '-답$_2$-'는 전혀 생산성을 가지지 못한다. 그것은 아마도 형태상의 동일성으로 인해 '-답$_2$-'가 '-답$_1$-'의 간섭을 받아 생산력을 잃어버렸기 때문일 것으로 추측된다(송철의 1992:212).

'-답$_2$-'는 '-롭-'과 음운론적인 이형태 관계에 있으며 '어기의 속성이 풍부히 있음'(김창섭 1984:150)의 의미를 나타내는 것으로 '-롭-'과 의미와 기능이 같다.

이 지역어에서도 '-답$_2$-'는 추상명사나 어근 또는 사물명사에 결합하여 형용사를 파생하는데 자음말음으로 끝나는 어기와만 결합하여 모음말음으로 끝나는 어기와 결합하는 '-롭-'과 상보적인 분포를 보이며 의미와 기능이 같다.

(7) 정답다~졍답다, 꼿답다(꽃답다), 아름답다

(7)의 '-답$_2$-'는 자음말음으로 끝나는 명사나 어근과 결합하여 형용사를 파생한다. '정답다~졍답다'는 '정~졍(情)'에 '-답$_2$-'가 결합된 것이고 '꼿답다'는 '꽃'의 방언형인 '꼿'에 '-답$_2$-'가 결합된 것이며 '아름답다'는 어근 '아름'에 '-답$_2$-'가 결합된 것이다.

이 지역어에서도 '-답$_2$-'는 거의 생산성을 잃어 새로운 파생어를 만들 능력이 없는 것으로 보여진다. '-답$_2$-'에 의한 파생어는 (7)의 예 외에 더 찾기 어려울 듯하다.11)

11) 김창섭(1984:150 각주 6)에서는 표준어의 '폐롭다, 수고롭다'가 각각 '폐스럽다, 수고스럽다'에 밀려 사어(死語)가 되어 가고 있다는 사실도 '-답2/롭-'의 비생산성을 말해준다고 하였다. 그러나 이 지역어에서는 '폐롭다'에 해당하는 '페롭다'가 여전히 활발히 사용되고 있다.

5.2. '-압/업-', '-ㅂ-'과 '-브-'

5.2.1. '-압/업-'

접미사 '-압/업-'은 일반적으로 동사어간으로부터 '주관적인 감정상태'를 나타내는 형용사를 파생시키던 접미사였다(안병희 1959/1978:66). '-압/업-'은 중세한국어에서는 그 어기가 동사에만 국한되었지만[12] 근대한국어시기부터 동사어간뿐만 아니라 형용사어간, 불규칙어근과도 결합하여 감각형용사를 파생시킨다(기주연 1994:227).[13] 표준어에서도 '-압/업-'은 대체로 동사어간, 형용사어간, 어근과 결합하여 형용사를 파생한다.

이 지역어에서도 '-압/업-'은 동사어간이나 형용사 어간, 어근과 결합하여 '~한 느낌'(하치근 1989:287)이나 '주관적인 감정상태'를 나타내는 감각형용사를 파생한다. '-압/업-'은 중세한국어에서는 비교적 생산적인 접미사이었으나[14] 표준어에서는 생산적이라고 할 수 없다.[15] 이 지역어에서도 '-압/업-'은 그렇게 생산적이라고는 할 수 없

---

12) 중세한국어에서는 '-압/업-'이 동사어간과만 결합하는 것으로 기술되어 왔지만(예: 부텨 그르메 서느러ᄫᅥ <月 七 36>, 손바리 보ᄃᆞ라ᄫᆞ샤미 <月 二 40>)과 같은 예들이 나타나는 것으로 보아 중세한국어에서도 이미 어근과의 결합이 가능했던 것으로 여겨진다(송철의 1992:215 각주 6).

13) 석주연(1995:34-41)에서는 근대한국어시기에 '-압/업-'은 높은 생산성으로 많은 신조어를 생산하였고 이와 함께 중세한국어시기에 존재했던 어기의 음운론적 제약이나 통사론적 제약이 완화된 모습을 보이는 것이 특징적이라고 하였다.

14) 접미사 '-압/업-'에 의한 중세한국어에서의 파생어 형성에 대해서는 안병희(1959/1978), 허웅(1975) 참조.

15) 송철의(1992:215)에서는 동사어간을 어기로 '-압/업-'에 의해 형성된 파생어들의 대부분이 어휘화했을 뿐만 아니라 동사어간과 '-압/업-'이 결합하여 새로이 파생어가 형성되는 경우를 찾아볼 수 없으므로 표준어에서 '-압/업-'은 생산적이라고 할 수 없다고 하였다.

지만 어느 정도는 생산성을 가지고 있는 것 같다.

(8) 가. 반갑다[방갑다], 즐겁다, 아깝다, 믿업다(미덥다)[16],
어즐업다(어지럽다, B, 방이~), 웃겝다[우껩다](웃기-+-업-, 우습다), 자불업다
나. 부끄럽다(<붓그럽다, 붓그리-), 무섭다(므싀->믜싀-),
두렵다, 서럽다(A), 무겁다, 두텁다(B), 개갑다(가볍다)
다. 마랍다(오줌이 마렵다), 가찹다, 가랍다, 더럽다,
cf. 놉:다(화내다), 사무럽다~사무랍다(사납다), 이밥다(아쉽다, 귀하다)

(8가, 나)는 동사어간에 '-압/업-'이 결합되어 형용사를 파생한 경우인데 (8가)는 어기가 공시적으로 존재하는 경우이고 (8나)는 어기가 공시적으로 존재하지 않는 경우이다. (8가)의 '반갑다, 즐겁다, 아깝다, 믿업다'는 동사어간 '반기-, 즐기-, 아끼-, 믿-'에 '-압/업-'이 결합되어 형성된 것으로 표준어에서와 동일하게 나타난다. '어즐업다'는 표준어의 '어지럽다'에 해당하는데 이 지역어에서는 '물건들이 제자리에 있지 못하고 널려있어 너저분하다'는 의미 외에도 '더럽고 지저분하다'는 의미도 가지고 있는 것으로 동사어간 '어즐-'에 '-압/업-'이 결합되어 형성된 것으로 보아야 한다.[17] '웃겝다'는 표준어의 '우습다'에 해당하는데 '웃다'의 사동사 '웃기다'에 '-압/업-'이 결합되어 활음화를 겪은 후 단모음화한 것이다. '자불업다'는 '졸리다'의 방언형으로 동사어간 '자불-'에 '-업-'이 결합되어 형성된 것이다. 이 지역어에서 '졸-'의 방언형으로 '자불-'가 쓰이고 있으므로 공시적인 파생

16) 중세한국어에서는 '-브-'에 의해 파생된 '믿브-'가 비교적 생산적으로 쓰였으나 표준어에서는 '믿브-'가 '미덥-'으로 대치된 듯하다(송철의 1983:65). 이 지역어에서도 '믿브-'는 나타나지 않는다.
17) 이 지역어에서 '어즐다'는 '어지럽게 하다'는 의미를 가지는 동사로 쓰인다.

이라고 할 수 있다.

(8나)의 '부끄럽다, 무섭다, 두렵다'는 동사어간 '붗그리-, 무싀-, 두리-'에 '-압/업-'이 결합되어 형성된 것으로 표준어에서와 동일하게 나타나는데 이들 어기는 공시적으로 존재하지 않으므로 형태론적으로 어휘화한 것으로 보아야 한다. 허웅(1975)에서는 '-압/업-'과 결합하여 '무섭다'를 파생시킨 동사어간의 형태가 문헌어에 나타나지 않아 그 재구형을 '*무시-'로 추정하고 있다. 이 지역어에서는 '무시-'는 나타나지 않지만 '무시무시하-'는 나타나므로 공시적으로 볼 때 '무섭다'는 어근 '무시'에 '-압/업-'이 결합된 것으로 볼 수도 있다.[18] '서럽다'는 '섧->셟-+-업->셔뤕->서럽-'의 변화를 겪은 것으로 유음 'ㄹ'과 'ㅕ'가 연결되기 어려운 음절구조제약에 의하여 '-뤕->-럽-'의 변화를 겪은 것인데 '부럽-', '떠럽-(<떫-)'(전남 방언형)와 동궤의 변화를 겪은 것이라 할 수 있다(곽충구 1998c:13). '무겁다'는 이 지역어에서 명사 '묵시'나 형용사 '묵죽하다'를 고려하면 '묵-'에 '-업-'이 결합되어 형성된 것으로 볼 수 있다. '묵시'가 형용사어간에 명사 파생접미사 '-시'가 결합되어 형성된 것이므로[19] '묵-'은 형용사어간으로 보아야 한다.[20] '두텁다'는 표준어의 '두껍다'에 해당하는

---

18) 기주연(1994:277)에서는 근대한국어에서 '므셥-/므의엽-'는 동사어간 '믜싀-'에 '-압/업-'이 결합되어 파생된 것이며 '므의엽-'는 중세한국어의 '믜싀-'가 '므의-'로 변화된 후 하향이중모음 뒤에서 '-업-'과의 결합으로 모음축약이 일어나 '므의엽-'로 된 것이라고 하였다. 그러나 '믜싀-'는 18세기 문헌에서 확인되나(예: 어미 울에를 무싀여 ᄒᆞ더니<母性畏雷><三綱孝15>) '므의-'는 나타나지 않는 것으로 보아 어기가 공시적으로 '므싀-'로 재구조화된 것으로 추정하였다.

19) '묵시'에 대해서는 명사 파생접미사 '-시'를 참고(3.4.2.).

20) 김계곤(1996:170)에서도 '무겁-'은 '묵-+-업-'으로 분석하였다. 반면 기주연(1994:228)에서는 중세한국어에서 척도명사 '므긔'에 결합된 파생접미사 '-의'는 형용사어간에 결합되던 것이므로 어기를 '믁-'이라고 할 수 있지만 '-압/업-'은 동사어간에만 결합되었으므로 '므겁-'은 어기를 동사어간 '므기-'로 잡아야 한다고 하였다. 그러나 근대한국어에서는 '므기-'가 동사로 쓰이는 경우가 없어 공시적으로 볼 때 파생어 '므겁-'만 남고 어기 '므기-'는 소멸되어 형태론적으로 어휘화된 것으로 볼 수 있다

것으로 '둗-'에 '-업-'이 결합되어 형성된 것으로 볼 수 있다.21) 그러나 공시적으로는 어간형태소 '묵-', '둗-'가 발견되지 않으므로 이들도 형태론적으로 어휘화되었다고 할 수 있다. '개갑다'는 표준어의 '가볍다'에 해당한다. 곽충구(1998c:11)에서는 '가볍-'의 방언형들을 '가겁-'류와 '가법-, 가볍-'류로 나뉘는데 유창돈(1975:239)에서 설명한 바와 같이 '가볍-'류의 15세기 중앙어 어형인 '가ᄇᆡ얍-'이 [[[갑]+ᄋᆡ]$_N$+압]$_A$과 같은 과정을 거쳐서 파생된 파생어라면 '가겁-'류(가겁다, 가갑다, 가겝다 …)는 '*각-' 또는 '*각이-'에 접사 '-업-'이 결합된 파생어라고 할 수 있다고 하였다. 그렇다면 '개갑다'는 '*각이-'의 움라우트형 '*객이-'에 '-압-'이 결합되어 형성된 것으로 볼 수 있다.

송철의(1992:216)에서는 (8가)의 '방갑다, 즐겁다, 아깝다, 미덥다' 같은 예들에 대하여 공시적으로 분석은 가능하지만 동사어간을 어기로 한 새로운 파생어가 전혀 나타나지 않는다는 점에서 형태론적으로 어휘화한 것으로 보는 것이 타당할 것으로 여겨진다고 하였다. 그러나 '우껩-(웃기- + -압/업-)'은 이 지역어에서 나타나는 공시적인 음운규칙(활음화, /yə/>/e/)에 의해 '웃겁-'이 아닌 '웃겝-(>우껩)'으로 나타나고 '-압/업-'과 동일한 의미기능을 하던 접미사 '-브-'에 의해 파생된 '웃브다[우쁘다]'와 같은 의미로 쓰이고 있다. 그렇다면 '웃겝다' 같은 경우는 '웃다'로부터 파생된 사동사어간 '웃기-'에 다시 '-압/업-'이 결합되어 새로이 파생어가 형성된 경우라고 할 수도 있겠다. 물론 '우껩다' 하나만 가지고 동사어간을 어기로 하는 '-압/업-'파생이 생산력을 갖는다고 단정 짓기는 어려우나 전혀 생산력을 갖지 못한다고 할 수도 없다.

고 하였다. 정의향(2010:141)에서도 '무겁-'을 '므기-+-업-'으로 분석하였다.

21) 이현희(1987a)에서는 '두껍-<둗겁-'에 대하여 [[[[둗]$_V$+ᄋᆞᆨ]$_N$+이]$_V$+업]$_V$와 같은 과정을 거쳐 발전한 것으로 설명한 바 있다.

(8다)는 명사에 '-압/업-'이 결합된 경우인데 '마랍다'는 표준어의 '마렵다'에 해당하는 것으로 '마리(<ᄆᆞ리<ᄆᆞᆯ(糞))'에 '-압-'이 결합되어 형성된 후 형태론적으로 어휘화된 것으로 볼 수 있다.[22] 접미사 '-압/업-'은 중세한국어시기에는 주로 동사어간과 결합하였고 표준어에 와서는 동사어간뿐만 아니라 형용사어간 및 어근과도 결합이 가능하게 되었지만 명사와 결합하여 감각형용사를 파생하는 경우는 거의 없으므로 '마랍다'는 특이한 경우라고 하겠다. '가찹다(近)'는 '가깝다'의 방언형이다. 이승재(1983:217-218)은 문헌 및 방언 자료를 참고로 '갓갑-(>가깝-)'을 '[[가ᄌᆞᆨ]+압]'과 같은 구성체에서 어중 모음탈락(syncope)를 겪어 변화한 것으로 보았다. 유창돈(1975:32, 64)에서는 '갓갑-'은 '*갖+-갑-', '가찹-'은 '*갖+-압-'의 결합으로 보았는데 이처럼 어기를 '*갖-'으로 재구하면 방언형 '가직-'을 설명하기 어렵다(곽충구 1998c:17 각주 27). 이현희(1987)은 '가ᄌᆞᆨ+-압-'의 구성체로 보고 '가ᄌᆞᆨ'은 본래 명사라고 하였다. '가랍다'는 '가렵다'의 방언형인데 'ᄀᆞ럅다>ᄀᆞ랍다>가랍다'의 변화과정을 거친 것이므로 '가리-+-압-'으로 분석할 수 있으나 어기의 어원은 불명확하다. '더럽다'도 어원이 불분명한 것으로 유창돈(1971:361)에서는 '덜-(減)+-업-'으로 분석하였는데 '덜-'과 '더럽-'의 의미상의 연관성을 찾아보기 힘들다.

'놉:다'는 표준어의 '노엽다'에 해당하는데 '화가 날 만큼 마음에 분하고 섭섭하다'는 의미로 쓰이는데 주로 연세가 있으신 분들한테 쓰는 높임말이다. '놉:다'는 '노ᄒᆞᆸ다(怒)'가 모음간 'ㅎ'의 약화와 장모음화를 겪어 '노ᄒᆞᆸ다>노홉다>노옵다>놉:다'의 변화과정을 거친듯하다.[23] '사

22) 전라 방언의 '소마/소매'에서 그 흔적을 찾아볼 수 있다. '소마/소매'는 '소(小)+ᄆᆞᆯ/ᄆᆞ리'로 분석되는데, '소마'는 '소ᄆᆞᆯ>소ᄆᆞ>소마'의 과정을 겪은 것이고, '소매'는 '소ᄆᆞ리>소ᄆᆞ이>소ᄆᆡ>소매'의 과정을 겪은 것이라 하겠다(어원사전-통합사전검색기).

23) 송철의(1992:217)에서는 표준어의 '노엽다', '귀엽다'를 한자어 어근에 '-압/업-'이 결합되어 형성된 것이라고 할 수 있는데 과연 이들이 '-압/

무럽다~사무랍다'는 '사납다'의 방언형인데 형태상으로 보면 '－압/업－'에 의한 파생으로 보이지만 어기의 형태나 의미가 불명확하다. 한자어 어근 '심억'에 '－스럽－'이 결합되어 형성된 '심억(甚惡)스럽다'로부터 발전되어 온 '사막스럽다(<*심악스럽다<심억스럽다)'와 관련이 있는듯한데 확증하기가 어렵다. '이밥다'는 이 지역어에서 '아쉽다, 귀하다'의 의미로 쓰이는 형용사인데 형태상으로 보면 '－압/업－'에 의한 파생으로 보이지만 그 어기의 어원이 불명확하다.

(9) 보둘압다(보드랍다, A), 부들업다(부드럽다), 미끌업다(미끄럽다), 시끌업다(시끄럽다), 간질업다(간지럽다), 근질업다(근지럽다), 징글업다(징그럽다), 오실압다(근심스럽다)

(10) 가. 딱압다, 짜갑다(짜다), 쓰겁다(쓰다), 차갑다~차겁다, 내굴업다(내굴－+－업－, 냅다, A)

나. 슴겁다[승겁다](싱겁다), 쯔겁다(축축하다), 햇갑다(가볍다)

(9)는 말음이 /ㄹ/인 동사나 형용사 어근에 '－압/업－'이 결합되어 감각형용사를 파생한 경우이다. '보둘압다'는 표준어의 '보드랍다'에 해당하는 것으로 감각형용사 어근 '보둘'에 '－압－'이 결합되어 형성된 것이고 '부들업다, 미끌업다, 시끌업다, 간질업다, 근질업다, 징글업다'는 각각 '부들, 미끌, 시끌, 간질, 근질, 징글'에 '－압/업－'이 결합되어 형성된 것이다. '오실압다'는 '걱정이 되어 불안하다'는 의미를 가지는 형용사인데 '오실오실'의 어근 '오실'에 '－압－'이 결합되어 형성된 것으로 볼 수 있다. '오실압다'는 '어떤 안 좋은 일이 일어날 것 같은 불안감 때문에 근심스러워서 안절부절못하는 것'을 형용하는 말이다. (9)에서 어기로 쓰인 어근들은 단독형에 '－압/업－'이 결합될 수 있지만 '－하－'는 결합될 수 없고 반대로 반복형에는 '－하－'가 결합될 수 있지만 '－압/업－'은 결합될 수 없다(송철의 1992:216). 중세한국어에

업－'에 의한 파생어인지는 의심스럽다고 하였다.

서는 원래 '-압/업-'이 어기말음이 'ㅣ'인 동사어간에만 결합하여야 한다는 음운론적 제약이 있었지만 근대한국어시기에 와서 이런 음운론적 제약이 완화됨으로써 형용사어간이나 어근에도 결합할 수 있게 되었다(석주연 1995:40). 이는 표준어에서도 그대로 실현되는데 이 지역어에서도 마찬가지로 이런 음운론적 제약은 존재하지 않는다.

(10가)는 감각형용사의 어간을 어기로 다시 감각형용사를 파생한 경우인데 '딱압다, 짜갑다, 쓰겁다, 차갑다~차겁다'는 형용사어간 '딱-, 짝-, 쓱-, 착-'에 '-압/업-'이 결합되어 형성된 것이다.[24] 그러나 현재 이 지역어에서는 '딱(熱)-'만 형용사로 쓰이고 있을 뿐[25] '짝-, 쓱-, 착-'은 나타나지 않는다.[26] 대신 '짜-, 쓰-, 차-'가 '짭(鹹)-, 씁(苦)-, 찹(冷)-'으로 나타나고 있다('땁-'은 나타나지 않는다). '짭-, 씁-, 찹-'은 형용사어간 '짜-, 쓰-, 차-'에 접사 '-ㅂ-'이 결합되어 형성된 것인데 이때 접미사 '-ㅂ-'은 품사를 바꾸거나 통사 구조를 변화시키는 기능은 없는 잉여적인 요소로서 접미사 '-ㅂ-'에 의한 파생이 일어나게 된 것은 감각형용사에 '-ㅂ-'계 접사

24) 이 지역어에서는 '따갑다'만 나타나고 '뜨겁다'는 나타나지 않는다. '따갑다'가 '뜨겁다'의 의미기능까지 다 하고 있다.

25) 곽충구(1998c)에서는 접사 '-ㄱ-'이 분포하는 지역은 함남 지역이라고 하였다('짝-', '착-', '딱-', '쓱-'). 그러나 '딱(熱)-'은 이 지역에서도 나타나고 있다.

26) 임홍연(2015:85)에서는 함북 방언의 형용사 파생접미사를 다루면서 '딱다(熱), 쓱다(苦), 짝다(鹹), 착다(冷)'의 '-ㄱ-'을 형용사어간을 어기로 감각형용사를 파생하는 하나의 접미사로 보고 있다. 그러나 곽충구(1998c:10)에서는 '-ㄱ-'이 결합된 방언형 '딱(뜩)-, 쓱-, 짝-, 착-'은 함남 지역에 분포하는데 접미사 '-ㄱ-'은 오직 함남 지역의 감각 용언에서만 볼 수 있다고 하였으며 충청・전북 지역에 분포하는 '부럽-'의 방언형 '붉-'에서도 접미사 '-ㄱ-'을 볼 수 있다고 하였지만 '붉-'는 감정형용사이지 감각형용사는 아니다. 또한 필자가 조사한 함북 경원 지역어나 연변 지역어에는 '딱다'만 나타날 뿐 '뜩다, 쓱다, 짝다, 착다'는 발견되지 않으며 '딱다'의 어기도 어원이 불분명하다. 그러므로 본서에서는 '뜩다, 쓱다, 짝다, 착다'는 함남 지역에만 분포하는 것으로 보고 '-ㄱ-'은 함남 방언의 접미사로 보아 본서의 논의에서는 제외한다.

가 결합되어 있는 사실에 유추된 것이고(김형규 1974:326, 곽충구 1998c:10), 접사 '-ㄱ-'이 결합된 방언형 '짝-, 쓱-, 착-'은 함남 지역에 분포하며 접사 '-ㄱ-'은 오직 이 지역의 감각용언에서만 볼 수 있는 것인데 선대형 '-ㅂ-'으로부터의 발달형으로 'ㅂ>ㄱ'변화의 산물이다.[27] 곽충구(1998c:10-18)에서는 접사 '-ㄱ-'과 접사 '-ㅂ-'은 지리적으로 상보적 분포를 보이는데 '-ㄱ-'지역은 다시 '-ㄱ-'을 보존하고 있는 지역과 '-ㄱ-'에 '-을-'이 결합된 지역, '-압/업-'이 결합된 지역으로 나뉜다고 하였다('-ㄱ-+-압/업-'은 주로 '-ㄱ-'이 분포하는 지역의 외곽에 분포하는데 '-ㄱ-'이 분포하는 지역 안에 나타나기도 한다). 그런데 이 지역어에서는 특이하게도 '-ㅂ-'파생과 '-ㄱ-+-압/업-'파생이 같이 쓰이고 있으며 '-ㄱ-'파생은 나타나지 않는다. 이런 현상이 나타나게 된 것은 '-ㄱ-+-압/업-'에 의하여 형성된 파생어가 개신형으로서 그 세력을 확장하면서 '-ㅂ-'지역에까지 영향을 미치게 되었으나 '-ㅂ-'에 의해 형성된 파생어들을 대체하지는 못하고 그들과 함께 쓰이게 되었기 때문일 것이다. '내굴업다'는 '냅다'의 방언형인 '내굴-'에 '-업-'이 결합되어 형성된 것으로 '냅다'와 같은 의미로 쓰인다. '내굴업다'와 같은 의미로 '내구다', '내굴다'도 함께 쓰이고 있다.[28]

(10나)의 '슴겁다', '쯔겁다', '햇갑다'의 '-갑-'은 (10가)의 '-갑-(<-ㄱ-+-압/업-)'과는 달리 하나의 단일한 접미사로 보아야 한다. '슴겁다'는 '심심하다'의 방언형 '슴슴하다'의 어근 '슴슴'의 '슴'에

---

27) 접사 '-ㅂ->-ㄱ-'의 변화에 대해서는 곽충구(1998c:10-13)을 참조.

28) 이 지역어에는 '내굴다', '시굴다'도 나타나는데 이때의 '-굴-'이 단일 기원의 접사인지 접사 '-ㄱ-'에 '-을-'이 결합되어 형성된 2차적 파생접사인지는 아직 밝혀지지 않았다. '-굴-'에 의한 파생어도 '내굴다', '시굴다' 이외에는 찾아볼 수 없으며 '내굴다'는 명사 '내굴'이 이 지역어에 존재하기 때문에 영파생으로 볼 수도 있다(곽충구 1998c: 19 참조.). '-굴-'은 이 지역어에서 전혀 생산력을 가지지 못하므로 본서에서는 접미사 '-굴-'에 의한 형용사 파생은 논의하지 않는다.

'-겁-'이 결합되어 형성된 것이고 '쯔겁다'는 '축축하다'의 방언형 '쯔쯔사다'의 어근 '쯔쯔'의 '쯔'에 '-겁-'이 결합되어 형성된 것이다. '햇갑다'는 '햇칠거리다'의 어근 '햇칠'의 '햇'에 '-갑-'이 결합되어 형성된 것이다. 이들은 '-ㄱ-+-압/업-'에 의해 생겨난 '-갑/겁-'이지만 오분석에 의해 이것이 하나의 단일한 접미사로 인식되면서 이미 '-ㄱ-+-압/업-'에 의해 생겨난 (10가)와 같은 파생어들에 의해 유추되어 형성된 것으로 생각된다.

5.2.2. '-ㅂ-'과 '-브-'

형용사 파생의 논의에서 늘 '-압/업-'과 함께 언급되어 왔던 형용사 파생접미사로서 '-ㅂ-'과 '-브-'가 있다. 이들은 중세한국어에서는 음성적 조건에 의한 이형태였지만(허웅 1975:183-189) 표준어에서는 이들의 음성적 조건이 이완되어 가는 경향을 보인다(하치근 1989:289 각주 55). 이들에 의해 형성된 파생어들은 공시적으로 분석은 가능하나 생산성이 전혀 없으므로 형태론적으로 어휘화된 것으로 보아야 한다.

(11) 가. 그립다(A), 놀랍다, 어렵다(어리+-ㅂ-, 어지럽다, 머리가~)
나. 짭다(짜다, 鹹), 씁다(쓰다, 苦), 찹다(차다, 冷)
cf. 맵다(맵다, 辛)

(12) 가. 아프다(<알ᄑᆞ다, 앓-(痛)+-ᄇᆞ-),
고프다(<골ᄑᆞ다, 곯-+-ᄇᆞ-)
나. 기쁘다(<깃브다, 깄-+-브-),
슬프다(<슬프다, 슳-+-브-), 불부다(블-+-브-, 부럽다),
우쁘다(<웃브다, 웃-+-브-)

(11)은 접미사 '-ㅂ-'에 의해 형용사가 파생되는 경우이다. (11가)는 주로 동사어간에 '-ㅂ-'이 결합되어 감정형용사를 만드는 경우로 '그립다'는 '그리-+-ㅂ-', '놀랍다'는 '놀라-+-ㅂ-'으로 분석할 수 있는데 '그리-'와 '놀라-'는 이 지역어에서 동사어간으로 존재하고 있다. '어립다'는 '어지럽다(몸을 가눌수 없을 정도로 정신이 흐리고 돌아가는듯 얼떨떨하다)'의 방언형인데 동사어간의 기능을 하는 '어리-'는 발견되지 않지만 '어리둥절하다, 어리벙벙하다, 어리어리하다' 등에서 그 흔적을 발견할 수 있다. '어립다'는 공시적으로는 어근 '어리'와 '-ㅂ-'의 결합된 것으로 볼 수 있다.

(11나)는 감각형용사어간에 '-ㅂ-'이 결합되어 감각형용사를 만드는 경우이다. 이미 알려진 바와 같이 중세한국어에서 '-ㅂ-', '-브/ᄫᅳ-', '-ᄇᆞ/ᄫᆞ-'와 같은 'ㅂ'계 파생접미사들은 주로 동사를 형용사로 파생시키는 접미사로서 높은 생산성을 가지고 있었다. 그러나 '짭다, 씁다, 찹다'는 형용사어간 '짜-, 쓰-, 차-'에 '-ㅂ-'이 결합되어 형성된 것인데 이때의 접미사 '-ㅂ-'은 품사를 바꾸거나 통사 구조를 변화시키는 기능은 없는 잉여적인 요소로서 접미사 '-ㅂ-'에 의한 파생이 일어나게 된 것은 감각형용사에 '-ㅂ-'계 접사가 결합되어 있는 사실에 유추된 것이다(김형규1974:326, 곽충구 1998c:10). '맵다'는 형태로 보나 의미로 보나 이들과 같은 부류에 속하는 것으로 보이므로 '*매-+-ㅂ-'으로 분석할 수 있으나 어원이 불분명하다.

(12)는 접미사 '-브-'에 의해 형용사가 파생되는 경우이다. 중세한국어에서 '-브-'는 '-ㅂ-'의 이형태로서 주로 동사어간에 결합하여 감정형용사를 파생하던 접미사였다. '-ㅂ-'은 주로 어간말음이 모음인 동사어간에 결합되고 '-브-'는 주로 어간말음이 자음인 동사어간에 결합되었다.[29] 그러나 현대에 와서는 '-브-'파생접미사의 어기가

29) 표준어에서는 '웃다'만 예외로 남았다. 중세한국어에서는 '웃ᄫᅳ다, 우읍다' 두 가지가 모두 쓰였다(심재기 1987:397 각주 34). 이 지역어에서는 '우쁘다'만 나타나므로 예외는 없다.

되었던 동사어간들이 대부분 쓰이지 않게 되고 새로운 파생어도 나타나지 않으므로 '-브-'는 전혀 생산력을 갖지 못한다.[30] (12가)의 '아프다', '고프다'는 원래 '앓-', '곯-'에 형용사 파생접미사 '-ᄇᆞ/브-'가 결합되어 형성된 것으로 통시적으로 'ᄋᆞ>으'변화와 'ㄹ'탈락을 겪은 것이다(이기문 1978:151). 그러나 'ㅍ'앞에서 'ㄹ'이 탈락하는 음운규칙이 공시적으로 존재하지 않고 또한 통시적으로도 '어설프-, 가냘프-, 슬프-' 등 동일한 환경에서도 'ㄹ'탈락이 일어나지 않았으므로 표준어에서 이들을 '[[X]$_{V}$+-브-]$_{A}$'와 같은 파생어 형성 규칙에 의해 생성해낼 수 없게 되었는데 그것은 그 과정에서 나타나게 될 'ㄹ'탈락이라는 음운현상을 설명할 수 없기 때문이다(송철의 1992:32-33). 이 지역어에서도 '아프다', '고프다'는 음운론적으로 어휘화된 것이다. (12나)의 '기쁘다', '슬프다'는 '겄-+-브-', '슳-+-브-'로 분석할 수 있는데 이들은 어기가 통시적으로 소멸되었기 때문에 형태론적으로 어휘화했다고 보아야 한다. '불부다'는 '부럽다'의 방언형으로 '블-+-브-'로 분석할 수 있는데 어기 '블-'이 소멸되어 쓰이지 않으므로 역시 형태론적으로 어휘화한 것이다. 다만 '웃-+-브-'로 분석되는 '우쁘다'는 어기 '웃-'이 이 지역어에 존재하므로 공시적으로 분석은 가능하다. 그러나 접미사 '-브-'에 의한 새로운 파생어가 전혀 나타나지 않고 '-브-'가 현재 전혀 생산성이 없는 것으로 보이므로 '우쁘다'도 형태론적으로 어휘화했다고 보는 것이 타당할 듯싶다. 이런 점에서 '아프다', '고프다'는 형태론적으로도 어휘화했다고 볼 수 있다.

5.3. '-앟/엏-'

30) 현재는 '앓다, 곯다, 믿다'만 남았으며 새로 형성된 형용사는 그것과 짝을 이루는 동사의 필요성이 생기자 새로 형성된 형용사의 부정형(不定形)에 '-하-'를 붙이는 새로운 방법(기뻐하다, 슬퍼하다 등)을 다시 창출하게 되었다(심재기 1987:397).

'-앟/엏-'은 통시적으로 중세한국어의 '-아/어 ᄒᆞ-'로부터 발달한 것인데[31] 부사형 어미 '-아/어'와 '-ᄒᆞ-'가 축약되어 형성된 것으로(송철의 1992:225-228) 대체로 형용사와 결합하여 다시 형용사를 파생하는 접미사이다. 이희승(1955:276-277), 고영근(1974:108-109), 심재기(1982:401 각주 38)에서는 '-앟/엏-'의 통시성을 고려하여 '-아/어-'는 선행소의 부정형(不定形)으로, '-ㅎ-'은 '-하-'의 축약형으로 보고 '-앟/엏-'을 접미사로 보지 않고 있다. 따라서 '까맣다, 말갛다, 동그랗다, 노랗다, 파랗다' 등을 '-앟/엏-'에 의한 파생이 아닌 '까마+하다, 맑아+하다, 동그라+하다, 노라+하다, 파라+하다'의 축약형으로 보았다.[32] 이에 대하여 하치근(1989:281)에서는 이런 관점으로 통시와 공시를 뒤섞는다면 접미사 설정 기준이 불분명해지고 기술상의 혼란을 초래할 수 있기 때문에 기원적으로는 합성어의 짜임새를 이루고 있지만 줄기(어간)가 접미사로 바뀌는 것처럼 독립된 개별 형태소로 정착했다는 점에서 접미사의 자격을 부여할 필요가 있다고 하였다.[33]

중세한국어에서 '용언어간+-아/어- ᄒᆞ-'는 용언의 성질을 강조하는 구문으로서 형용사어간(주로 색채형용사)에 '-아/어 ᄒᆞ-'가 결합되면 비록 품사는 변하지 않지만 어감의 차이 즉 '상태성의 강조(색감의 정도)'(가령 '누러ᄒᆞ다'류가 '누르다'류보다 색감이 더 진하다는 느낌)를 나타낸다(이현희 1985).[34] 중세한국어의 '-아/어 ᄒᆞ-'로부터

31) '-앟/엏-'의 통시적 발달에 대해서는 송철의(1983: 545) 참조.

32) 심재기(1984:401 각주 38)에서는 '까맣다, 파랗다' 등을 '까마+하다', '파라+하다'의 공시적 축약형으로 보아 이들을 '-하-' 접미사에서 다루는 것이 합당할 것이라고 하였다.

33) 최형용(2003:103)에서는 '*거머하다, *노라하다' 등이 표준어에서 가능하지 않기 때문에 '-앟/엏-'을 접미사로 분석할 수 있지만 '아무러하다, 아스라하다'는 공시적으로 '아무렇다, 아스랗다'로도 가능하므로 이때의 '-앟/엏-'은 접미사가 아니라 '-아/어 하-'의 공시적인 축약형으로서 통사적 구성이 접미사화한 경우라고 하고 있다.

34) 동사어간에 '-아/어 ᄒᆞ-'가 결합되면 형식적인 기능밖에 못하는 것 같

발달한 '-앟/엏-' 역시 품사변화는 없이 '상태성의 강조'만 나타내는데 '매우(아주)' 정도의 의미를 갖는다고 볼 수 있다.[35] 이 지역어에서 '-앟/엏-'은 그 분포와 기능이 표준어에서와 별반 다를 바 없다.

(13) 가. 발갛다, 빨갛다, 벌겋다, 뻘겋다, 파랗다, 퍼렇다, 노랗다, 누렇다, 가맣다, 거멓다, 까맣다, 꺼멓다, 하얗다, 허옇다
cf. 재빨갛다(A), 지뻘겋다, 새파랗다(A), 시퍼렇다(A), 새까맣다(A), 샛하얗다(A)

나. 보얗다, 뽀얗다, 부옇다, 뿌옇다, 말갛다, 멀겋다, 동그랗다, 둥그렇다, 똥그랗다, 뚱그렇다
벨낳다~별낳다[벨라타~별라타](별나다, A)
cf. 새뽀얗다, 시뿌옇다, 새말갛다, 시멀겋다

이 지역어에서 '-앟/엏-'은 주로 시각형용사와 결합하여 다시 시각형용사를 파생한다.

(13가)는 시각형용사 중에서도 색채형용사와 결합하여 다시 색채형용사를 파생한 경우이고 (13나)는 시각형용사 중 색채형용사가 아닌 [+청탁(淸濁), -색깔]의 의미를 가지는 형용사와 모양([+공간, -양])형용사와 결합하여 같은 의미를 가지는 형용사를 파생한 경우이다.[36] (13가)에서 '발갛다', '빨갛다'는 '밝다', '붉다'가 동일어원에서

지만 사실은 동사의 행동성을 더 강하게 드러내는 기제역할을 해준다(이현희 1985).

35) 송철의(1992:226)에서는 '-앟/엏-'은 '매우' 정도의 의미를 갖는데 '-다랗-'의 의미와 상당히 비슷하지만 '-다랗-'의 의미처럼 썩 분명하지는 않다고 하였고 김창섭(1985/2008:370)에서는 '-앟/엏-'의 의미영역은 '-다랗-'과 '-직-'의 의미영역까지 포함하여 '무던히'와 '꽤'에 다 걸치는 넓은 범위의 정도를 의미한다고 하였다.

36) 김창섭(1985/2008:343-345)에서는 최현배(1971)에서 '시각적 형용사'에 넣은 '푸르다, 붉다, 누르다, 검다, 희다, 밝다, 어둡다'와 '맑다, 흐리다'를 함께 묶어 빛형용사라 하였고 송정근(2007)에서는 '밝다, 어둡다, 맑다, 흐리다, 짙다, 엷다'를 묶어 명암형용사로 명명하였다.

'명(明)'과 '적(赤)'의 의미로 분화되기 전에 '발갛다'가 형성되고 다시 여기에서 '빨갛다'가 형성되었을 것이다(김창섭 1985/2008:362). '파랗다', '퍼렇다', '하얗다', '허옇다'는 공시적으로 그 어기가 형용사어간으로 존재하지는 않지만 '파르무레하다, 파르스르하다, 퍼르스르하다' 등에서 '파랗다', '퍼렇다'의 어기 '파르-', '퍼르-'가 확인되고 '하야스르하다, 허여스르하다, 하야말쑥하다, 허여멀쑥하다' 등에서 '하얗다', '허옇다'의 어기 '하야-', '허여-'가 확인되므로 이들은 적어도 어근 정도의 자격을 갖는다고 본다. (13나)에서 '보얗다', '부옇다', '뽀얗다', '부옇다'도 공시적으로 그 어기가 형용사어간으로 존재하지는 않지만 '보야스르하다, 부여스르하다' 등에서 어기 '보야-', '부여-'가 확인되므로 이들 역시도 어근 정도의 자격을 갖는 것으로 보려고 한다. 모양형용사 '동그랗다', '둥그렇다', '똥그랗다', '뚱그렇다'는 그 어기가 어간이나 어근인 경우이다('동글다, 둥글다', '동글동글, 둥글둥글, 똥글똥글, 뚱글뚱글'). '벨낳다~별낳다'는 형용사어간 '벨나-~별나-'에 '-앟-'이 결합되어 형성된 것으로 표준어의 '별나다(別)'에 해당한다. 이 지역어에서 '-앟-'에 의한 '벨낳-~별낳-'이 형성되게 된 것은 시각형용사에 접미사 '-앟/엏-'이 결합된다는 것에 유추된 것으로 보인다. '벨나-~별나-'는 '모양이나 색채, 성격 등이 보통과는 다르게 특별하거나 이상하다'는 의미를 나타내는 것으로 넓은 의미에서는 시각형용사의 성격을 지닌다고 볼 수 있기 때문이다.

또한 접미사 '-앟/엏-'에 의해 파생된 색채형용사들은 다시 '그 정도가 매우 강하고 선명하다'는 의미를 더해주는 접두사 '새-', '재-', '시-', '지-'와 결합하여 새로운 색채형용사를 파생한다. 양성모음으로 형성된 형용사에는 '새-', 음성모음으로 형성된 형용사에는 '시-'가 결합되는데 '빨갛다'와 '뻘겋다'에만 '재-'와 '지-'가 결합된다는 점이 특이하다.

이 지역어에서는 표준어에서와 마찬가지로 '-앟/엏-'파생어들은 모음조화의 규칙을 따르고 모두 모음교체에 의한 대립짝을 가지고 있으며 'ㅎ'불규칙활용을 한다. 예컨대 '빨갛구/뻘겋구, 빨가므/뻘거므, 빨개서/뻘개서'처럼 활용한다.

이 지역어에서 '-앟/엏-'에 의한 파생어는 (13가, 나)의 예들이 전부라고 볼 수 있으며 더 이상 생산력을 가지지 않는 것으로 보인다.

5.4. '-다마-'

'-다마-'는 표준어의 '-다랗-'에 해당하는 접미사이다. 표준어에서는 공간형용사 중에서도 [+量]의 의미자질을 갖는 형용사만이 접미사 '-다랗-'의 어기가 될 수 있다(김창섭 1985:165, 송철의 1992:221). '-다마-' 역시 '-다랗-'과 마찬가지로 [+量]의 의미자질을 가지는 공간형용사와만 결합한다는 의미론적 제약을 가지며 색채형용사를 포함한 빛형용사들이나 미각형용사, 심리형용사 등을 어기로 취할 수도 없다(*무겁다마다, *검다마다, *붉다마다, *달다마다, *기쁘다마다…).[37] 다만 표준어에서는 '곱다랗다', '되다랗다'와 같은 예외적인 것들이 나타나지만[38] 이 지역어에서 '-다마-'는 이런 예외가 없이 위의 의미론적 제약이 잘 지켜지고 있는듯하다(*곱다마다, *되다마다).

(14) 가. 실하다마다(굵다랗다, 매우 뚱뚱하다),
기다마다~길다마다(길다랗다), 너르다마다(널따랗다),
노푸다마다(높다랗다), 기푸다마다(깊다랗다),
두껍다마다(두껍다랗다), 크다마다(커다랗다)
cf. *멀다마다(머다랗다)
나. 약하다마다(가느다랗다, 매우 날씬하다),

37) 정향란(2004:53)에서는 '-다마-'가 척도형용사어간과 결합하여 새로운 형용사를 파생한다고 하였는데 척도형용사 중에서도 [+공간, +量]의 의미자질을 가지는 형용사어간과 결합한다고 하는 것이 더 정확한 것 같다.
38) '곱다랗다'가 '미세(微細)'의 의미로 쓰일 때는 예외가 되지 않는다.

짜르다마다(짧다랗다), 좁다마다(좁다랗다),
솔다마다(좁다랗다), 낮다마다(매우 낮다),
얕다마다(매우 얕다), 얄따마다(얄따랗다),
가느다마다(가느다랗다), 잘다마다(잗다랗다),
*작다마다(*작다랗다) cf. 가찹다마다(*가깝다랗다)

(14)에서 보다시피 이 지역어에서 '-다마-'는 반의어의 대립짝을 갖는 극대립 형용사를 어기로 다시 형용사를 파생하는데 (14가)는 긍정적 가치를 나타내는 형용사와 결합하여 파생어를 형성한 경우이고 (14나)는 부정적 가치를 나타내는 형용사와 결합하여 파생어를 형성한 경우이다. '-다마-'는 '매우, 꽤' 정도의 의미를 가지는데 선행어기의 의미에 정도성을 더해 주어 그 상태성을 강조하는 기능을 한다. 즉 '매우/꽤 ~하다'는 의미를 나타낸다. '-다마-'에 의해 파생된 파생어는 구체적인 상태를 나타내는 의미로만 쓰일 수 있고 추상적인 상태를 나타내는 의미로는 쓰일 수 없는데 이는 '-다랗-'의 경우와 같다.[39]

(14가)의 '실하다마다'는 '굵다, 뚱뚱하다'의 방언형인 '실하-'에 '-다마-'가 결합되어 형성된 것인데 '매우 굵다, 매우 뚱뚱하다'는 의미를 나타내고 '너르다마다'는 표준어의 '널따랗다'에 해당하는데 '넓다'의 방언형인 '너르-'에 '-다마-'가 결합되어 형성된 것이다. '노푸다마다'와 '기푸다마다'는 '높다'와 '깊다'의 방언형인 '노푸-'와 '기푸-'에 '-다마-'가 결합되어 형성된 것으로 '꽤 높다, 꽤 깊다'는 의미를 가진다. 또한 '기다마다'가 존재함에도 불구하고 '길다마다'와 같은 새로운 파생형이 나타나고 있다는 것을 근거로 '-다마-'가 이 지역어에서 생산력을 가지는 것으로 볼 수 있다.

(14나)의 '약하다마다'는 '가늘다, 날씬하다'의 방언형인 '약하-'에

39) 이 경우(1981:233)에서 '-다랗-'에 의한 파생어들이 구체적인 상태를 나타내는 의미로만 쓰일 수 있음을 지적한 바 있다.

'-다마-'가 결합되어 형성된 것으로 '매우 가늘다, 매우 날씬하다'의 의미를 나타내고 '짜르다마다'는 '짧다'의 방언형인 '짜르-'에 '-다마-'가 결합된 것으로 '매우 짧다'는 의미를 나타낸다. '솔다마다'는 '팔소매처럼 통을 이루고있는 물건이 공간적으로 맞춤한 정도에 이르지 못하고 좁다'는 의미를 나타내는 '솔-'에 '-다마-'가 결합되어 형성된 것으로 '매우 솔다, 매우 좁다'는 의미를 나타내는데 주로 '옷의 사이즈가 작거나 품이 작음'을 나타날 때 잘 쓰는 말이다. '얄따마다'는 표준어의 '얄따랗다'에 해당하는데 '얇-'에 '-다마-'가 결합되어 형성된 것으로 '매우 얇다'는 의미를 가진다. '잘다마다'는 '몸피가 굵지 못하여 가늘거나 작다'는 의미를 가지는 형용사어간 '잘-'에 '-다마-'가 결합되어 형성된 것으로 '매우 잘다, 꽤 잘다'는 의미를 나타낸다.

'-다랗-'은 부정적 가치를 나타내는 형용사와 결합하여 파생어를 형성하는 경우에는 빈칸이 나타나지만(*얕다랗다, *낮다랗다, *가깝다랗다, *작다랗다) '-다마-'는 (14나)에서 보다시피 '-다랗-'에 비해 이런 빈칸이 거의 나타나지 않는다. 다만 '크다마다'에 대한 대립짝으로 '잘다마다'가 나타나는데 이는 아마도 이 지역어에서 '잘다마다'가 '*작다마다'의 의미기능을 하므로써 '*작다마다'의 파생을 저지하기 때문인 것으로 보여진다. 또한 함북 방언을 기반으로 형성된 연변 지역어에서는 '가깝다'의 방언형인 '가찹-'으로부터 파생된 '가찹다마다'도 나타나는데 '가찹-'의 대립짝인 '멀-'로부터의 파생된 '*멀다마다'는 나타나지 않는다. '-다마-'는 '-다랗-'과는 반대로 부정적 가치를 나타내는 형용사로부터의 파생이 좀 더 생산적인 것 같다.

송철의(1992:223)에서는 '-다랗-'이 '-아/어-'로 시작되는 어미와 결합할 때 '-하-'동사나 형용사의 활용양상과 동일한 활용양상을 보이는데 이는 '-다랗-'이 '-다라하-'로부터 발달하였기 때문인 것으로 생각된다고 하였다. 그렇다면 '-다마-'도 '-아/어-'로 시작되는 어미와 결합할 때 '-하-'동사나 형용사와 동일한 활용양상을 보이므로(실하다매서, 두껍다매서, 약하다맸다, 잘다매서 …) '-다마하-'에서 기원한 것으로 볼 수 있다. 다만 '-다랗-'과 달리 '-다맣-' 형태가 아닌 'ㅎ'탈락을 거친 '-다마-'형태로 나타난다는 것이다. 이는 'X하다'류 용언에서 어간에 결합되는 '-하다'의 두음 'ㅎ'이 탈락되었기 때문이다. 이 지역어에는 'X하다'류 용언에서 어간에 결합되는 '-하다'의 두음 'ㅎ'이 탈락되는 경우가 많다(깨까자다, 똑또가다 등).[40] 함북방언을 기반으로 형성되고 발전되어 온 연변 지역어에서는 특히 젊은 층으로 가면서 '-다마-'가 '-다맣-'으로 대체되어 가는 경향을 보이고 있는데(실하다맣다, 크다맣다, 길다맣다, 두껍다맣다, 높다맣다, 깊다맣다, 약하다맣다, 좁다맣다, 짜르다맣다, 가찹다맣다…) 이는 같은 의미기능을 하는 표준어 '-다랗-'의 영향으로 인한 현상이라고 생각된다.

5.5. '-지-'

접미사 '-지-'는 중세한국어의 동사 '-디다(落)'에서 기원하는 듯한데(심재기 1982:370) 명사나 어근과 결합하여 형용사를 파생한다. '-지-'는 대체로 '어기의 의미가 매우 많음'을 나타낸다.

(15) 가. 살지다
　　나. 밉깡지다(밉광스럽다), 노랑지다(놀-+-앙+-지-),
　　　　앙칼지다(A), 던데지다(미련하고 굼뜨다, A)
　　다. 차지다, 찰지다

(15가)는 명사와 결합하여 형용사를 파생한 경우인데 '살지다'는 '살'에 '-지-'가 결합되어 형성된 것으로 '몸에 살이 많다'는 의미를 가진다. 이 지역어에서 '살지다'는 '살찌다(몸에 살이 많아지다)'의 의

40) 채옥자(2005:175)에서 이미 지적된 바 있음.

미를 나타내는 동사로도 기능한다. (15나)는 어근에 '-지-'가 결합된 경우이다. '밉깡지다'는 '밉깡+-지-'로 분석할 수 있는데 '밉광스럽다'와 같은 의미로 어기 '밉깡'은 '밉광스럽다'의 어근 '밉광'이 음운변화를 겪은 것으로 볼 수 있다. '노랑지다'는 '일하기 싫어하고 편안하게 지내려고 하는 기색이 있다'는 의미를 나타내는 것으로 동사어간 '놀-'에 '놀+-앙-+-지-'로 분석할 수 있다. '앙칼지다'는 어근 '앙칼'에 '-지-'가 결합된 것으로 '매우 모질고 날카롭다'는 의미를 나타낸다. 비슷한 의미로 '앙칼스럽다'도 나타난다. '던데지다'는 '미련하고 굼뜨다'는 의미로 쓰이는데 '던데+-지-'로 분석할 수 있다. '던데'는 그 어원이 불분명하여 어근이라고 단정 짓기 어려우나 적어도 명사는 아닌 듯하다. 본서에서는 잠정적으로 어근으로 보려고 한다.

(15다)는 공시적으로 분석하면 '접두사+접미사'의 특이한 구성을 갖는 경우인데 표준어에서는 접두사와 접미사가 결합하여 단어를 형성하는 일이 없으므로 형태론적으로 어휘화된 것으로 보아야 한다. 송철의(1992:220)에서는 '-지-'가 명사와도 결합한다는 사실을 감안하면 '차(찰)'도 기원적으로는 명사였을 가능성이 높다고 하였다. 표준어에서 '차지다'는 '반죽이나 떡, 밥 같은 것이 끈기가 많다', '성질이 야무지고 깐깐하거나 매련하다' 두 가지 의미를 가진다. 이 지역어에서도 두 가지 의미로 쓰이긴 하나 사람의 성질을 나타낼 때는 '야무지고 깐깐하다'는 의미보다는 '매련하다'는 의미로 많이 쓰인다. 또한 '끈기가 많다'는 의미로 쓰일 때는 보통 'ㄹ'탈락을 경험하지 않은 '찰지다'를, 사람의 성질을 나타날 때는 'ㄹ'탈락을 경험한 '차지다'를 구분하여 사용한다.

찰지다: 쌀이 좋아서 밥이 찰지게 잘 된다.
(쌀이 좋아서 밥이 차지게 잘 된다).
차지다: ㉠ 가는 차제가지구 바늘루 찔거두 피 한방울 안날게야.
(그 애는 차져서 바늘로 찔러도 피 한방울 안날거야.)

㉡ 다른 사람들으느 다 일하느라 정신없는데 자는 어찌나 차진지 혼자 손거울만 들에다 보메 손가락 하나 까딱하지 않는다.
(다른 사람들은 다 일하느라 정신없는데 쟤는 어찌나 차진지 혼자 손거울만 들여다보면서 손가락 하나 까딱하지 않는다).

이 지역어에서 '-지-'는 표준어에서와 달리 생산성이 그다지 높지 않으며 '-지-'에 의해 파생된 형용사들은 거의 부정적인 의미로 쓰이는 것이 특징적이다.

이 지역어에서도 접미사 '-지-'외에 아직 동사의 기능을 수행한다고 볼 수 있는 '지-'(그늘이 지다, 홍수지다)와 형용사의 부정형(不定形)에 결합하여 형용사를 자동사화하는 '지-'((죽이) 걸어지다(B), 묽어지다(B)), 소위 의사피동화의 기능을 가지는 '지-'(끊어지다, 깨지다)가 나타난다.

5.6. '-차-'

'-차-'는 기원적으로 동사였을 가능성이 있으나 표준어에서는 선행소의 의미를 더욱 합당한 것으로 강조하는 기능을 하는 접미사로 작용한다(심재기 1982:401). 이 지역어에서 접미사 '-차-'는 명사나 형용사 어근과 결합하여 강세의 의미를 나타내는 형용사를 파생하는데 거의 생산성이 없다.

(16) 가. 살차다(A), 심차다(힘차다, A)
나. 우렁차다, 벅차다(A)

(16가)는 '-차-'가 명사와 결합하여 형용사를 형성하는 경우이다.

'살차다'는 '살+−차−'로 분석할 수 있는데 '미신에서 사람을 해치거나 물건을 깨친다는 독하고 모진 기운'을 의미하는 명사 '살(煞)'에 '−차−'가 결합되어 형성된 것이다. '성미나 행동이 우악스럽고 세차다'의 의미를 나타내는 것으로 특히 어린 아이들이나 여자들한테 쓰는 말인데 '성질이나 행동이 거칠고 세차서 가지고 있는 물건 같은 것을 쉽게 깨치거나 망가뜨리는 경우'에 쓰는 말이다.41) 이는 '성질이 붙임성이 없고 차고 매섭다'는 사전적 의미와는 다르게 나타나고 있다. '심차다'는 '힘(力)'의 방언형 '심'에 '−차−'가 결합된 것으로 '힘차다'의 방언형이다.

(16나)는 동사어근이나 어간에 '−차−'가 결합되어 형용사를 형성하는 경우이다. '우렁차다'는 '우렁우렁하다'의 어근 '우렁'에 '−차−'가 결합되어 형성된 것으로 '소리의 울림이 굉장히 크고 힘차다'는 의미를 나타낸다. '벅차다'는 '힘에 겨워 감당하기가 어렵거나 감격, 기쁨, 희망 따위가 넘칠 듯이 가득하다'의 의미를 가지는데 의미상의 관련성으로 보면 표준어의 '버겁다(물건이나 세력 따위가 다루기에 힘에 겹거나 거북하다)'와 기원이 같은 것으로 보인다. '버금가다'는 의미를 나타내는 중세한국어 동사어간 '벅−'을 어기로 파생되었을 가능성이 있지만 확실하지는 않다.

이상으로 이 지역어의 형용사 파생에 대해 살펴보았다. 그 내용을 표로 정리하면 다음과 같다.

[표 6] 함북 육진 방언의 형용사 파생

접미사	분포(어기)	의미 기능	예
-스럽-	N 어근	선행어기의 특징적 속성에 가깝게 접근했음.	촌스럽다, 근심스럽다, 식스럽다
-롭-	N, 어근	어기의 속성이 풍부히 있음	페롭다, 줴롭다, 애처롭다

41) 예문을 보이면 다음과 같다. '여자아:라는게 어째 이리 살차니? 필토~이 벌써 몇 개째야?(여자애가 왜 이렇게 살차니? 필통이 벌써 몇 개째야?)'

-답-	N, 어근	어기의 속성이 풍부히 있음	정답다, 꽃답다, 아름답다
-압/업-	V, A, N, 어근	~한 느낌, 주관적인 감정상태	어즐업다, 딱압다, 마랍다, 보들압다
-ㅂ- -브-	V A	감정	놀랍다, 짭다, 불부다,
-앟/엏-	A(빛)	매우	빨갛다, 보얗다
-다마-	A(공간, [+量])	매우/꽤 ~하다	크다마다, 약하다마다
-지-	N, 어근	어기의 의미가 매우 많음	밉깡지다, 차지다
-차-	N, A(어근)	강세	살차다, 우렁차다

6. 부사 파생

한국어의 부사는 그 형태론적 구성의 특성에 따라 본래부사, 파생부사, 복합부사, 동사나 형용사의 활용형이 어휘화한 부사 등으로 나누어 볼 수 있다. '잘, 꼭, 못, 매우' 등과 같이 단일형태소로 이루어진 부사를 본래부사라 하고 '그러나, 그러니, 그러므로' 등과 같이 접속부사라고 불리던 것들은 대부분이 동사나 형용사의 활용형이 어휘화한 부사에 속한다. 복합부사에는 '잘못, 곧잘' 등과 같은 순수한 복합부사와 '반짝반짝, 더듬더듬, 푸릇푸릇' 등과 같은 반복법에 의한 복합부사가 있다. 부사형성방법에는 영변화에 의한 파생, 접미사에 의한 파생, 반복법에 의한 형성방법 등이 있는데 반복법에 의한 부사형성방법은 한국어에서 가장 생산적인 부사형성방법일 것이다(송철의 1992:238−239 참조).

이 장에서는 주로 접미사에 의한 부사 파생 그중에서도 이 지역어에서 비교적 높은 생산력을 가지는 접미사에 의한 부사 파생을 중점적으로 다룰 것이다. 이 지역어에서 부사를 형성하는 데 자주 쓰이는 파생접미사는 '−이/히', '−우', '−껏', '−나/으나', '−르', '대르' 등이 있으며 이들은 주로 명사, 동사, 형용사, 어근 등을 어기로 취하여 부사를 파생한다.

한편 이 지역어에는 어근형성접미사에 의해 형성된 어근의 반복으로 이루어진 부사들도 다수 존재하는데 이는 어근형성접미사에 의한 파생과 함께 7장에서 다루게 될 것이다.

6.1. '-이/히'

주지하다시피 부사 파생접미사 '-이'는 '-히'와 더불어 중세한국어에서부터 근대, 현대에 이르기까지 매우 생산적인 접미사이다. '-히'는 기원적으로 '-ᄒᆞ-'에 의해 형성된 파생어의 어간 'Xᄒᆞ-'의 '-ᄒᆞ-'에 '-이'가 결합되어 형성된 것으로(허웅 1975, 기주연 1994)[1] 통시적으로 보면 '-히'는 '-이'와 동일한 파생접미사에서 기원한 것으로 생각되므로 공시적인 입장에서는 '-히'를 '-이'와 별개의 파생접미사로 볼 수도 있지만 '-이'에 포함시켜 다룰 수도 있다(고영근·구본관 2008:229-230).

한편 김성규(1994), 유필재(2007:3-31)에서는 성조론의 관점에서 원래 '-이'와 '-히'가 다르다고 주장하면서 어근에 직접 '-이'와 '-히'가 선택적으로 결합하는 것으로 보았다. 그러나 '-이'와 '-히'는 원래 어기의 형태자질에 따라 한자어에는 '-히'가 결합되고 고유어에는 '-이'가 결합한다는 형태론적 제약이 있었지만 어기의 영역 확장으로 인해 점차 일관성을 잃게 되었다.

또한 이 지역어에서는 어두음절이 아니면 일반적으로 /ㅎ/가 음성적으로 실현되지 않는데 접미사는 특성상 어두에 올 수 없으므로 '-히'는 '-이'와 변별력을 갖기 어렵다.[2]

본서에서는 '-히'를 '-이'에 포함시켜 다루기로 한다. 이 지역어에서 '-이/히'는 형용사어간이나 어근, 반복명사, 반복부사를 어기로 부사를 파생한다. '-이/히'는 부사 파생접미사 중에서 가장 세력이 크고 생산적인 접미사이다.

(1) 가. 같이, 길이, 깊이, 높이, 곧이[곧디](곧이), 멀리, 널리,

1) '-ᄒᆞ-'와 '-이'의 결합과정에서 'Xᄒᆞ-'의 'ᄒᆞ'나 '·'의 탈락에 대한 자세한 논의는 이현희(1985, 1986) 참고.
2) 전남 방언에서도 같은 현상이 나타난다(정성경 2013:257).

빨리, 달리, 많이[마˜이](많이), 헗이[허리](쉽게, B),
오래, 쉬:(속히)

나. 가챕이[가채비](가까이)

다. 배불리, 유달리

라. 미련스레, 머절스레, 만족스레, 갑작스레

(1)은 형용사어간에 '-이'가 결합하여 부사를 파생한 경우이다. (1가)는 단일형태소 형용사어간을 어기로 취하여 부사를 파생한 경우이고 (1나)는 접미사 '-압/업-'에 의해 형성된 파생형용사어간을 어기로 취하여 부사를 파생한 경우이며 (1다)는 복합형용사어간에 '-이'가 결합된 경우이다. (1가)의 '길이, 깊이, 높이, 널리, 멀리'는 공간형용사어간에 '-이'가 결합되어 형성된 것으로 그 어기들은 주로 긍정적 가치를 나타낸다. 긍정적 가치를 나타내는 계열의 형용사들이 더 적극적으로 파생어 형성에 참여한다는 것은 척도명사 파생에서도 확인된 바 있다(송철의 1992:246).[3] 그러나 (1나)의 '가찹이[가채비]' 같은 예들도 나타나므로 부정적 가치를 나타내는 형용사로부터도 '-이'부사 파생이 허용된다고 할 수 있지만 긍정적 가치를 나타내는 형용사로부터의 '-이'부사 파생보다는 아주 비생산적임을 볼 수 있다. 이는 시각형용사, 미각형용사, 촉각형용사들로부터는 '-이'부사 파생이 전혀 허용되지 않는다는 것과 차이가 있다. 이런 점은 표준어에서와 마찬가지이다.[4] (1가)의 '널리, 빨리, 달리'와 (1다)의 '배부르다, 유다르다'는 특수한 어간 교체를 보이는 활용어간에 '-이'가 결합되어 형성된 것이다. 이들은 활용어간 $\{XVrɨ-\}_1$[5]로부터 파생된 부사인데 모음으로 시

3) 송철의(1992:246)에서는 표준어에서 '-다랗-'형용사 파생에서도 긍정적 가치를 나타내는 계열의 형용사들이 더 적극적으로 파생어 형성에 참여한다는 것이 확인된 바 있다고 하였다. 그러나 이 지역어에서는 '-다랗-'에 해당하는 '-다마-'형용사 파생에서 부정적 가치를 나타내는 계열의 형용사들이 더 적극적으로 파생어 형성에 참여하는 것으로 나타난다.

4) 자세한 것은 송철의(1992:246) 참고.

작되는 어미 '−아X/−어X'가 결합될 때 교체되는 교체형 {XVrr−}에 부사 파생접미사 '−이'가 결합된 것이다. '훯이'는 '쉽−'의 방언형 '훯−'에 '−이'가 결합되어 형성된 것이고 '많이[마~이]'는 '많−'에 '−이'가 결합되어 형성된 것이다. '길이, 고디, 멀리, 오래' 역시 어휘화한 것들이다. '쉬:'는 '쉽−'에 '−이'가 결합되어 형성된 후 축약에 의한 보상적 장모음화를 겪은 것이다. 특이한 것은 'ㅂ'불규칙이 존재하지 않는 이 지역어의 특성상 원래는 (1나)의 '가찹이[가채비]'처럼 '쉽이[쉬비]'로 나타나야 하지만 그렇지 않다는 것이다. 이 지역어에서는 '쉽게'의 의미가 아니라 '속히'의 의미로 쓰이고 있으므로 의미론적으로 어휘화한 것이다. 이는 '쉬:'가 이 지역어가 아닌 'ㅂ'불규칙이 존재하는 지역에서 만들어진 후 이 지역에 유입되면서 의미변화도 함께 일어난 것으로 추측된다. (1나)는 접미사 '−압/업−'에 의해 형성된 파생형용사어간을 어기로 취하여 부사를 파생한 경우이다. '가채비'는 '가깝다'의 방언형 '가찹−'에 '−이'가 결합된 후 움라우트를 겪은 것으로 이때 어기 '가찹−'은 '−압−'에 의해 형성된 파생형용사어간이다. 표준어에서는 '−압/업−'에 의해 형성된 형용사어간을 어기로 한 '−이'부사 파생은 비교적 생산적인 편이지만(가까이, 반가이, 부끄러이, 즐거이, 안타까이…) 이 지역어에서는 생산성이 거의 없다. 표준어에서 이 유형의 파생부사들은 '가까이'를 제외하고는 모두 추상성을 띠는 형용사로부터 파생된 것들인데(송철의 1992:243) 이 지역어에서는 추상성을 띠는 형용사로부터는 부사 파생이 이루어지지 않는다. (1라)는 접미사 '−스럽−'에 의해 형성된 파생형용사어간을 어기로 부사를 파생한 경우이다. 표준어에서는 '−브−'나 '−롭−'에 의해 형성된 파생형용사어간을 어기로 하는 '−이'부사 파생이 비교적 생산적이지만(슬피, 어여삐, 괴로이, 까다로이, 번거로이, 새로이…) 이 지역어에서

5) 본서의 4장 사·피동사 파생에서와 같이 'XVrɨ−/XVrr−'로 교체되는 활용어간을 $\{XVrɨ-\}_1$, 'XVrɨ−/XVrk−'로 교체되는 활용어간을 $\{XVrɨ-\}_2$라 부르기로 한다.

는 나타나지 않는다.

(2) 가. 반듯이, 뜨뜻이, 펜안히[페나~이](편안히),
깨깟이[깨까지](깨끗이, B), 꼿꼿이[꼬꼬지](꼿꼿이),
똑똑히[똑또기](똑똑히), 단단히[단다~이](단단히),
푼푼히[푼푸~이](푼푼히), 찬찬히[찬차~이](찬찬히, B),
넉넉히[넝너키](넉넉히, B), 착실히[착씨리](착실히),
조용히[조요~이](조용히),
가즈란히[가즈라:니]~가주런히[가주러:니](가지런히),
알뜰히[알뜨리](알뜰히, B)
나. 급히[그피](급히, B), 속히[소키](속히, B),
특히[트키](특히), 특별히[특뻬리](특별히),
상당히[상다~이](상당히)
다. 멀르쪽이(멀찌감치), 널쪽이, 깊숙이

(2)는 형용사어근에 '-이/히'가 결합된 경우인데 주로 '-하-'에 의한 파생형용사어근과 결합하는 경우가 많다. (2가)는 단일어근에 '-이/히'가 결합되어 파생부사를 형성한 경우이다. '펜안히[페나~이]'는 '펜안하다'의 어근 '펜안'에 '-히'가 결합된 것인데 비모음화와 'ㄴ'탈락을 겪은 것이고 '깨깟이[깨까지]'는 '깨끗하다'의 방언형 '깨까자다'의 어근 '깨깟'에 '-이'가 결합되어 형성된 것이며 '꼿꼿이[꼬꼬지]'는 '꼿꼿하다'의 방언형 '꼬꼬자다'의 어근 '꼿꼿'에 '-이'가 결합되어 형성된 것이다. '찬찬히'는 '성질이나 행동 따위가 꼼꼼하고 자세하다'의 의미를 나타내는 형용사 '찬찬하다'의 어근 '찬찬'에 '-히'가 결합되어 형성된 것이고 '착실히'는 '사람이 허튼 데가 없이 찬찬하며 실하다'의 의미를 나타내는 형용사 '착실하다'의 어근 '착실'에 '-히'가 결합되어 형성된 것이다. '가즈란히'는 형용사 '가지런하다'의 방언형 '가즈란하다'의 어근 '가즈란'에 '-히'가 결합된 것이다.

(2나)는 한자어 형용사어근에 '-히'가 결합된 경우이다. '급히'는 형용사 '급하다(急)'의 어근 '급'에 '-히'가 결합된 것이고 '속히'는 형용사 '속하다(速)'의 어근 '속'에 '-히'가 결합된 것이다. '특히'는 '특별하다'의 어근 '특별'에 '-히'가 결합되어 형성된 '특별히'의 준말로 보는 것이 합당할 듯하다. 왜냐 하면 '특'은 형용사 '특별하다', '특수하다' 등에서 찾아 볼 수 있는데 어근의 한 음절일 뿐 어근의 자격을 갖지는 못하며 또한 '특히'와 '특별히'는 의미상에서 별다른 차이가 없기 때문이다. '상당히'는 형용사 '상당하다'의 어근 '상당'에 '-히'가 결합된 것이다. (2나)에서 볼 수 있듯이 한자어어기에는 예외 없이 '-히'가 결합된다.

(2다)는 형용사어간에 어근형성접미사가 결합되고 거기에 다시 '-이'가 결합되어 파생부사를 형성한 경우인데 표준어에서처럼 생산적이지 않고 '-이'부사 파생에 참여하는 어근을 형성하는 접미사 역시 표준어에서보다 많이 제한되어 있다.6) '멀르쯕이'는 형용사어간 '멀-'에 어근형성접미사 '-쯕-'이 결합되어 형성된 형용사어근에 '-이'가 결합되어 형성된 것으로 형태론적으로 어휘화된 것이다. '널쯕이'는 형용사어간 '너르-'에 어근형성접미사 '-쯕-'이 결합된 후 거기에 다시 '-이'가 결합되어 형성된 것이다. '깊숙이'는 형용사어간 '깊-'에 어근형성접미사 '-숙-'이 결합된 후 거기에 다시 '-이'가 결합되어 형성된 것이다.

(3) 나날이, 다달이, 겝겝이(겹겹이), 집집이, 낱낱이, 일일이,
짬짬이, 틈틈이, 간간이[간가~이](간간이),
칸칸이[칸카~이](칸칸이)

---

6) 송철의(1992:250-251)에 의하면 표준어에서는 '-음-'을 제외한 어근형성접미사 '-직-, -작/적-, -죽-, -숙-, -으막-, -으스름-' 등에 의해 형성된 형용사어근으로부터는 '-이'부사 파생이 가능하다.

(3)은 명사의 반복어에 '-이'가 결합되어 부사를 파생하는 경우이다. 평북 방언에도 나타나는데 단일명사 어기에 직접 통합하지 못하고 반복된 형태만을 어기로 취할 수 있다는 것이 특징적이다(정의향 2010:155). 또한 표준어에서와 달리 이 지역어에서는 1음절 명사의 반복어만을 어기로 취할 수 있다.[7] '겝겝이'는 '겹'의 방언형 '겝'의 반복어 '겝겝'에 '-이'가 결합된 것이고 '간가~이'는 '간(間)'의 반복어 '간간'에 '-이'가 결합된 후 비모음화와 'ㄴ'탈락을 겪은 것이다. 이 지역어에서 '간가~이'는 '시간적인 사이를 두고 가끔씩'이라는 의미를 나타내는 것으로 의미론적으로 어휘화된 것이다. '칸카~이'는 명사 '칸'의 반복어 '칸칸'에 '-이'가 결합된 후 비모음화와 'ㄴ'탈락을 겪은 것으로 '각 칸마다'의 의미를 나타낸다.

(4) 가. 책책이(차곡차곡, 차례차례), 빽빽이, 줄줄이,
가만히[가마~이~가마:니]
나. 선뜻이, 빙긋이, 살라~이(살짝), 일쯕이(일찍이), 대비

(4)는 부사로부터 다시 부사를 파생하는 경우인데 '책책이', '빽빽이', '줄줄이'는 1음절 반복부사를 어기로 다시 부사를 파생한 경우이다. '책책이'는 '차곡차곡 혹은 차례차례'의 의미를 나타내는 부사 '책책'에 '-이'가 결합되어 형성된 것이고 '줄줄이'는 '줄지어 잇따라'의 의미를 나타내는 부사 '줄줄'에 '-이'가 결합되어 형성된 것이다. '가만히'는 '움직이지 않거나 아무 말 없이'의 의미를 나타내는 부사 '가만'에 '-히'가 결합된 것이다. (4나)의 '살라~이'는 '살짝'의 의미를 나타내는 부사 '살랑'에 '-이'가 결합되어 형성된 것인데 비모음화와 'ㅇ'탈락을 겪은 것이고 '일쯕이'는 '일찍'의 방언형 '일쯕'에 '-이'가

7) 표준어에서는 2음절 명사의 반복어를 어기로 '-이'부사 파생이 이루어지기도 하는데 1음절 명사의 반복어는 '-이'와의 결합이 필수적이나 2음절 명사의 반복어는 그것이 극히 수의적이다(채완 1986:54-60).

결합되어 형성된 것이다.

'-이'부사 파생은 동작성 어근들로부터는 거의 파생이 허용되지 않는다(송철의 1992:249). '살랑거리다', '살랑대다'가 가능하지만 이때의 '살랑'은 '바람이 가볍게 부는 모양 혹은 떠들거나 심하게 굴지 않고 가만가만 행동하다'는 의미로서 동작성 어근이다. 그러나 '살라~이'의 어기 '살랑'은 '살짝'의 의미를 나타내는 부사로서 상태성을 띤다.

이 지역어에서 '-이'부사 파생은 비교적 높은 생산성을 가지고 있지만 의미론적 어휘화를 겪은 예들을 제외하고는 일상적인 용법에서는 '-이'파생부사보다는 '-게'부사형을 더 선호하는 것 같다. 이는 아마도 '-이'부사 파생에는 많은 제약이 존재하지만 '-게'활용형은 거의 모든 어기와 자유롭게 결합할 수 있기 때문인 것으로 여겨진다.[8)]

6.2. '-우'

접미사 '-오/우'는 중세한국어와 근대한국어에서 '-이' 다음으로 생산적인 부사 파생접미사라고 할 수 있으며 동사나 형용사어간에 결합하여 부사를 파생한다. 접미사 '-오/우'에 의한 파생어는 이미 중세시기에 거의 다 나타나 형태상의 변화만 있을 뿐 부사 파생의 기능을 하던 '-오/우'가 표준어에서는 더 이상 새로운 단어를 생산해내기 어려우며 부사로 굳어져 사용되므로 완전한 어휘화를 경험하게 된 것으로 보인다(이현희 2006:224).[9)]

이 지역어에서는 '-오'형태는 거의 보이지 않고 '-우'형태만 나타나는데 '-오'가 '-우'로의 단일화를 경험한 것으로 보인다. 또한 '-우'에 의한 파생은 생산성이 거의 없으며 이미 부사로 굳어져 어휘화한

8) 이런 현상은 함북 방언을 기반으로 형성되고 발전되어 온 연변 지역어에서도 나타나는데 정향란(2004:58)에서 이미 지적한 바 있음.

9) 성광수(2001:101)에서도 '-오/우'는 생산성이 약한 것으로 보이므로 이는 통시론적 규칙화에서 취급됨이 합당할 것이라고 하였다.

것으로 보인다. 이 지역어에서 '-우'는 동사나 형용사어간, 부사와 결합하여 어간의 의미에 '정도'의 깊이를 더해주는 기능을 한다(기주연 1994:261).

(6) 가. 너무, 마주, 도루(도로)
나. 자주, 고루(고루고루, 골고루) cf. 재우(빨리, A)
다. 마구

(4가)는 동사어간에 '-우'가 결합된 경우인데 '너무'는 동사어간 '넘(過)-'에 '-우'가 결합되어 형성된 것이고 '마주'는 동사어간 '맞(對)-'에 '-우'가 결합되어 형성된 것이고 '도루'는 동사어간 '돌(回)-'에 '-우'가 결합되어 형성된 것이다. (4나)는 형용사어간에 '-우'가 결합된 경우인데 '자주'는 형용사어간 '잦(頻)-'에 '-우'가 결합되어 형성된 것이고 '고루'는 형용사어간 '고루(均)-'에 '-우'가 결합되어 형성된 것이다. '재우'는 형용사어간 '재(快)-'에 '-우'가 결합되어 형성된 것인데 함북 성진 지역어에 나타난다. (4다)는 부사에 '-우'가 결합된 경우인데 '마구'는 부사 '막'에 '-우'가 결합되어 형성된 것이다.

6.3. '-껏'

'-껏'은 명사와 결합하여 부사를 파생하는 접미사이다. '-껏'은 중세한국어 'ᄀᆺ(邊·端), 귿(端·末)'에 기원하는 것으로 표준어의 후치사 '-까지'와 같은 어원의 접미사이다(심재기 1982: 409). 이 지역어에서도 '-껏'은 명사와 결합하여 부사를 파생하는데 이때 '-껏'은 '그것이 닿는 데까지 즉 있는 ~을 다하여'의 의미를 가진다.

(7) 마음껏, 목청껏, 재주껏, 힘껏, 능력껏, 기껏

(7)의 '마음껏'은 '마음'에 '－껏'이 결합된 것인데 '마음에 흡족하도록'의 의미를 나타내고 '목청껏'은 '목청'에 '－껏'이 결합된 것인데 '소리를 지를 수 있는 데까지 있는 힘을 다하여'의 의미를 나타낸다. '능력껏'은 '능력'에 '－껏'이 결합되어 형성된 것인데 '가지고 있는 능력을 다하여'의 의미를 나타내고 '기껏'은 '기'에 '－껏'이 결합되어 형성된 것인데 '정도나 힘이 미치는 데까지'의 의미를 나타낸다. 이때 '기'는 보통 장음으로 발음되며([기:껏]) 한자어 '기(氣)'로 추정된다(임홍연 2015:103). 여기서 '기'는 '기력'의 의미를 나타내는 명사로 쓰인 것이다.

6.4. '-나/으나'

'－나/으나'는 표준어의 '－나/이나'에 해당하는 것으로 『표준국어대사전』에서는 '－나/이나'를 조사로 처리하고 있다. 이 지역어에서 '－나/으나'는 부사와 결합하여 다시 부사를 파생하는 접미사인데 부사의 의미를 강조해주는 기능을 한다. 모음으로 끝난 어기에는 '－나', 자음으로 끝난 어기에는 '－으나'가 결합된다. 표준어에서는 자음으로 끝난 어기에 '－이나'가 결합되는 것이 보통인데 이 지역어에서는 '－으나'가 결합되는 것이 특이하다.

(8) 게구나, 꽤나, 퍽으나(퍽이나)

(8)의 '게구나'는 부사 '겨우'의 방언형인 '게구'에 '－나'가 결합되어 형성된 것이고 '꽤나'는 부사 '꽤'에 '－나'가 결합되어 형성된 것이다. '퍽으나'는 부사 '퍽'에 '－으나'가 결합되어 형성된 것이다. 이때 '－나/으나'는 선행하는 어기인 '게구, 꽤, 퍽'의 정도성을 강조하는 기능을 한다.

6.5. '-르'

'-르'는 표준어의 '-로'에 해당한다. 허웅(1975:255)에서는 '-로'는 원래 방편을 나타내는 토씨인데 임자씨에 붙어서 어찌씨로 전성시키는 가지(접미사)가 되는 일이 있다고 하였다. 구본관(1998a:300)에서는 15세기 한국어의 부사 파생에 대해 논의하면서 이런 기술에 따른다면 '진실로', '날로', '새로', '본딕로'는 의미상 '체언+조사'로 해석되지 않으므로 이들은 '체언+조사'의 활용형이 통사구성의 어휘화를 거쳐 부사로 쓰이게 된 것인데 통사구성의 어휘화에 의해 이루어진 단어의 일부가 공시적으로 파생접미사로 발달하기도 하므로 이때의 '-로'는 공시적으로 부사 파생접미사가 된 것으로 볼 수도 있다고 하였다.10)

이 지역어에 나타나는 '-르' 역시 '-로'와 동궤의 과정을 거쳐 부사 파생접미사가 된 것으로 보인다.11) '-르'는 'ㄹ' 또는 모음으로 끝나는 일부 명사나 형용사어간, 어근, 동사어간과 결합하여 부사를 파생하는데 모음으로 끝나는 어기에 결합할 때는 수의적으로 'ㄹ'이 첨가되기도 한다.

(9) 가. 수실르(수시로), 임실르(임시),
불쎄르~불쎌르~불쎌루(불시로), 재빌르(저절로)

---

10) 구본관(1998a:301 각주 5)에서는 15세기 한국어의 예를 실례로 이들이 수단이나 방법, 변화. 시간의 의미를 갖는 것으로 조사 '-로'의 의미기능이 어느 정도는 유지되고 있으므로 이를 파생접미사로 볼 수 있을지 명확하게 말하기 어려우며 만약 '-로'를 파생접미사가 아닌 것으로 본다면 이들은 통사구성의 어휘화에 의해 부사로 쓰이는 것으로 보아야 한다고 하였다(진실로, 새로, 날로, 본딕로).

11) 표준어의 조사 '-로'는 이 지역어에서 모음 뒤에서는 '-ㄹ르', 'ㄹ'받침 뒤에서는 '-르', 그 밖의 자음 뒤에서는 '-을르'로 나타나는데 가끔 '-로'나 원순모음화를 겪은 '-을루, -울루'가 나타나기도 한다.

나. 딸르~딸루(따로), 벨르~벨루(별로), 까꿀르

(9가)는 주로 한자어명사를 어기로 부사를 파생한 경우이다. '수실르', '임실르'는 명사 '수시(隨時)', '임시(臨時)'에 '-르'가 결합되어 형성된 것으로 의미의 변화 없이 어기의 통사범주만 바뀌었다. '불쎌르'는 '불쎄르', '불쎌루'형태도 나타나는데 '불시(不時)'에 조사 '에'가 결합되고 다시 '-르'가 결합되어 형성된 것으로 볼 수 있으며 역시 의미의 변화 없이 통사범주만 바뀌었다. '재빌르'는 '저절로'의 의미를 나타내는 것으로 '재비'에 '-르'가 결합되어 형성된 것인데 어기 '재비'의 어원이 명확하지 않다.[12] 의미상으로 보면 '스스로 준비하거나 갖춤'의 의미를 나타내는 '자비(自備)'의 움라우트형일 가능성이 있다.

(9나)는 형용사어간이나 어근, 동사어간과 결합하여 부사를 파생한 경우이다. '딸르'는 '다르-'의 방언형인 형용사어간 '따-'에 '-르'가 결합되어 형성된 것으로 표준어의 '따로'에 해당한다. '벨르'는 형용사 '별(別)나다'의 방언형인 '벨나다'의 어근 '벨'에 '-르'가 결합되어 형성된 것인데 이 지역어에서 '벨나다'는 '벨낳다'로 나타나기도 한다. '까꿀르'는 표준어의 '거꾸로'에 해당하는데 '거꾸로 되다'의 의미를 나타내는 자동사어간 '갓골-'에 '-르'가 결합된 것으로 형태론적으로 어휘화된 것이다. 표준어의 '거꾸로'는 '갓골-'에 접미사 '-오'가 결합되어 형성된 것으로 접미사 '-로'에 의한 파생이 아니라 '-오'에 의한 파생이다.

6.6. '-대르'

'-대르'는 표준어의 '-대로'에 해당한다. '-대로'는 중세한국어에서

12) 예문을 보이면 다음과 같다. '자꾸 누기가 해 달라구 하지 말구 재빌르 해라.(자꾸 누구한테 해 달라 하지 말고 스스로 해라.)'

'[-답-]+[-이]'에 의해 형성된 '[답이]'라는 형태를 유지해 오다가 /-ㅂ-/의 탈락으로 인해 '[대]'가 되고 그것이 다시 이중모음으로부터 단모음으로 바뀌면서 그 형태소의 음장을 유지하려는 보상적 대응책으로 '-로'를 부가하게 된 것이다(심재기 1982:409).

이 지역어에서 '-대르'는 대명사나 명사와 결합하여 부사를 파생한다.

(10) 가. 이대르, 그대르, 저대르, 제대르
　　나. 제멋대르, 마음대르, 간대르(사)(설마, B)

(10가)는 대명사에 '-대르'가 결합하여 부사를 파생한 경우인데 '선행어기가 나타내는 대상이나 현상과 같이'의 의미를 나타낸다. (10나)는 명사에 '-대르'가 결합하여 부사를 파생한 경우인데 '제멋대르', '마음대르'는 '아무렇게나 자기가 하고 싶은 대로'의 의미를 나태내는 것으로 모두 어휘화된 것이다. '간대르'는 '간대르사'의 형태로 많이 쓰이는데 '설마'의 의미를 나타내는 것으로 역시 어휘화된 것이다. '간(>깐)'은 중세한국어에서 '분수(分數)'의 뜻으로 단독형태로 쓰이었으나 현재에는 '제깐에', '깐깐하다'와 같은 화석화된 형태로 남아 있다.

이상으로 이 지역어의 부사 파생에 대해 살펴보았다. 그 내용을 표로 정리하면 다음과 같다.

[표 7] 함북 육진 방언의 부사 파생

접미사	분포(어기)	의미 기능	예
-이 -히	A, 어근, N(반복), Ad(1음절 반복),	부사화	힗이, 뜨뜻이, 겝겝이, 책책이, 급히
-우	V, A, Ad	정도의 깊이를 더해줌.	너무, 자주, 마구
-껏	N	그것이 닿는 데까지 즉 있는 ~을 다하여	목청껏, 기껏

-나/으나	Ad	정도성 강조	게구나, 퍽으나
-르	$[N]_{\text{모음,ㄹ}}$ $[A]_{\text{모음,ㄹ}}$	의미 변화 없음	임실르 딸르/딸루
-대르	N, 대명사	어기가 나타내는 대상이나 현상과 같이	이대르, 제멋대르

7. 어근 파생

한국어에는 동사어간이나 형용사어간과 결합하여 어근을 형성하는 일련의 접미사들이 있다. 이들 접미사에 의하여 형성되는 어근들은 그 자체로서 형용사어간이나 부사로 기능하는 경우는 거의 없으며 거의 모두가 접미사 '-하-'와 결합하여 다시 형용사를 파생하거나 접미사 '-거리-', '-대-'와 결합하여 다시 동사를 파생하기도 하고 부사 파생접미사 '-이'와 결합하여 부사를 파생하거나 반복형을 구성하여 부사화하기도 한다. 어근형성접미사는 단어(혹은 어간)를 형성하지는 못하지만 '-하-'에 의한 형용사 파생이나 '-거리-', '-대-'에 의한 동사 파생, '-이'에 의한 부사 파생의 어기로 기능하는 어근을 형성하므로 독자적인 형태소의 자격을 갖는다고 보아야 하는데 이들에 의한 파생어근은 파생어 형성에 있어서 단일형태소어근(깨끗, 뚜렷- 등)과 동일한 자격을 가지며 어근분리현상에 있어서도 이들과 비슷한 정도의 분리성을 갖는다(송철의 1992:229-231).

이 지역어에서도 이런 어근형성접미사들이 다수 발견되는데 어근형성접미사가 나타나는 구조는 다음과 같다.[1)]

(1) 가. $[[\text{어기+어근형성접미사}]_R\text{+접미사}]_X$
나. $[[\text{어기+어근형성접미사}]_R[\text{어기+어근형성접미사}]_R]_X$

이때 'X'는 어근형성접미사에 의해 형성된 어근이 다시 접미사와 결

---

1) 어근형성접미사가 나타나는 구조에 대해서는 송철의(1992:231), 임성규(1997:151-152) 참조.

합하여 형성된 파생어의 통사범주를 가리키는데 (1가)에서 'X'는 '형용사(A)'나 '동사(V)', '부사(Ad)'로 나타나고 (1나)에서 'X'는 '부사'로만 나타난다. 예를 들면 '[[얇-+-으스르-]$_{R}$+-하-]$_{A}$'나 '[[긁-+-적-]$_{R}$+-거리-]$_{V}$', '[[높-+-쪽-]$_{R}$+-이-]$_{Ad}$'는 (1가)에 속하는 것이고 '[[길-+-쭉-]$_{R}$[길-+-쭉-]$_{R}$]$_{Ad}$'은 (1나)에 속하는 것이다.

7.1. '-으스르-'

'-으스르-'는 표준어의 '-으스름-'에 해당하는데 '조금, 약간' 정도의 의미를 가지며 형용사어간과 결합하여 형용사어근을 만드는 접미사이다. '-으스르-'는 색채형용사와의 결합이 가장 생산적인데 단일형태소어간이나 어근, '-앟-'에 의한 형용사 파생어간과 결합한다. 표준어에서 '-앟-'에 의한 형용사 파생어간은 '-으스름-'의 어기가 될 수 없다는 제약을 갖고 있지만(송철의 1992:234) 이 지역어에서 '-으스르-'는 이런 제약을 갖지 않는다(빨가스르하다, 파라스르하다 …). 그 외에도 공간형용사와도 결합하는데 단일형태소어간이나 공간어기와 결합하는 어근형성접미사 '-작-'에 의해 파생된 어근을 어기로 한다.

'-으스르-'는 어기의 정도성을 약화하는 작용을 한다.

(2) 가. 불그스르하다, 누르스르하다, 푸르스르하다,
가무스르하다/거무스르하다, 발그스르하다, 말그스르하다
나. 빨가스르하다/뻘거스르하다, 파라스르하다, 노라스르하다,
거머스르하다, 허여스르하다, 부여스르하다
다. 납작스르하다, 넓적스르하다, 동글스르하다, 둥글스르하다,
얇스르하다
라. 맵스르하다, 쓥스르하다

(2가, 나)는 주로 색채형용사어간에 '-으스르-'가 결합하여 다시 색채형용사어근을 파생시키는 경우인데 '조금 ~하다'의 의미를 나타내며 '검다, 희다, 누르다, 푸르다, 붉다' 5가지 색채형용사어간에 모두 결합된다. (2가)는 단일형태소어간을 어기로 취한 것이고 (2나)는 '-앟-'에 의한 파생형용사어간을 어기로 취한 것이다. (1가)의 '발그스르하다'는 '조금 발갛다'의 의미를 나타내는 것으로 어근 '발그스르'는 형태상으로는 '밝-'에 '-으스르'가 결합된 것으로 분석할 수 있지만 그 의미는 '밝다'가 아닌 '붉다'와 관련되어 있다. 이는 '밝다'와 '붉다'가 기원적으로 모음교체를 보이는 어휘라는 점과 관련이 있을 것이다. 즉 '발그스르하다'는 '밝-'으로부터 형성된 것이 아니고 '붉-'에서 '불그스르하다'가 형성되고 '불그스르하다'가 내적변화를 통해 '발그스르하다'로 형성되었을 것이다.[2] '말그스르하다'의 어근은 명암형용사 '맑-'에 '-으스르-'가 결합되어 형성된 것이다.

(2다)는 공간형용사어간이나 어근에 '-으스르-'가 결합하여 다시 공간형용사어근을 파생시키는 경우이다. '납작스르하다', '넓적스르하다'의 어근은 어근형성접미사 '-작-'에 의한 파생어근 '납작', '넓적'에 다시 '-으스르-'가 결합되어 형성된 것이다. '동글스르하다', '둥글스르하다', '얇스르하다'는 단일형태소어간 '동글-', '둥글-', '얇-'을 어기로 파생된 것이다. 이때 파생된 파생어는 무엇의 '양(量)'을 나타내는 것이 아니라 생김생김을 나타낸다. 가령 '얇스르하다'는 '얇은 정도가 어떠하다'는 의미를 나타내는 것이 아니라 '어떤 것이 모양이 얇게 생겼다'는 의미를 나타낸다. (2라)는 미각형용사어간을 어기로 다시 미각형용사어근을 파생시키는 경우이다. 표준어에서 미각형용사는 '-으스름-'의 어기가 되지 못한다는 제약이 있지만 이 지역어에서 '-으스르-'는 이런 제약을 가지지 않는다. 표준어에서 '-으스름하다'형 형

2) 표준어의 '발그스름하다'도 '불그스름하다'가 내적변화를 통해 형성된 것으로 설명하는 것이 합리적이다(송정근 2007:96-97 참조).

용사는 5음절 어간을 만든다는 음절수 제약이 있는데 '기르스름하다'에서는 탈락하지 않던 접미사의 '으'모음이 '가느스름하다'에서 탈락하는 것은 이런 제약 때문이다(이병근 1981:21). 김창섭(1985/2008:361 각주 17)에서도 이런 음절수의 제약에 의해 '희읍스름하다'에서 '으'의 탈락을 막기 위해 'ㅂ'을 첨가하고 '부유스름하다(<부j-우스름하다)'에서는 'ɨ→u'의 변화를 일으켰다고 하였다('부j'는 '부희-'의 현대어형으로 설정함). 이 지역어에서도 '-으스르하다'형 색채형용사에서는 5음절어간이어야 한다는 음절수 제약이 있는데 (2나)의 '-앟-'에 의한 파생형용사어간과의 결합에서 접미사의 '으'모음과 어기말음 'ㅎ'이 탈락한 것과 (2다)의 공간형용사에서 '납작스르하다'와 '넓적스르하다', '동글스르하다', '둥글스르하다'에서 '으'가 탈락한 것은 이런 음절수 제약에 의한 것으로 볼 수 있다. 그러나 (2라)의 '-으스르하다'형 미각형용사에서는 이런 음절수 제약은 지켜지지 않고 있으며 공간형용사에서도 '얇스르하다'와 같은 음절수 제약에 위배되는 예외가 나타난다.

7.2. '-끄레-', '-으레-'

7.2.1. '-끄레-'

'-끄레-'는 '색깔이 곱지 않고 엷음(명도와 채도가 모두 낮음)'의 의미를 가지며(홍석준 2015:68)[3] 주로 단일형태소 색채형용사어간과 결합하여 색채형용사어근을 형성하는 어근형성접미사이다. 표준어에서 '-끄레-'는 '누르다'계열의 색채형용사와만 결합할 수 있지만 이 지역

---

3) 손용주(1999:118-119)에서도 '-끄레-'는 '곱지도 짙지도 않음'의 의미를 가지는 것으로 '어둡고 열은 색깔'을 나타낸다고 하였고 송정근(2007:70-71)에서도 '-끄레-'가 '약한 색감'을 나타내는 것으로 보았다.

어에서는 '누르다'계열의 색채형용사외에도 '푸르다'계열의 색채형용사와도 결합할 수 있다.

'-끄레-' 역시 어기의 정도성을 약화하는 작용을 한다.

(3) 가. 노르끄레하다, 누르끄레하다, 노르끼리하다, 누르끼리하다,
나. 푸르끄레하다, 푸르끼리하다

(3가)는 '누르다'계열의 색채형용사어간에 '-끄레-'가 결합하여 다시 색채형용사어근을 파생한 경우인데 '색깔이 곱지 않고 엷게 노르거나 누르다'의 의미를 나타낸다. '노르끼리하다', '누르끼리하다'는 '노르끄레하다', '누르끄레하다'의 파생어근 '노르끄레', '누르끄레'의 제3~4음절 모음이 전설고모음 'ㅣ'로 교체되어 전설고모음화된 것이다. (3나)는 '푸르다'계열의 색채형용사어간에 '-끄레-'가 결합하여 다시 색채형용사어근을 파생한 경우인데 '색깔이 곱지 않고 엷게 푸르다'의 의미를 나타낸다. '푸르끼리하다'는 '푸르끄레하다'의 파생어근 '푸르끄레'의 제3~4음절 모음이 전설고모음 'ㅣ'로 교체되어 전설고모음화된 것이다. 정인호(2013)에서 전설고모음화에 의해 어감이 강조된다고 지적하였듯이 전설고모음화된 '노르끼리하다', '누르끼리하다', '푸르끼리하다'는 '노르끄레하다', '누르끄레하다' '푸르끄레하다'에 비해 색감이 좀 더 어둡고 짙은 느낌이 있다.

7.2.2. '-으레-'

'-으레-'는 형용사어간이나 복합어근에 결합하여 '정도성이 매우 약함'의 의미를 나타내는 어근형성접미사이다. 이 지역어에서 '-으레-'는 기본 색채형용사에 결합하거나 기본 색채형용사어간에 어근형성접미사 '-음-'이 결합되어 형성된 복합어근에 결합한다.

'-으레-'는 어기의 정도성을 약화시키는 작용을 한다.

(4) 가. 불그레하다, 발그레하다, 가투레하다
나. 파르무레하다, 포르무레하다, 푸르무레하다, 노르무레하다, 누르무레하다
cf. 길쮸무레하다, 가느무레하다

(4)는 주로 형용사어간이나 복합어근을 어기로 어근을 형성한 경우인데 '색깔이 매우 엷음'의 의미를 나타낸다. (4가)의 '불그레하다'의 '불그레'는 기본 색채형용사어간 '붉-'에 '-으레-'가 결합되어 형성된 것이고 '발그레하다'의 '발그레'는 '발그스르하다'의 경우와 마찬가지로 '밝다'와 '붉다'가 기원적으로 모음교체를 보이는 어휘라는 점으로 미루어 보아 '불그레'에서 내적변화를 거쳐 형성된 것으로 볼 수 있다. '가투레하다'는 '같다'의 방언형인 '같으다'의 어간에 '-으레-'가 결합되어 형성된 것인데 'i→u'변화를 일으킨 것으로 '비슷하다'는 의미를 나타낸다. 어기 '같으-'의 정도성이 약해진 것이다. (4나)는 기본 색채형용사어간에 '-음-'이 결합되어 형성된 복합어근에 '-으레-'가 결합된 경우인데 '푸르다', '누르다'계열의 색채형용사어근과 결합한다. '푸르무레하다'의 '푸르무레'는 '푸르-'에 어근형성접미사 '-음-'이 결합되어 형성된 어근 '푸름'에 다시 어근형성접미사 '-으레-'가 결합된 것으로 분석할 수 있고 '누르무레하다'의 '누르무레'는 '누르-'에 어근형성접미사 '-음-'이 결합되어 형성된 어근 '누름'에 다시 어근형성접미사 '-으레-'가 결합된 것으로 분석할 수 있다. '파르무레하다', '포르무레하다'는 '푸르무레하다'에서 모음교체에 의해 형성된 것으로 볼 수 있고 '노르무레하다'는 '누르무레하다'에서 모음교체에 의해 형성된 것으로 볼 수 있다. 이 지역어에서 '파르-', '포르-', '노르-'는 형용사어간으로 존재하지 않으며 '파름', '포름', '노름'도 존재하지 않기 때문이다.

동북 방언에서는 '길쮸무레하다', '가느무레하다'와 같이 공간형용사 어간을 어기로 취하기도 하는데[4] '길쮸무레하다'의 '길쮸무레'는 '길-'에 어근형성접미사 '-즘-'이 결합되어 형성된 '길쯤'에 '-으레-'가 결합되어 형성된 것으로 분석할 수 있다. 그러나 '가느무레하다'의 '가느무레'는 '*가늠'에 '-으레-'가 결합되어 형성된 것으로 분석할 수 없다. '*가늠'이란 어근이 존재하지 않기 때문이다. '가느무레'는 '가늘-'에 '-으무레-'가 결합된 것으로 분석하는 것이 타당한 것 한다. 이때의 '-으무레-'는 '-음-+-으레-'가 아니라 '푸르무레하다', '누르무레하다'가 '[[푸르-+-으무레-]+-하다]', '[[누르-+-으무레-]+-하다]'로 재분석되어 접사로 인식되었을 것이며 다시 '가늘-'과 결합하여 '가느무레'가 형성된 것이다.

7.3. '-스그레-', '-즈그레'

이 지역어에서 '-스그레-', '-즈그레-'는 색채형용사어간이나 명암형용사어근에 결합하여 '산뜻하지 않게 조금 ~'의 의미를 나타내며 어기의 정도성을 약화시키는 어근형성접미사이다. '-즈그레-'는 구개음화가 이루어지기 전 형태인 '-디그레(<-드그레)-'로 나타나기도 한다.

'-스그레-', '-즈그레-'는 선행하는 어기의 정도성을 약화하는 작용을 한다.

(5) 가. 희스그레하다, 검스그레하다/검시그레하다, 검디그레하다,
붉즈그레하다/붉지그레하다 cf. 붉쥬구레하다(B 2013)
나. 어둑시그레하다

(5가)는 색채형용사어간에 '-스그레-', '-즈그레-'가 결합한 경우

4) '길쮸무레하다', '가느무레하다'는 곽충구(2013)에서 취한 것이다.

이다. '희스그레하다'의 '희스그레'는 색채형용사어간 '희-'에 '-스그레-'가 결합하여 형성된 것으로 '색깔이 산뜻하지 않게 조금 희다'는 의미를 나타내고 '검스그레하다'의 '검스그레'는 색채형용사어간 '검-'에 '-스그레-'가 결합된 것으로 '색깔이 산뜻하지 않게 조금 검다'는 의미를 나타낸다. '검시그레하다'의 '검시그레'는 '검스그레'가 전설고모음화된 것이다. 또한 '검디그레하다'도 나타나는데 어근 '검디그레'는 '검-'에 '-즈그레-'의 구개음화가 이루어지기 전 형태인 '-드그레-'가 결합된 후 전설고모음화된 것이다. '붉즈그레하다'의 '붉즈그레'는 색채형용사 '붉-'에 '-즈그레-'가 결합되어 형성된 것으로 '산뜻하지 않게 조금 붉다'는 의미를 나타낸다. '붉지그레하다'의 '붉지그레'는 '붉즈그레'가 전설고모음화된 것이다. 동북 방언에는 '붉쥬구레하다'도 나타난다(곽충구 2013).

(5나)는 명암형용사 어근에 '-스그레'가 결합한 경우이다. '어둑시그레하다'의 '어둑시그레'는 명암형용사 '어둑하다'의 어근 '어둑'에 '-스그레'가 결합되어 형성된 '어둑스그레'가 전설고모음화된 것이다. '어둑시그레하다'는 '산뜻하지 않게 조금 어둑하다'는 의미를 나타낸다.

7.4. '-음-'

'-음-'은 주로 '푸르다', '누르다'계열의 색채형용사어간에 결합하여 '조금'의 의미를 더해주는 어근형성접미사이다. '-음-' 역시 어기의 정도성을 약화시키는 작용을 한다.

(6) 가. 검푸름하다, 푸름하다, 누름하다
나. 삐뚜름하다[삐뚜르마다](비슷하다)

(6가)는 색채형용사어간에 '-음-'이 결합하여 어근을 형성한 경우

인데 '조금 ~'는 의미를 나타낸다. '검푸릅하다'의 '검푸름'은 '검푸르-'에 '-음-'이 결합되어 형성된 것으로 '조금 검푸르다'는 의미를 나타내고 '푸릅하다'의 '푸름'은 '푸르-'에 '-음-'이 결합되어 형성된 것으로 '조금 푸르다'는 의미를 나타낸다. '누릅하다'의 '누름'은 '누르-'에 '-음-'이 결합되어 형성된 것으로 '조금 누르다'는 의미를 나타낸다. (6나)의 '삐뚜룸하다'의 '삐뚜름'은 '비슷하다'의 의미를 나타내는 '삐뚤하다(삐뚤하다)'의 어근 '삐뚤'에 '-음-'이 결합되어 형성된 것으로 '조금 비슷하다'의 의미를 나타낸다. 표준어에서 '삐뚜름하다'는 '조금 삐뚤다'의 의미를 나타내지만 이 지역어에서는 이런 의미는 갖고 있지 않다.

이처럼 '-음-'은 어기의 의미에 '조금'의 의미를 더함으로써 어기의 정도성을 약화시키는 작용을 한다.

7.5. '-죽-', '-즉-', '-적-', '-으막-'

7.5.1. '-죽-', '-즉-'

'-죽-', '-즉-'은 표준어의 '-죽-', '-직-'에 해당하는데 단일 형태소 형용사어간과 결합하여 형용사어근을 만드는 접미사로서 정도성을 나타낸다. 주로 공간형용사를 어기로 취하며 색채형용사, 감정형용사, 미각형용사는 이들과 결합할 수 없다. 이는 표준어의 '-죽-', '-직-'의 경우와 마찬가지이다.

(7) 가. 걸쭉하다[걸쭈가다], 길쭈사다/길쭉하다[길쭈가다],
넙죽하다[넙쭈가다],
묵죽하다[묵쭈가다]/무:죽하다[무:주가다](묵직하다)
나. 멀르쯕하다[멀르쯔가다](멀찍하다),

널쯕하다[널쯔가다](널찍하다), 높즉하다[높쯔가다](높직하다)
cf. 싫쯕하다[싫쯔가다](학성, 무산. C)

(7가)는 공간형용사어간에 '-죽-'이 결합되어 어근을 형성한 경우이고 (7나)는 공간형용사어간에 '-즉-'이 결합되어 어근을 형성한 경우인데 '-죽-', '-즉-'은 주로 긍정적 가치를 나타내는 공간형용사어간과 결합한다. 또한 음운론적으로 설명하기 어려운 어근접미사 말음이 'ㅅ:ㄱ'의 대응을 보이는 경우도 나타난다. 동북 방언에는 이런 어근형성접미사들이 다수 존재하는데 곽충구(2013:16-18)에서는 동북 방언의 어근형성소(어근형성접미사) '-젓-, -줏-, -좃-, -즛-'을 '-čVs-'으로 '-적-, -죽-, -족-, -즉-'을 '-čVk-'으로 나타내고 이들은 '-čV-'에 '-읏-', '-윽-'이 결합하여 형성된 것으로 '-čV-'의 어원을 알 수 없지만 '-čVs-', '-čVk-'은 선행하는 형용사 어간이 뜻하는 상태성의 정도를 좀 더 강조하는 기능을 한다고 하면서 이런 '-čVs-'계 형용사는 대부분 '-čVk-'계 형용사와 쌍형어로 공존하는데 이런 'ㅅ:ㄱ'의 대응은 '-čV-'에 '-읏-'과 '-윽-'이 달리 결합된 데 기인한 것으로 보인다고 하였다.5) 한편 의미나 기능이 같거나 유사한 형태가 공시태 안에서 복수로 존재한다면 이들은 신형과 구형의 관계일 가능성이 높다는 데 의거하여 동북 방언에 나타나는 'ㅅ:ㄱ'의 대응도 신형과 구형의 관계로 볼 수 있을듯하다고 하면서 국어사에서 '-s-hʌ-'가 뒤늦게 나타난 점(이기문 1985:62-63)과 '-čVk-'의 분포의 범위가 '-čVs-'보다 더 넓다는 점에 근거하여 '-čVs-'계 형용사가 후기에 출현한 것으로 보인다고 하였다. 이 지역어의 어근형성접미사 '-죽-', '-즉-'도 이들과 동궤의 현상으로 '-주

5) 곽충구(2013:16-18)에서는 이런 'ㅅ:ㄱ'의 대응은 어근의 말음절 위치에서 'ㅅ'과 'ㄱ'이 교체될 만한 음운론적 요인을 발견할 수 없기 때문에 음운론적으로 설명하기 어렵다고 하고 형태론적인 면에서 그 원인을 찾아야 한다고 하였다.

-', '-즈-'에 '-윽-'이 결합되어 형성된 것으로 볼 수 있으나 현재로서는 '-주-', '-즈-'의 어원을 알 수 없으며 'ㅅ:ㄱ'의 대응을 나타내는 형용사쌍이 존재하는데 이는 '-주-', '-즈-'에 '-읏-'과 '-윽-'이 달리 결합된 데 기인한 것으로 보인다. 또한 이러한 대응을 나타내는 형용사쌍이 많지 않고 '-čVk-'의 분포의 범위가 '-čVs-'보다 훨씬 넓은데 이는 이 지역어의 보수성으로 인해 신형이 세력을 넓히지 못했기 때문이라고 볼 수 있다. 이들은 선행하는 어기의 정도성을 좀 더 강조하는 기능을 한다.

(7가)의 '넙죽하다'의 '넙죽'은 '넙-'에 '-죽-'이 결합되어 형성된 것으로 '평평하면서 꽤 넓다'의 의미를 나타내고[6] '묵죽하다'의 '묵죽'은 '묵-'에[7] '-죽-'이 결합되어 형성된 것으로 '꽤 무겁다'는 의미를 나타낸다. '무:죽하다'는 '묵-'에 '-죽-'이 결합되어 형성된 것인데 어간말음 'ㄱ'이 탈락하고 그에 대한 보상적 장모음화가 이루어진 것으로 보이는데 '좀 무거운듯하다'는 의미를 나타낸다. 이 지역어에서는 주로 '소화가 되지 않거나 변비로 인해 배가 무거운 느낌이 있다'는 추상적인 의미로 쓰인다('아랫배가 무:죽하다'). (7나)의 '멀르쯕하다'의 '멀르쯕'은 '멀-'에 '-즉-'이 결합되어 형성된 것으로 '꽤 멀다'의 의미를 나타내고 '널쯕하다'의 '널쯕'은 '너르-'에 '-즉-'이 결합되어 형성된 것으로 '꽤 너르다'는 의미를 나타낸다. '싫쯕하다'의 '싫쯕'은 감정형용사어간 '싫-'에 '-즉-'이 결합되어 형성된 것인데 함북 학성, 무산 지역어에 나타난다. 즉 함북 학성, 무산 지역어에서는 '-즉-'이 감정형용사어간과 결합하는 경우도 있음을 나타낸다.

7.5.2. '-적-'

6) '넙다'는 '넓다'의 방언형이다. '넓다'의 의미로 '너르다'도 쓰이는데 전자는 대체로 '평면(간격)의 크기'를 나타내고 후자는 '공간의 크기'를 나타낸다.
7) 명사 '묵씨'나 형용사 '무겁다'를 고려하여 '묵-'을 형용사어간으로 보았다.

'-적-'은 단일 형태소 형용사어간이나 동사어간과 결합하여 형용사어근이나 동사어근을 만드는 접미사이다. '-적-'에 의해 형성된 형용사어근은 다시 형용사 파생접미사 '-하-'와 결합하여 형용사를 만들거나 어근형성접미사 '-스르-', 형용사 파생접미사 '-하-'와 순차적으로 결합하여 형용사를 파생하고 '-적-'에 의해 형성된 동사어근은 다시 동사 파생접미사 '-거리-'나 '-대-'와 결합하여 동사를 파생한다. 또한 '-적-'에 의해 형성된 형용사어근이나 동사어근은 반복형을 구성하여 부사를 파생하기도 한다. '-적-'은 '-죽-', '-즉-'과 마찬가지로 선행하는 어기의 정도성을 좀 더 강조하는 기능을 한다.

(8) 가. 녑적하다[녑쩌가다], 납작하다[납짜가다],
녑적스르하다[녑쩍스르하다], 납작스르하다[납짝스르하다],
어물쩍하다[어물쩌가다]
cf. 비적하다[비저가다]
나. 긁적거리다[긁쩍거리다], 뚱기적거리다
다. 녑적녑적[녑쩍녑쩍], 납작납작[납짝납짝],
긁적긁적[긁쩍긁쩍], 뚱기적뚱기적

(8가)는 공간형용사어간에 '-적-'이 결합되어 형성된 어근을 어기로 다시 형용사를 파생한 경우이다. '녑적하다', '녑적스르하다'의 '녑적'은 '넓다'의 방언형 '녑-'에 '-적-'이 결합되어 형성된 것이고 '납작하다', '납작스르하다'의 '납작'은 '녑적하다', '녑적스르하다'의 '녑적'에서 모음교체에 의해 형성된 것이다. '어물쩍하다'는 '사람의 성질이나 태도가 여무지지 못하다'는 의미를 가지는 형용사어간 '어물-'에 '-적-'이 결합되어 '어물적'이 형성된 후 경음화되어 '어물쩍'이 되고 다시 '-하-'가 결합된 것으로 이 지역어에서는 '나이에 맞지 않게 어른스러운 말이나 행동을 한다'의 의미를 나타내는 것으로 주로 어린

아이들한테 쓰는 말로서 의미론적으로 어휘화된 것이다. 표준어에서 '어물쩍하다'는 동사로서 '꾀를 부리느라고 말이나 행동을 일부러 살짝 한번 어물거려 넘기다'는 의미를 나타내는데 이 지역어에서는 이런 의미로는 쓰이지 않는다. 또한 형용사 '어물다'도 나타나지 않으므로 '어물쩍하다'는 형태론적으로 어휘화한 것이다. '비적하다'는 '비슷하다'의 방언형으로 '비적'은 '비'에 어근형성접미사 '-적-'이 결합되어 형성된 것이 아니라 한자어 '비적(比敵)'에 접미사 '-하-'가 결합된 것이다.

(8나)의 '긁적거리다'의 '긁적'은 동사어간 '긁-'에 '-적-'이 결합되어 형성된 것이고 '뚱기적거리다'의 '뚱기적'은 '뚱뚱한 몸집을 둔하고 느리게 기우뚱하는 모양'의 의미를 나타내는 '뚱기뚱기'의 어근 '뚱기'에 '-적-'이 결합되어 형성된 것이다.

(8다)의 '넙적넙적', '긁적긁적', '뚱기적뚱기적' '-적-'에 의해 형성된 어근 '넙적', '긁적', '뚱기적'의 반복으로 형성된 것이고 '납작납작'은 '넙적'의 모음교체형 '납작'의 반복으로 형성된 것이다.

이처럼 어근형성접미사 '-적-'은 주로 공간형용사어간 '넙-'과 결합하며 색채형용사, 감정형용사, 미각형용사와는 결합할 수 없으며 동사어간과 결합하여 다시 동사를 파생하거나 반복의 형태로 부사를 파생하기도 한다.

7.5.3. '-으막-'

'-으막-'은 '-죽-', '-즉-'과 마찬가지로 단일형태소 형용사어간과 결합하여 형용사어근을 형성하는 어근형성접미사이다. '-으막-'은 주로 부정적 가치를 나타내는 공간형용사어간과 결합하는데 이는 주로 긍정적 가치를 나타내는 공간형용사어간과 결합하는 '-죽-', '-즉-'과 어느 정도 상보적 관계에 있는 것으로 보여진다(송철의 1992: 232). '-으막-'은 어기의 정도성을 나타낸다.

(9) 낮으막하다[낮으마가다],
뜰막하다~짤막하다[뜰마가다/짤마가다]

(9)은 부정적 가치를 나타내는 공간형용사어간에 결합하여 형성된 어근에 다시 접미사 '-하-'가 결합되어 형용사를 파생한 경우이다. '낮으막하다'의 '낮으막'은 '낮-'에 '-으막-'이 결합된 것으로 '비교적 낮다'는 의미를 나타내고 '뜰막하다~짤막하다'의 '뜰막~짤막'은 '짧-'의 방언형인 '뜨르-~짜르-'에 '-으막-'이 결합된 것으로 '비교적 짧다'는 의미를 나타낸다.

7.6. '-음직-'

'-음직-'은 동사어간과 결합하여 형용사어근을 파생하지만 그렇게 생산적이지는 못한 듯하다.

(10) 먹음직하다[먹음지가다], 믿음직하다[믿음지가다],
꺼름직하다~께름직하다[꺼름지가다~께름지가다](꺼리끼다, C)

(10)은 동사어간을 어기로 형성된 어근에 다시 접미사 '-하-'가 결합되어 형용사를 파생한 경우이다. '먹음직하다'의 '먹음직'은 '먹-'에 '-음직-'이 결합된 것으로 '음식이 보기에 맛있어 보인다'의 의미를 나타내고 '믿음직하다'의 '믿음직'은 '믿-'에 '-음직-'이 결합된 것으로 '꽤 믿을만하다'의 의미를 나타낸다. '꺼름직하다'의 '꺼름직'은 '꺼리-'에 '-음직-'이 결합된 것이고 '께름직하다'의 '께름직'은 '꺼름직'에서 모음교체되어 형성된 것으로 '좀 꺼리는 느낌이 있다'는 의미를 나타낸다. '-음직-'은 어기의 정도성을 나타내는 것이다.

7.7. '-읏-'

'-읏-'은 말음이 모음인 형용사어근에 결합하여 형용사어근을 파생하는데 '상태성을 좀 더 강조'하는 기능을 한다. '-읏-'에 의해 파생된 형용사어근은 다시 접미사 '-하-'와 결합하여 형용사를 파생하는데 '-하-'와 결합된 후 'ㅎ'가 탈락한다. 이때 파생된 형용사는 대부분 감각형용사이다.

(11) 채채사다~채채하다, 우추사다~우추하다, 쨰쨰사다~쨰쨰하다,
베베사다~베베하다, 새치사다~새치하다, 챙피사다~챙피하다,
취취사다~취취하다, 쯔쯔사다

(11)의 '채채사다'는 '물에 흠뻑 젖은 모양이나 생김생김이 자름자름하여 볼품없다'는 의미를 나타내는 것으로 어근 '채챗'은 '채채하다'의 어근 '채채'에 '-읏-'이 결합된 것이고 '우추사다'는 '저속한 말이나 행동을 함'을 놀림조로 이르는 말로서 어근 '우춧'은 '우추하다'의 어근 '우추'에 '-읏-'이 결합되어 형성된 것이다. '쨰쨰사다'는 '사람이 잘고 인색하다'는 의미를 나타내는 것으로 어근 '쨰쨋'은 '쨰쨰하다'의 어근 '쨰쨰'에 '-읏-'이 결합된 것이고 '베베사다'는 '심하게 닦아세워지거나 캐어물음을 당하거나 거절을 당하여 매우 열없고 어색하다'는 의미를 나타내는 것으로 어근 '베벳'은 '베베하다'의 어근 '베베'에 '-읏-'이 결합된 것이다. '새치사다'는 '자기 몸을 치장하기 좋아하다'는 의미를 나타내는 것으로 어근 '새칫'은 '새치'에 '-읏-'이 결합된 것이고 '챙피사다'는 표준어 '창피하다'의 의미로 어근 '챙핏'은 '챙피하다'의 어근 '챙피'에 '-읏-'이 결합된 것이다. '취취사다'는 '좀 축축하고 음습하다'는 의미를 나타내는 것으로 어근 '취췻'은 '취취하다'의 어근 '취취'에 '-읏-'이 결합된 것이다. '쯔쯔사다'는 '젖은 것이 살에 닿아

서 차가운 느낌이 있다'는 의미를 나타내는 것으로 어근 '쯔쯧'은 '쯔쯔'에 '-읏-'이 결합된 것이지만 이때의 '쯔쯔'는 위의 예들과 달리 '쯔쯔하다'가 존재하지 않으므로 어근이라고 할 수 없다. 이 지역어에는 '쯔쯔사다'와 비슷한 의미를 가지는 형용사 '쯔겁다'가 존재하는데 '쯔쯔사다'는 '쯔겁다'의 '쯔'의 반복형에 '-읏-'이 결합되어 형성된 것으로 보이는데 비슷한 구조를 가지는 위의 감각형용사들에 유추된 것으로 생각된다.

표준어에서는 '-읏-'이 시각형용사어간에 결합되어 시각형용사어근을 파생하는데('노릇하다', '흐릿하다' 등) 이 지역어에는 이런 경우는 존재하지 않는다.

7.8. '-각-~-걱-', '-악-~-억-', '-박-'

본서의 3.1.4.에서 논의한 바와 같이 이 지역어의 '-질'에 의한 파생에는 정체가 불분명한 '-각-~-걱-', '-악-~-억-', '-박-'이 개재하는 경우가 있는데 이들은 특별한 의미를 가지지 않는 것으로 자립적인 형태로 쓰이지 못하며 동사어간이나 [V+-음] 구성에 결합하여 어기에 명사성을 더해주는 기능을 하는 것으로 보인다. 이들에 의해 형성된 어근은 자립적인 형태로 쓰이지 못하며 다시 명사 파생접미사 '-질'과 결합하여 행위명사를 파생한다. 본서에서는 이들을 명사성 어근을 형성하는 어근형성접미사로 보고 논의를 진행하려고 한다.

(12) 가. 깁각질~깁걱질(바느질), 씻각질, 얼리각질,
도투각질(실랑이), 비각질(낫질), 닦각질, 빌각질
나. 빌억질[비럭질], 깁억질~집억질, 도틈악질
다. 뛰박질, 달음박질, 쌈박질

(12가)는 '-각-~-걱-'이 동사어간에 결합하여 명사성 어근을 형

성하는 경우이고 (12나)는 '–악–~–억–'이 동사어간이나 [V+–음] 구성에 결합하여 명사성 어근을 형성하는 경우이며 (12다)는 '–박–'이 [V+–음] 구성에 결합하여 명사성 어근을 형성하는 경우이다. 특히 이 지역어에서는 '–각–~–걱–'이 결합하여 형성된 명사성 어근에 다시 '–질'이 결합되어 형성되는 행위명사의 파생이 아주 생산적이며 사용빈도도 높은 것으로 나타난다. '–각–~–걱–'은 함경도 방언에서만 볼 수 있는 특이한 형태이다.

이상으로 이 지역어의 어근 파생에 대해 살펴보았다. 그 내용을 정리하면 다음과 같다.

[표 8] 함북 육진 방언의 어근 파생

어근형성접미사	분포(어기)	의미 기능	예
-으스르-	A(색채, 공간), 어근	조금, 약간	불그스르하다
-끄레-	A(색채-푸르다, 누르다 계열)	색깔이 곱지 않고 얇음	노르끄레하다
-으레-	A(색채)	색깔이 매우 엷음	불그레하다
-스그레-, -즈그레-	A(색채, 명암)	산뜻하지 않게 조금	검스그레하다, 붉즈그레하다
-음-	A(색채-푸르다, 누르다 계열)	조금	검푸름하다
-죽-, -즉-	A(공간)	정도성	걸쭉하다
-적-	A, V	정도성 강조	넙적하다
-으막-	A(공간)	정도성	딸막하다
-음직-	V	꽤 믿을만하다	꺼름직하다
-웃-	A어근	상태성 강조	채채사다, 우추사다
-각-~-걱-, -악-~-억-, -박-	V어간 V어간, [V+-음] 구성 [V+-음] 구성	명사성을 더해줌	깁각질, 씿각질 빌악질, 도툼악질 쌈박질, 뜀박질

7. 결론

본서는 경원 지역어(함북 육진 방언에 속함)의 접미파생의 양상을 밝히는 것을 목적으로 하였다. 이를 위해 이 지역어의 접미사 목록을 작성하고 각 접미사의 형태, 분포와 의미 기능을 살펴보았다.

2장에서는 파생어 형성 논의를 위한 기본 전제에 대하여 살펴보았다. 먼저 파생어 형성의 유형에 대해서 논의하였는데 본서는 영변화에 의한 파생은 인정하되 영접사는 인정하지 않는 입장을 받아들였다. 한국어의 단어형성에서 논쟁이 되고 있는 규칙과 유추, 공시성과 통시성에 대해 논의하였으며 기본적으로 규칙에 의해 이 지역어의 파생어 형성을 설명하되 경우에 따라서는 유추에 의한 설명방법도 적용하는 입장을 취하였다. 또한 생산적인 규칙에 의하여 단어가 형성되는 과정 즉 단어들의 내부 구조에 대한 화자의 공시적 직관이 개입되는 단어 형성은 공시적 성격을 가진다는 입장을 취하였다. 어근, 어간, 어기, 접사 등 용어의 개념 정의는 이익섭 · 채완(1999)를 따르기로 하였으며 파생어근을 형성하는 접미사를 인정하고 송철의 · 이남순 · 김창섭(1992)를 따라 '어근형성접미사'로 부르기로 하였다. 그리고 '어근형성접미사'에 의해 파생된 어근을 '파생어근', 합성법에 의해 형성된 어근을 '합성어근'이라고 부르고 '파생어근'과 '합성어근'을 합쳐서 '복합어근'이라 부르기로 하였다.

3장에서 7장까지는 이 지역어의 접미사에 의한 파생을 명사 파생, 동사 파생, 형용사 파생, 부사 파생, 어근 파생으로 나누어 각 장에서 자세히 논의하였다.

이 지역어에서는 명사 파생접미사가 가장 다양하게 나타났고 이 접미사들에 의해 형성된 파생어들도 아주 많았으며 사용빈도도 높았다. 그중에서도 인칭접미사가 가장 다양하게 나타났으며 매우 많은 비중을 차지하고 있었는데 표준어의 인칭접미사와 마찬가지로 주로 '비칭' 중심으로 이루어졌다. 그중에서도 속성 표현 인칭 접미사가 많은 비중을 차지하고 있다. 이는 사회방언학적 측면에서도 흥미 있는 연구 자료가 될 것이다.

3장에서는 명사 파생을 행위명사 파생, 사물명사 파생, 인칭명사 파생, 그 밖의 접미사에 의한 파생으로 나누어 논의하였다. 행위명사 파생은 다시 '$-이_1$', '-음', '-기', '-질', '$-내기_1$'에 의한 파생으로 나누어 논의하고 사물명사 파생은 다시 '-개', '-애'; '$-대기_1$', '-붙이'에 의한 파생으로 나누어 논의하였다. 인칭명사 파생은 다시 '-재:', '-꾼', '-보', '-애:/-에:', '-배:', '-뚜거리', '$-대기_2$', '-채:', '-바리', '-꾸레기', '$-이_2$', '-뒤:', '-돌이', '-내미', '$-내기_2$', '-치'로 나누어 논의하고 그 밖의 접미사에 의한 파생은 '-백이', '-들이', '-재비', '-시', '-에기', '-아지', '-악지', '$-이_3$'에 의한 파생으로 나누어 논의하였다.

행위명사 파생접미사는 '-질'을 제외하고는 모두 동사나 형용사 혹은 'N+V'나 'Ad+V'를 어기로 주로 '~하는 행위'를 나타내는 파생어를 형성한다. '-질'은 주로 명사나 어근을 어기로 'N을 이용하여 하는 행위'나 'N하는 행위'를 나타내는 파생어를 형성하는데 '직업이나 신분'을 지칭하는 명사와 결합하여 행위명사를 파생하는 경우에는 표준어에서와 달리 그 어기의 의미가 부정적이든지 그렇지 않든지 관계없이 모두 '-질'과 결합할 수 있고 높은 생산성을 가지고 있으며 파생된 파생어 역시 비하의 의미를 가지지 않는다. 또한 '-질'에 의한 파생에서는 정체가 불분명한 '-각-~-걱-', '-악-~-억-', '-박'이 개재되어 형성된 파생어들이 많이 나타나는데 특히 '-각-~-걱-'이 개재된 구성은 함경도 방언에서만 볼 수 있는 형태이다. '$-내기_1$'은 주로 동사의 관형형을 어기로 놀이명, 경기명, 운동명을 나타내는 행위명사를 파생한다. '-내기$_1$'이 동사의 관형형을 어기로 취하게 된 것은 본래는 명사의 기능을 하던 '내기$_1$'이 의미, 기능적으로 유연성을 잃고 접미사화하였기 때문이다.

사물명사 파생접미사 '-개', '-애'는 주로 동사나 'N+V'를 어기로 취하며 '-개'는 인칭명사를 파생하기도 하는데 모두 비하의 의미를 가진다. '-대기$_1$', '-붙이'는 주로 명사를 어기로 취하는데 '-대기$_1$'은 '작음'이나 '비하'의 의미를 더해주는 기능을 한다.

인칭접미사 '-재:~-재:', '-꾼'은 모두 명사를 어기로 'N을 전문적으로 혹은 직업적으로 하는 사람'을 의미하는 유정명사를 형성하는데 이때 '-꾼'과 결합하는 명사어기는 주로 행위명사라는 것이 특징적이며 '-재:~-재:'는 명사 외에도 형용사어근이나 'N+V'를 어기로 취할 수 있으므로 분포나 의미기능면에서 '-꾼'에 비해 다양성을 유지하고 있다. 이들에 의해 파생된 파생어는 모두 비하의 의미를 가지는데 '-재:~-재:'는 그 자체가 비하의 의미를 가지고 있고 '-꾼'은 어기가 가지는 비하의 속성 때문에 파생어들이 비하의 의미를 가지게 된다.

'-보', '-애:/-에:'는 주로 동사나 형용사와 결합하여 '신체·외모적 결함을 가진 사람'을 의미하는 유정명사를 형성하는데 모두 비하의 의미를 가지며 파생된 파생어 역시 사람을 놀림조로 낮잡아 이를 때 많이 쓰이는 것으로 비하의 의미를 가진다.

'-배:', '-뚜거리', '-대기$_2$', '-채:', '-바리', '-꾸레기', '-이$_2$'는 모두 '지나친 성격적 특징을 가진 사람'을 의미하는 유정명사를 형성하는데 이들에 의해 형성된 파생어 역시 대부분이 비하의 의미를 가진다. 그중에서 '-이$_2$'는 어기가 가지는 비하의 의미 때문에 파생어도 비하의 의미를 가지게 된 것이고 그 외의 접미사들은 그 자체가 비하의 의미를 가진다. '-배:', '-뚜거리', '-꾸레기'는 주로 명사나 명사형을 어기로 취하고 '-대기$_2$', '-채:', '-바리'는 주로 동사, 형용사어간이나 어근을 어기로 취하며 '-이$_2$'는 주로 명사나 어근, 의성·의태어를 어기로 취하는데 '-뚜거리'는 음식명사, '-꾸레기'는 추상명사를 어기로 취한다는 것이 특징적이다. '-뚜거리'는 음식명사 뒤에는 모두 결합할 수 있으므로 이에 의한 파생은 아주 생산적이며 새로운 음식명사와 결합하여 형성된 '피자뚜거리', '하뽀보뚜거리'나 '아지나모도'를 대체하여 쓰이는 '다시다'와 결합되어 형성된 '다시다뚜거리' 등도 별 거부감 없이 쓰일 수 있다.

'-뒤:', '-돌이', '-내미'는 주로 명사, 동사어간, 형용사어간이나 어근을 어기로 취하여 '어떠한 특성을 가진 사람'을 의미하는 유정명사를 형성하는데 주로 아이들을 귀엽게 놀림조로 이를 때 많이 쓰인다. 어른을 가리킬 때는 귀여움의 의미는 없고 비하의 의미만 가지게 된다.

'-내기$_2$', '-치'는 주로 지역명사를 어기로 '그 지역에서 나서 자란 사람'을 의미하는 유정명사를 형성하는데 모두 비하의 의미를 가진다. '-치'가 '-내기$_2$'보다 더 생산적이며 점점 '-내기$_2$'가 사라져가고 '-치'가 '-내기$_2$'의 의미기능을 대신하고 있다.

그 밖의 접미사에는 '-백이', '-들이', '-잽이', '-시', '-에기', '-악지', '-아지', '-이$_3$' 등 접미사들이 있다. '-백이', '-들이', '-잽이'는 모두 동사어간에 명사 파생접미사 '-이'가 결합된 후 접사화한 것으로 주로 명사나 수량을 나타내는 명사구에 결합한다. '-시'는 형용사어간이나 어근에 결합하여 추상명사를 형성하는데 표준어에는 존재하지 않는다. '-에기', '-아지', '-악지'는 모두 공통적으로 명사를 어기로 취할 수 있으며 모두 의미 변화 없는 파생어를 형성할 수 있다. '-에기'와 '-아지'에 의해 형성된 파생어는 비하의 의미를 나타내기도 하며 '-아지'는 지소사로 쓰이기도 한다. '-악지'는 표준어에는 존재하지 않는 것으로 형용사어간을 어기로 취하기도 하는데 이때는 '-이$_3$'와 마찬가지로 척도명사를 파생한다.

4장에서는 동사 파생에 대해 논의하였다. 주로 사동사 파생, 피동사 파생, 반복접미사에 의한 파생('-거리-', '-대-', '-이-'), 강세접미사에 의한 파생('-떼리-', '-치-')으로 나누어 고찰하였다. 이 지역어의 동사 파생접미사는 주로 동사, 명사, 형용사, 부사, 의성・의태어 등과 결합하여 동사를 파생한다.

이 지역어의 사・피동사 파생은 접미사의 목록으로부터 어기와 접사의 결합에서 볼 수 있는 음운론적 또는 형태론적 조건이 표준어와 큰 차이를 보인다. 형태론적인 면에서는 사・피동사 형성의 제약조건에서 벗어나 있고, 통사론적인 면에서는 사・피동사 구문과는 무관한 환경에서 쓰이는 사・피동사의 예들이 다수 존재하며 표준어의 사・피동사 목록에서 볼 수 없는 것들이 많이 나타난다. 이 지역어의 사동사 파생접미사에는 '-이-', '-히-', '-기-', '-우-', '-이우-', '-구-', '-추-'가 있고 피동사 파생접미사에는 '-이-', '-히-', '-기-', '-우-', '-이우-'가 있다.

이 지역어에서 사・피동접미사 '-우-'는 사・피동접미사 '-이-', '-히-', '-기-'에 의하여 파생된 사・피동사어간에 결합하여 태의 변화에 간여하지 않고 사・피동성을 강조하는 기능을 할 뿐만 아니라 어간 모음이 'ㅣ'로 끝난 타동사어간에 결합하여 상(相)적 의미를 강조하는 기능을 하기도 한다. 다만 피동사의 파생에 있어서는 태의 변화에 간여하는 예외가 존재한다는 것이 흥미롭다('얼리우다', '속이우다'). 또한 접미사 '-기-'에 의하여 파생된 파생어 중 사동사로도 기능하고 피동사로도 기능하는 예들이 다수 존재한다('앤기다[앵기다]', '물기다', '빨기다~뿔기다', '쓸기다', '털기다', '날기다', '감기다', '싲기다', '들기다', '물기다').

이 지역어의 사동사 파생에서 말자음이 /ㄹ/인 동사어간에 결합되어 형성된 사동사는 타동사어간을 어기로 취하기도 하고('말기다', '물기다', '빨기다', '빌기다', '들기다', '쓸기다', '털기다') 자동사어간을 어기로 취하기도 하는데('울기다', '날기다', '딸기다') 이들은 어기가 타동사어간이든 자동사어간이든 표준어에서는 모두 접미사 '-리-'에 의해 사동사로 파생되던 것들이다. '-구-'에 의한 사동사 파생은 주로 말음이 /ㄹ/인 어간을 어기로 취하며 표준어에서는 '-리-'나 '-이-'

에 의한 파생으로 나타난다.

이 지역어의 피동사 파생에는 표준어의 피동사 파생에서 나타나는 형태론적 제약과 통사·의미론적인 제약조건이 전부 적용되지는 않는다. '-히-'가 결합되어 형성된 피동사 '생각히다'는 표준어에서 '-하다'계 동사들은 피동사 파생의 어기가 되지 못한다는 형태론적 제약조건에 적용되지 않고, '-기-'가 결합되어 형성된 피동사 '알기다(알게 되다)'는 '의미론적인 면에서 본다면 대체로 추상적인 심리작용과 관련되는 타동사들은 피동사 파생의 어기가 되지 못한다'는 표준어의 피동사 파생의 제약에 위배되는 것이다. '-기-'가 결합되어 파생된 피동사 '다슬기다', '그슬기다~끄슬기다'와 '-히-'가 결합되어 파생된 '속히다', '갭히다'는 통사론적으로는 피동사라 할 수 없는 어휘적 파생어이지만 조어법상에서 보면 피동사와 다를 바 없으며 '타동사만을 어기로 할 수 있다'는 표준어의 피동사 파생의 제약에 위배되는 것이다. '-우-'가 결합되어 형성된 피동사 '부시우다'는 '타동사만을 어기로 할 수 있다'는 표준어의 피동사 파생의 제약에 어긋나는 것으로 표준어에는 대응하는 피동사가 존재하지 않는다.

이 지역어의 '-기-'에 의한 피동사 파생은 표준어와 달리 어간말음이 /ㄹ/인 어기에는 '-기-'가 결합되고 'ㄷ'규칙 용언어간뿐만 아니라 'ㄷ'불규칙 용언어간에도 '-기-'가 결합된다. 또한 피동사의 어기와 활용어간이 다른 예가 있으며('댇기다(走)', '가두다(囚)') 표준어에서는 어간말음이 /ㅈ/인 어기에는 '-기-' 또는 '-히-'가 결합되지만 이 지역어에서는 모두 '-기-'가 결합된다.

반복접미사 '-거리-', '-대-'는 일반적으로 동작성을 나타내는 의성·의태어 어근이나 그 반복형과 결합하여 어기의 동작을 반복적으로 하거나 그 소리나 동작이 연달아 계속됨을 나타내는데 1음절 어근에는 결합하지 못하지만 그 반복형에는 결합할 수 있다는 음절수의 제약이 있다. 또한 '-거리-'와 '-대-'가 모두 어기의 동작의 반복성과 지속성을 나타내는 것이지만 '-대-'는 지속성보다는 반복성을 더 강조하여 나타내는 듯하다. 생산성에 있어서는 '-거리-'가 훨씬 더 생산적인 모습을 보이고 있다.

'-이-'는 동작성 어근이나 동사, 형용사어간을 어기로 동사를 파생하며 기본적으로 '반복적 동작'이라는 의미를 나타내는데 생산성은 그리 높지 않다. 표준어에서 '오구리다', '우구리다', '찌그리다', '구부리다~꾸부리다'에 해당하는 '오그리다', '우그리다', '찌그리다', '구부리다'는 형태론적으로 어휘화한 것으로 보았지만(송철의 1992:198) 이 지역어에서는 '오굴다', '우굴다', '찌글다', '구불다~꾸불다'가 존재하므로 공시적인 파생에 의한 것으로 볼 수 있다.

한편 표준어에서 '-거리-'와 '-대-'가 어근분리현상을 보이지만 이 지역어에서는 이런 어근분리현상을 쉽게 찾아볼 수 없다(*호똘두거린다/댄다, *낑낑들 거린다/댄다').

강세접미사 '-떼리-'는 사동의 의미를 가지는 동시에 강조의 의미도 나타내는데 대응되는 표준어는 '-아/어'활용형에 '-뜨리-~-트리-'가 결합된 것으로 통합구조상에서 차이를 보이고 있으며 표준어에서는 동작이 미치는 대상이 '사물'일 수도 있고 '몸이나 신체의 일부'일 수도 있지만 이 지역어에서는 '몸이나 신체의 일부'만 해당된다. 또한 같은 추상적인 심리작용과 관련된 어근을 어기로 한 파생어들도 나타나고 있는데('우물떼리다', '쭈물떼리다', '뽀돌떼리다/뿌들떼리다') 표준어에는 이에 대응되는 동사가 존재하지 않는다. 이는 이 지역어에서 접미사 '-떼리-'에 의한 파생이 표준어에 비해 생산적임을 말해준다.

표준어에서는 '-뜨리-'와 '-치-'가 같은 어기와 결합하여 동사를 파생하는 경우(쏟치다, 쏟뜨리다)가 있지만 이 지역어에서는 그런 경우가 존재하지 않는다.

5장에서는 형용사 파생에 대해 논의하였다. 이 지역어의 형용사 파생접미사로는 '-스럽-', '-롭-', '-답-', '-압/업-', '-ㅂ-'과 '-브-', '-앟/엏-', '-다마-', '-지-', '-차-' 등이 있다. 이들은 주로 명사, 동사, 형용사, 어근 등과 결합하여 형용사를 파생한다.

이 지역어에서도 '-스럽-'은 표준어에서와 마찬가지로 구체명사나 추상명사와 결합하여 형용사를 파생하는데 추상명사와의 결합이 훨씬 더 생산적이며 구체명사와 결합하는 경우는 극히 적다. 또한 추상명사와 결합하는 경우에는 어기의 대부분이 한자어이며 높은 생산력을 보인다. '-스럽-'은 여러 종류의 어근과 결합하여 형용사를 파생하는 경우에도 매우 생산적인 모습을 보이는데 표준어에서와 마찬가지로 '-스럽-'과 결합하는 어근들은 대부분 상태성 어근이고 동작성 어근과 결합하는 경우는 찾아보기 힘들며 어근을 어기로 취할 때 '-스럽-'의 의미 기능은 형용사 파생접미사 '-하-'의 의미 기능과 거의 같은 것으로 느껴진다.

'-롭-'은 모음말음으로 끝나는 명사나 어근과 결합하여 형용사를 파생시키는 접미사로서 '어기의 속성이 풍부히 있음'의 의미를 나타내는 것으로 비교적 생산적이긴 하지만 '-스럽-'보다는 생산적이지 않다. 이 지역어에서는 고유어 명사를 어기로 취한 경우는 찾아보기 힘들다.

'-답-'에는 '-답$_1$-'과 '-답$_2$-' 두 가지 종류가 있는데 이 지역어에서 명사구와 결합하여 형용사구를 형성하는 '-답$_1$-'(남자답다, 어른답다, 여자답다…)은 '-같-'(남자같다, 여자같다, 자라이같다…)이 그 기능을 대체하여 쓰이고 있고 '-답$_2$-'는 '-롭-'과 음운론적인 이형태 관계에 있는 것으로 '-롭-'과 의미와 기능이 같으며 '어기의 속성이 풍부히 있음'의 의미를 나타낸다. 표준어에서와 같이 '-답$_2$-'는 추상명사나 어근 또는 사물명사에 결합하여 형용사를 파생하는데 자음말음으로 끝나는 어기와만 결합하여 모음말음으로 끝나는 어기와 결합하는 '-롭-'과 상보적인 분포를 보이며 의미와 기능이 같다. '-답$_2$-'는 거의 생산성을 잃어 새로운 파생어를 만들 능력이 없는 것으로 보여진다.

'-압/업-'은 동사어간이나 형용사 어간, 어근과 결합하여 '~한 느낌'이나 '주관적인 감정상태'를 나타내는 감각형용사를 파생하는데 그렇게 생산적이라고는 할 수 없지만 어느 정도는 생산성을 가지고 있는 것 같다.

중세한국어에서 '-ㅂ-'과 '-브-'는 이형태로서 주로 동사어간에 결합되어 감정형용사를 파생하던 접미사였으나 현대에 와서 이들에 의해 형성된 파생어들은 공시적으로 분석은 가능하나 생산성이 전혀 없으므로 형태론적으로 어휘화된 것으로 보아야 한다. 이 지역어에서 '-ㅂ-'은 감각형용사어간에 결합되어 감각형용사를 만드는 경우도 있는데 이때의 접미사 '-ㅂ-'은 품사를 바꾸거나 통사구조를 변화시키는 기능은 없는 잉여적인 요소로서 '-ㅂ-'에 의한 파생이 일어나게 된 것은 감각형용사에 '-ㅂ-'계 접사가 결합되어 있는 사실에 유추된 것이다.

이 지역어에서 '-앟/엏-'은 주로 시각형용사와 결합하여 다시 시각형용사를 파생하는데 품사변화는 없이 '상태성의 강조'만 나타내며 '매우(아주)' 정도의 의미를 갖는다고 볼 수 있다. '-앟/엏-'은 그 분포와 기능이 표준어에서와 별반 다를 바 없으며 더 이상 생산력을 가지지 않는 것으로 보인다.

'-다마-'는 표준어의 '-다랗-'에 해당하는 접미사인데 '-다랗-'과 마찬가지로 [+量]의 의미자질을 가지는 공간형용사와만 결합한다는 의미론적 제약을 가지며 색채형용사를 포함한 빛형용사들이나 미각형용사, 심리형용사 등을 어기로 취할 수도 없다(*무겁다마다, *검다마다, *붉다마다, *달다마다, *기쁘다마다…).

'-다마-'는 부정적 가치를 나타내는 형용사와 결합하여 파생어를 형성하는 경우에는 빈칸이 거의 나타나지 않으므로 '-다랗-'과는 반대로 부정적 가치를 나타내는 형용사로부터의 파생이 좀 더 생산적인 것 같다(얕다마다, 낮다마다, 가깝다마다, 잘다마다, 가찹다마다, *멀다마다). 또한 연변 지역어에서는 특히 젊은 층으로 가면서 '-다마-'가 '-다맣-'으로 대체되어 가는 경향을 보이고 있다(실하다맣다, 크다맣다, 길다맣다, 가찹다맣다…).

'-지-'는 명사나 어근과 결합하여 형용사를 파생하는데 대체로 '어기의 의미가 매우 많음'을 나타낸다. 이 지역어에서 '-지-'는 표준어에서와 달리 생산성이 그다지 높지 않으며 '-지-'에 의해 파생된 형용사들은 거의 부정적인 의미로 쓰이는 것이 특징적이다.

'-차-'는 명사나 형용사 어근과 결합하여 강세의 의미를 나타내는 형용사를 파생하는데 거의 생산성이 없다.

6장에서는 부사 파생에 대해 논의하였다. 이 지역어의 부사 파생접미사에는 '-이', '-히', '-우', '-껏', '-나/으나', '-르', '-대르' 등이 있다. 그중에서 '-이', '-히'에 의한 파생이 가장 생산적이며 그 외의 접미사들에 의한 파생은 생산력이 높지 않으며 그에 의해 형성된 파생어들은 대부분 어휘화했다고 볼 수 있다.

이 지역어에서 '-이/히'는 형용사어간이나 어근, 반복명사, 반복부사를 어기로 부사를 파생한다. '-이/히'는 부사 파생접미사 중에서 가장 세력이 크고 생산적인 접미사이다.

'-압/업-'에 의해 형성된 형용사어간을 어기로 한 '-이'부사 파생은 표준어에서는 비교적 생산적인 편이지만(가까이, 반가이, 부끄러이, 즐거이, 안타까이…) 이 지역어에서는 생산성이 거의 없다. 표준어에서 이 유형의 파생부사들은 '가까이'를 제외하고는 모두 추상성을 띠는 형용사로부터 파생된 것들인데 이 지역어에서는 추상성을 띠는 형용사로부터는 부사 파생이 이루어지지 않는다.

'-브-'나 '-롭-'에 의해 형성된 파생형용사어간을 어기로 하는 '-이'부사 파생은 표준어에서는 비교적 생산적이지만(슬피, 어여삐, 괴로이, 까다로이, 번거로이, 새로이…) 이 지역어에서는 나타나지 않는다.

형용사어간에 어근형성접미사가 결합되고 거기에 다시 '-이'가 결합되어 파생부사를 형성하는 경우는 표준어에서처럼 생산적이지 않고 '-이'부사 파생에 참여하는 어근을 형성하는 접미사 역시 표준어에서보다 많이 제한되어 있다.

명사의 반복어에 '-이'가 결합되어 부사를 파생하는 경우에는 단일 명사 어기에 직접 통합하지 못하고 반복된 형태만을 어기로 취할 수 있다는 것이 특징적이며 표준어에서와 달리 이 지역어에서는 1음절 명사의 반복어만을 어기로 취할 수 있다.

이 지역어에서 '-이'부사 파생은 동작성 어근들로부터는 거의 파생이 허용되지 않는다.

이처럼 '-이'부사 파생은 비교적 높은 생산성을 가지고 있지만 의미론적 어휘화를 겪은 예들을 제외하고는 일상적인 용법에서는 '-이' 파생부사보다는 '-게'부사형을 더 선호하는 것 같다. 이는 아마도 '-이'부사 파생에는 많은 제약이 존재하지만 '-게'활용형은 거의 모든 어기와 자유롭게 결합할 수 있기 때문인 것으로 여겨진다.

이 지역어에서 '-우'는 동사나 형용사어간, 부사와 결합하여 어간의 의미에 '정도'의 깊이를 더해주는 기능을 하는데 '-우'에 의한 파생은 생산성이 거의 없으며 이미 부사로 굳어져 어휘화한 것으로 보인다.

'-나/으나'는 표준어의 '-나/이나'에 해당하는 것으로 부사와 결합하여 다시 부사를 파생하는 접미사인데 부사의 의미를 강조해주는 기능을 한다. 모음으로 끝난 어기에는 '-나', 자음으로 끝난 어기에는 '-으나'가 결합된다. 표준어에서는 자음으로 끝난 어기에 '-이나'가 결합되는 것이 보통인데 이 지역어에서는 '-으나'가 결합되는 것이 특이하다.

7장에서는 어근형성접미사 '-으스르-', '-끄레-', '-으레-', '-스그레-', '-즈그레', '-음-', '-죽-', '-즉-', '-적-', '-으막-', '-음직-', '-읏-', '-각-~-걱-', '-악-~-억-', '-박-'에 의한 어근 파생에 대해 논의하였다. 이들 접미사에 의하여 형성되는 어근들은 그 자체로서 형용사어간이나 부사로 기능하는 경우는 거의 없으며 거의 모두가 접미사 '-하-'와 결합하여 다시 형용사를 파생하거나 접미사 '-거리-', '-대-'와 결합하여 다시 동사를 파생하기도 하고 부사 파생접미사 '-이'와 결합하여 부사를 파생하거나 반복형을 구성하여 부사화하기도 한다.

'-으스르-'는 표준어의 '-으스름-'에 해당하는데 '조금, 약간' 정도의 의미를 가지며 형용사어간과 결합하여 형용사어근을 만드는 접미사로서 '-으스르-'는 색채형용사와의 결합이 가장 생산적이며 단일형태소어간이나 어근, '-앟-'에 의한 형용사 파생어간과 결합한다. 표준어에서 '-앟-'에 의한 형용사 파생어간은 '-으스름-'의 어기가 될 수 없다는 제약을 갖고 있지만 이 지역어에서 '-으스르-'는 이런 제약을 갖지 않는다(빨가스르하다, 파라스르하다 …). '-으스르-'는 공간형용사와도 결합하는데 단일형태소어간이나 공간어기와 결합하는 어근형성접미사 '-작-'에 의해 파생된 어근을 어기로 한다.

'-끄레-'는 '색깔이 곱지 않고 엷음'의 의미를 가지며 주로 단일형태소 색채형용사어간과 결합하여 색채형용사어근을 형성하는데 표준어에서 '-끄레-'는 '누르다'계열의 색채형용사와만 결합할 수 있지만 이 지역어에서는 '누르다'계열의 색채형용사 외에도 '푸르다'계열의 색채형용사와도 결합할 수 있다.

'-으레-'는 형용사어간이나 복합어근에 결합하여 '정도성이 매우 약함'의 의미를 나타내는데 이 지역어에서 '-으레-'는 기본 색채형용사에 결합하거나 기본 색채형용사어간에 어근형성접미사 '-음-'이 결합되어 형성된 복합어근에 결합한다.

'-스그레-', '-즈그레-'는 색채형용사어간이나 명암형용사어근에 결합하여 '산뜻하지 않게 조금 ~'의 의미를 나타내는데 '-즈그레-'는 구개음화가 이루어지기 전 형태인 '-디그레(<-드그레)-'로 나타나기도 한다.

'-음-'은 주로 '푸르다', '누르다'계열의 색채형용사어간에 결합하여 '조금'의 의미를 더해준다.

'-으스르-', '-끄레-', '-으레-', '-스그레-', '-즈그레-', '-음-'은 모두 어기의 정도성을 약화시키는 작용을 한다.

'-죽-', '-즉-'은 표준어의 '-죽-', '-직-'에 해당하는데 단일 형태소 형용사어간과 결합하여 형용사어근을 만드는 접미사로서 주로 공간형용사를 어기로 취하며 색채형용사, 감정형용사, 미각형용사는 이들과 결합할 수 없다.

'-적-'은 단일 형태소 형용사어간이나 동사어간과 결합하여 형용사어근이나 동사어근을 만드는 접미사이다.

'-으막-'은 주로 부정적 가치를 나타내는 공간형용사어간과 결합하는데 이는 주로 긍정적 가치를 나타내는 공간형용사어간과 결합하는 '-죽-', '-즉-'과 어느 정도 상보적 관계에 있는 것으로 보여 진다.

'-죽-', '-즉-', '-적-', '-으막-'은 모두 선행하는 어기의 정도성을 좀 더 강조하는 작용을 한다.

'-음직-'은 어기의 정도성을 나타내는데 동사어간과 결합하여 형용사어근을 파생하지만 그렇게 생산적이지는 못하다.

'-읏-'은 말음이 모음인 형용사어근에 결합하여 형용사어근을 파생하는데 '상태성을 좀 더 강조'하는 기능을 한다.

'-각-~-걱-', '-악-~-억-', '-박-'은 특별한 의미를 가지지 않는 것으로 동사어간이나 [V+-음] 구성에 결합하여 어기에 명사성을 더해주는 기능을 하는 것으로 보인다. '-각-~-걱-'은 함경도 방언에서만 볼 수 있는 특이한 형태이다.

본 연구에서는 원 함북 경원 지역어를 중심으로 중국 연변지역에서 쓰이는 함북 방언의 파생어 형성 양상에 대해 살펴보았다. 그동안 표준어의 접미사에 대한 연구는 활발히 이루어져왔으나 어느 특정 방언의 접미사에 의한 파생을 본격적인 연구 대상으로 삼은 업적은 그렇게 많지 않다. 뿐만 아니라 아직 파생어 형성 연구에서는 함북 육진 방언에 대한 종합적이고 본격적인 연구가 이루어지지 않았기 때문에 본 연구는 전 함북 방언 나아가서는 한국어 방언의 형태론적 연구, 한국어의 통시적 연구에 귀중한 자료를 제공해 줄 수 있다는 점에서 중요한 의의를 가진다. 또한 파생접미사를 중심으로 한 기타 방언과의 비교 연구에도 자료를 제공해 줄 수 있다.

본 연구에서는 비교적 생산적인 접미사들을 주로 다루었으므로 미처 다루지 못한 접미사들도 있을 것이라 생각된다. 또한 접미사에 의한 파생을 연구대상으로 하였지만 이 지역어의 전반적인 파생법의 기술을 위해서는 접두사에 의한 파생에 대한 연구도 이루어져야 할 것인데 이는 앞으로의 과제로 남긴다.

참고문헌

강은국(1993), 『조선어 접미사의 통시적 연구』, 서광학술자료사.

고광주(2000), '명사+동사+접사'형 파생명사의 형성과정, 『한국어학』 12, pp.67-88.

고영근(1967), 현대국어의 선어말어미에 대한 구조적 연구, 『어학연구』 3.1, pp.51-63.

고영근(1972a), 현대국어접미사에 대한 구조적 연구(Ⅰ), 『서울대 논문집』 18, pp.71-101.

고영근(1972b), 현대국어접미사에 대한 구조적 연구(Ⅱ), 『아시아연구』 48, pp.55-80.

高永根(1973), 現代國語의 接尾辭에 대한 構造的 硏究(Ⅲ): 接尾的 派生法의 記述方法을 중심으로, 『語學硏究』 9.1, pp.64-74

고영근(1974), 『국어 접미사의 연구』, 백합출판사.

고영근(1978), 形態素의 分析限界, 『언어학』 3, pp.29-35.

고영근·남기심(1985), 『표준 국어문법론』, 탑출판사.

고영근(1989), 파생접사의 분석한계, 『語學硏究』 25.1, pp.97-110.

고영근(1989/1999), 『국어형태론연구』, 서울대학교출판부.

고영근·구본관(2008), 『우리말 문법론』, 집문당.

고창수(1992), 국어의 통사적 어형성, 『국어학』 22, pp.259-270.

곽충구(1986), 노한회화와 함북 경흥방언, 『진단학보』 62, pp.79-125.

곽충구(1987), 『노한소사전』의 국어학적 가치, 『관악어문연구』 12, pp.25-63.

곽충구(1989), 『로한ᄌᆞ뎐』의 한국어와 그 전사에 대하여, 『이화어문논집』 10, pp.125-154.

곽충구(1992), 함경도 방언 연구의 전개과정과 그 전망, 『남북한의 방언 연구-그 현황과 과제』, 경운출판사, pp.365-404.

곽충구(1992), 근대국어 시기의 방언특징과 방언분화, 『동양학』 22, pp.297-311.

곽충구(1994a),『함북 육진방언의 음운론』, 태학사.
곽충구(1994b), 강세 접미사의 방언형과 그 문법화 과정에 대하여,『선청어문』 22, pp.1-25.
곽충구(1994c), 계합체계 내에서의 단일화에 의한 어간 재구조화,『국어학연구』, 태학사.
곽충구(1997), 연변 지역의 함북 길주·명천 지역 방언에 대한 조사 연구: 어휘·문법·음운·성조 조사자료,『애산학보』 20, pp.179-274.
곽충구(1998a), 동북·서북방언,『문법연구와 자료』(이익섭 선생 회갑기념논총), 태학사, pp.985-1028.
곽충구(1998b), 동북방언,『새국어생활』 8.4, pp.75-94.
곽충구(1998c), 감각 용언 파생의 방언 분화,『진단학보』 86, pp.1-26.
곽충구(1998d), 육진방언의 어휘,『국어 어휘의 기반과 역사』, 태학사, pp.617-669.
곽충구(2000), 함북 방언의 비자동적 교체 어간과 그 단일화 방향,『21세기 국어학의 과제』, 월인, pp.1123-1166.
곽충구(2001a), 口蓋音化規則의 發生과 그 擴散,『진단학보』 92, pp.237-268.
곽충구(2001b), 동북방언,『방언학사전』, 태학사, pp.99-106.
곽충구(2003), 현대국어의 모음체계와 그 변화의 방향,『국어학』 41, pp.59-411.
곽충구(2004), 함북방언의 피·사동사,『어문학』 85, 한국어문학회, pp.1-36.
곽충구(2005), 육진방언의 음운변화: 20세기 초로부터 1세기 동안의 변화,『진단학보』 100, pp.183-219.
곽충구(2007), 방언의 사전적 수용,『국어국문학』 147, pp.193-219.
곽충구(2013), 동북방언 'X자/사/다-'류 형용사의 음운론과 형태론,『국어학』 67, pp.3-33.
구본관(1990), 경주 방언 피동형에 대한 연구, 서울대 석사학위논문.
구본관(1992), 생성문법과 국어 조어법 연구 방법론,『주시경학』 9, pp.50-77.
구본관(1993), 국어 파생접미사의 통사적 성격에 대하여,『관악어문연구』 18, pp.117-140.
구본관(1997), 의미와 통사범주를 바꾸지 않는 접미사류에 대하여,『국어학』 29, pp.113-140.
구본관(1998a),『15세기 국어 파생법에 대한 연구』, 태학사.

구본관(1998b), 단어 어기 가설과 국어 파생 규칙, 『어학연구』 34-1, pp.153-174.

구본관(1999a), 조어법 기술에 있어서의 공시론과 통시론, 제26회 국어학회 공동연구회 발표논문집, pp.2-20.

구본관(1999b), 파생접미사의 범위, 『형태론』 1.1, pp.1-23.

구본관(1999c), 축소접미사에 대한 연구, 『국어학』 34, pp.109-141.

구본관(2002a), 파생어 형성과 의미, 『국어학』 39, pp.105-135.

구본관(2002b), 형태론의 연구사, 『한국어학』 16, pp.1-48.

구본관(2009), 복합 색채어의 의미, 『국어학』 55, pp.173-282.

구현옥(1994), 함안 지역어의 파생어와 합성어에 나타난 형태 음운 변동 현상, 『국어국문학』 13, pp.123-148.

국립국어연구원(1999), 『국어의 시대별 변천 연구』 4 : 개화기 국어, 국립국어연구원.

金智弘(1986), 몇 語形成 接尾辭에 대하여, 『白鹿語文』 1, pp.55-81.

기주연(1992), 근대국어의 영접사파생에 대한 고찰, 『국어국문학』 108, pp.165-186.

기주연(1994), 『近代國語 造語論 硏究 I(파생법 편)』, 태학사.

김경란·김진형 옮김(1995), 『형태론』, 한신문화사(Katamba, F.(1993), Morphology).

김계곤(1968), 현대국어의 조어법 연구: 앞가지에 의한 파생법, 『논문집』 3, 인천교대, pp.57-89.

김계곤(1969a), 현대국어의 뒷가지 처리에 대한 관견, 『한글』 144, pp.95-139.

김계곤(1969b), 현대국어의 조어법 연구-뒷가지에 의한 파생법, 『인천교대대학논문집』 4, pp.1-63.

김계곤(1996), 『현대 국어의 조어법 연구』, 박이정.

김동소·최희수·이은규(1994), 중국 조선족 언어 연구, 『한국전통문화연구』 9, pp.155-483.

김두봉(1916), 조선말본, 『역대한국문법대계』 1-22, 박이정.

김두봉(1922), 깁더조선말본, 『역대한국문법대계』 1-23, 박이정.

김민국(2009), 접미사에 의한 공시적 단어형성 연구, 연세대학교 석사학위논문.

김병제(1959), 『조선어 방언학 개요』(상), 평양: 사회과학원출판사.

김병제(1965), 『조선어 방언학 개요』(중), 평양: 사회과학원출판사.

김병제(1975), 『조선어 방언학 개요』(하), 평양: 사회과학원출판사.

김병제(1988), 『조선언어지리학시고』, 평양: 과학백과사전종합출판사.

김석득(1963), 국어 형태구조의 연구, 『인문과학』 9, pp.55−223.

김석득(1966), 국어형태론 −형태류어의 구성요소 분석−, 『연세논총』 4.1, pp.1−46.

김석득(1971), 『국어구조론−한국어의 형태・통사구조론 연구』, 연세대학교 출판부.

김선효(2004), 어휘화한 관형사의 특성과 그 유형, 『형태론』 6.2, pp.339−354.

김성규(1987), 어휘소 설정과 음운현상, 『국어연구』 77.

김성규(1994), 중세국어 성조 변화에 대한 연구, 서울대학교 박사학위논문.

김성규(1995), ‘사ᄅᆞ다’류의 파생어, 『韓日語學論叢』(南鶴 李鍾徹先生 回甲紀念論叢), 국학자료원, pp.381−394.

김성환(2004), ‘N+N’형 합성명사의 형성과 구조, 『형태론』 6.1, pp.67−88.

김연강(1996), 16세기 국어의 파생접미법 연구, 경남대학교 석사학위논문.

김영희(1975), 한국어의 거듭상, 『한글』 156, pp.253−272.

김영황(1982), 『조선어방언학』, 평양: 김일성대학종합출판사.

김웅배(1971), 全南方言의 接尾辭에 關한 硏究, 전남대학교 석사학위논문.

김인균(2004), [N−V−이/음/기/개] 구성의 합성명사 분석, 『형태론』 6.1, pp.89−107.

김정남(2005), ‘−답다’, ‘−롭다’, ‘−스럽다’의 분포와 의미, 『한국어 의미학』 18, pp.125−148.

김정민(2001), 명사+동사+접사 복합어는 통사적 단어인가?, 『인문과학논집』 23, pp.5−18.

김정은(1995), 『국어 단어형성법 연구』, 박이정.

김정은(1999), 남북한의 단어형성법 비교 연구, 『한말연구』 5, pp.63−94.

김종록(1989), 부사형 접사 ‘−이’와 ‘−게’의 통시적 교체, 『국어교육연구』 21.

김지홍(1986), 몇 어형성 접미사에 대하여, 『백록어문』 창간호, pp.55−81.

김진해(1997), 국어 파생어의 의미형성에 대하여, 『어문논문』 25.4, pp.86−105.

김창섭(1983), ‘줄넘기’와 ‘갈림길’형 합성명사에 대하여, 『국어학』 12,

pp.73-99.
김창섭(1984), 형용사 파생 접미사들의 기능과 의미, 『진단학보』 58, pp.145-161.
김창섭(1985), 시각형용사의 어휘론, 『관악어문연구』 10, pp.149-176.
김창섭(1990), 복합어, 『국어연구 어디까지 왔나』, 동아출판사, pp.178-185.
김창섭(1992), 파생접사의 뜻풀이, 『새국어생활』 2.1, pp.72-88.
김창섭(1994), 국어의 단어형성과 단어구조, 서울대학교 박사학위논문.
김창섭(1996a), 『국어의 단어형성과 단어구조 연구』, 태학사.
김창섭(1996b), 국어 파생어의 통사론적 문제들, 『이기문교수 정년퇴임기념논총』, pp.156-181.
김창섭(1996c), 『光復50周年 國學의 成果』, 韓國精神文化硏究院 編, pp.204-229.
김창섭(2001), 한자어 형성과 고유어 문법의 제약, 『국어학』 37, pp.177-195.
김창섭(2008), 『한국어 형태론 연구』, 태학사.
김창식(1995), 현대국어의 파생과정에 있어서 음운변이, 『문학과 언어』 16, pp.25-58.
김춘자(2008), 『함경남도 삼수지역어의 음운론』, 역락.
김 현(2006), 『활용의 형태음운론적 변화』, 태학사.
김 현(2009), 'ㅕ>ㅔ'에 대한 음성학적 접근, 『改新語文硏究』 29, pp.83-91
김형규(1974), 『한국 방언 여구』, 서울대학교출판부.
김형배(1997), 국어 파생 사동사의 역사적인 변화, 『한글』 236, pp.103-136.
김희상(1927), 울이글틀, 『역대한국문법대계』 1-21, 박이정.
김태균(1982), 함북 육읍 방언 연구, 『경기어문학』 3, pp.11-27.
김태균(1983), 함북 방언 조사연구 1, 『우보 전병두박사 화갑 기념 논문집』, pp.17-35.
김태균(1986), 『咸北方言辭典』, 京畿大學校 出版局.
김태옥(2000), 북한의 단어형성법 연구: 파생법을 중심으로, 한국교원대학교 교육대학원, 석사학위논문.
남광우(1973), 『補訂 古語辭典』, 일조각.
류성기(1997), 근대국어 형태, 『국어의 시대별 변천 연구2』, 국립국어연구원, pp.55-108.
리동빈(2001), 『조선어방언학』, 역락.

민현식(1984), '-스럽다, -롭다'접미사에 대하여, 『국어학』 13, pp.97-118.
박명동(1999), 피동사의 사적 연구, 명지대학교 석사학위논문.
박진호(1994), 통사적 결합 관계와 논항구조, 서울대학교 석사학위논문.
박진호(1999), 형대론의 세사리 찾기, 『형태론』 1.2, pp.319-340.
박청희(2004), 현대국어 파생접미사 연구: 형용사 파생접미사를 중심으로, 선문대학교 석사학위논문.
박현숙(2009), 17세기 국어의 파생법 연구: 『현풍곽씨언간』을 중심으로, 단국대학교 교육대학원 석사학위논문.
방언연구회 편(2001), 『방언학사전』, 태학사.
배주채(1991), 유추 변화는 문법 변화인가?, 『주시경학보』 7, pp.137-139.
변민주(1995), 20세기초 국어의 파생어 연구: 신소설을 중심으로, 단국대학교 석사학위논문.
서정수(1975), 『동사 '하-'의 문법』, 형설출판사.
석주연(1995), 근대국어 파생형용사의 형태론적 연구, 『국어연구』 132, 서울대학교 국어연구회.
성광수(2001), 『국어의 단어형성과 의미해석』, 월인.
성기철(1969), 명사의 형태론적 구조, 『국어교육』 15. pp.65-94.
소신애(2002), 연변 훈춘지역 조선어의 진행중인 음변화 연구: 구개음화 현상을 중심으로, 서강대학교 석사학위논문.
소신애(2004), 語幹 再構造化의 진행 과정(1): 琿春地域 世代別 話者들의 활용어간의 차이를 중심으로, 『어문연구』 32.4, pp.117~139.
소신애(2005a), 어간 재구조화의 진행 과정(2): 琿春地域 世代別 話者들의 활용 어간의 차이를 중심으로, 『국어학』 45, pp.41-68.
소신애(2005b), 공시적 음운 변이와 통시적 음운변화의 상관성: 함북 육진 방언을 중심으로, 서강대학교 박사학위논문.
소신애(2007), 어기 및 접사 변화와 파생어의 재형성: 사·피동 파생어를 중심으로, 『국어학』 50, pp.3~26.
손용주(1999), 『현대 국어 색상어의 형태·의미론적 연구』, 동아문화사.
손춘섭(2003), 국어의 내적 변화 파생에 대한 연구, 『국어국문학』 133, pp.79-112.
송복승·임유나(2009), 전남 방언의 형용사 파생 접미사에 대하여, 『남도문화연구』 17, pp.137-169.

송복승・박은지(2010), 전남 방언의 부사 파생 접미사에 대하여,『남도문화연구』18, pp.109-128.

송복승・홍여진(2010), 전남 방언의 동사 파생 접미사에 대하여,『남도문화연구』19, pp.241-278.

송상조(1989), 제주도 방언의 파생 접미사 연구(Ⅱ): 사물 접미사에 대하여,『국어국문학』9, pp.375-398.

송상조(1991), 제주도 방언의 접미 파생어 연구, 동아대학교 대학원 박사학위논문.

송상조(1994), 형태소 '엉'에 대한 고찰,『탐라문화』14, pp.21-41.

송정근(2005), 미각형용사의 형태론,『형태론』7.2, pp.303-323.

송정근(2007), 현대국어 감각형용사의 형태론적 연구, 서울대학교 박사학위논문.

송원용(1998), 활용형의 단어 형성 참여 방식에 대한 연구, 서울대 석사학위논문.

송원용(1999), 시정곤(1998)의 단어 개념을 다시 생각함,『형태론』1.1, pp.143-151.

송원용(2000), 현대국어 임시어의 형태론,『형태론』2.1, pp.1-16.

송원용(2002), 형태론과 공시태·통시태,『국어국문학』131, pp.165-190.

송원용(2005),『국어의 어휘부와 단어형성』, 태학사.

송창선(2004), 현대국어 피동접미사의 특성,『국어교육연구』36, pp.129-148.

송철의(1977), 파생어 형성과 음운현상, 서울대학교 석사학위논문.

송철의(1983), 파생어 형성과 통시성의 문제,『국어학』12, pp.47-72.

송철의(1985), 파생어 형성에 있어서의 어기의 의미와 파생어의 의미,『진단학보』60, pp.193-211.

송철의(1988a), 국어의 영변화파생에 대하여,『국어국문학』99, pp.13-20

송철의(1988b), 파생어형성에 있어서의 제약현상에 대하여,『국어국문학』99, pp.309-333.

송철의(1992),『국어의 파생어형성 연구』, 태학사.

송철의(1997), 국어형태론의 연구의 성과와 과제.『동양학』27, pp.45-46.

송철의(1998), 파생어,『문법 연구와 자료』, pp.717-752.

송철의(2000), 형태론과 음운론,『국어학』35, pp.287-311.

송철의(2001), 『어휘 자료 처리를 위한 파생접사 연구』, 국립국어연구원.
송철의(2006), 국어 형태론 연구의 문제점, 『배달말』 39, pp.117-141.
송철의(2008), 국어형태론 연구의 성과와 과제, 『한국어 형태음운론적 연구』, 대학사, pp.535-560.
송철의·이남순·김창섭(1992), 『국어사전에서의 파생어 처리에 관한 연구』, 국립국어연구원.
시정곤(1991), 국어 관형구성의 형태·통사적 양면성, 『어문논집』 30.1, pp.351-362.
시정곤(1993), 국어의 단어형성 원리, 고려대학교 박사학위논문.
시정곤(1994a), 국어의 단어형성 원리, 『한글』 223, pp.49-79.
시정곤(1994b), '해돋이'와 '돈벌이'형의 단어형성', 『한국어학』 1, pp.333-363.
시정곤(1998), 『국어의 단어형성 원리』, 한국문화사.
시정곤(1999), 규칙은 과연 필요 없는가?, 『형태론』 1.1, pp.133-141.
시정곤(2006), 국어 형태론에서의 '생산성' 문제에 대한 연구, 『형태론』 8.2, pp.257-276.
시정곤(2006), 『현대국어형태론의 탐구』, 월인.
신중진(2005), 개화기 신문·잡지에 쓰인 명사 파생 접사와 파생어, 『한민족어문학』 46, pp.43~74.
심재기(1982/1987), 『국어어휘론』, 집문당.
심혜령(1997), 통사적 언어 단위에 붙는 파생 접미사에 대하여: 『국어사전』에서의 처리를 중심으로, 『사전편찬학연구』 8.1, pp.271-297.
안병희(1959/1978/1982), 『十五世紀 國語의 活用語幹에 對한 形態論的 硏究』, 탑출판사.
안병희(1965), 문법론, 『국어학 개론』, 수도출판사.
안병희(1967), 문법사, 한국어발달사(중), 『한국문화사대계』 5, 고려대 민족문화연구소.
안귀남(2009), 방언 어휘론의 현황과 과제, 『국어학』 54, pp.383-500.
안상철(1989), 사역·수동파생과정에 적용되는 몇 가지 음운규칙, 『二靜 정연찬선생회갑기념논총』, 탑출판사, pp.163-185.
안상철(1998), 『형태론』, 민음사.
안옥규(1989/1996), 『어원사전』, 한국문화사.

양정호(1991), 중세국어 파생접미사 연구, 서울대학교 석사학위논문.

연재훈(1986), 한국어 '동사성명사 합성어'의 조어법과 의미연구, 서울대학교 석사학위논문.

오선화(2010), 함북 부령지역어의 통시음운론, 서울대학교 박사학위논문.

오선화(2015), 『연변방언 연구』, 박문사.

오청진(2008), 전남 무안 지역의 색채어: 복합어를 중심으로, 『한글』 279, pp.119-152.

오청진(2012), 전남방언의 미각어, 『방언학』 15, pp.143-175.

오충연(2008), 사동파생과 상, 『한국어의미학』 25, pp.99-126.

우형식(1987), 명사화소 '-(으)ㅁ, -기'의 분포와 의미 기능, 『외국어로서의 한국어교육』12, pp.119-160.

유창돈(1978), 『어휘사연구』, 二友문화사.

유필재(2007), 후기중세국어 부사파생접미사 '-이'의 형태음운론, 『국어학』 49, pp.3-31.

윤동원(1986), 형용사 파생접미사 {-스럽-}, {-롭-), {-답-}의 연구, 『국어국문학논문집』 23.

이강로(1967), 파생접사 -지의 형태론적 연구, 『인천교육대논문집』 2, pp.1-16.

이건식(1988), 현대국어의 반복복합어 연구, 단국대학교 석사학위논문.

이경우(1981), 파생어 형성에 있어서의 의미 변화, 『국어교육』 39-40, pp.215-256.

이경우(1990), 파생법, 『국어연구 어디까지 왔나』, 서울대학교 대학원 국어연구회(편), 동아출판사, pp.195-204.

이광호(1986), 미지의 '이'를 찾아서, 『어문학논총(국민대 어문학 연구소)』 5, pp.67-83.

李光鎬(2006), 派生接尾辭의 생산성과 派生語 집합의 빈도특성, 『어문연구』 34.3, pp.219-250.

이광호(2009), 『국어 파생 접사의 생산성과 저지에 대한 계량적 연구』, 태학사.

이기갑(2003), 『국어방언문법』, 태학사.

이기갑(2005a), 전남 방언의 파생접미사(Ⅰ): 명사와 동사의 파생을 중심으로, 『언어학』 41, pp.159-193.

이기갑(2005b), 전남 방언의 파생접미사(2): 형용사와 부사의 파생을 중심으로, 『인문논총』 54, pp.197-225.

이기문(1958), 16세기 국어의 연구, 『文理論集』 4, 고려대학교, 탑출판사.

이기문(1991), 『국어 어휘사 연구』, 동아출판사.

이기문(1998/2003), 『(신정판)국어사개설』, 태학사.

이병근(1976), 파생어 형성과 i역행동화규칙들, 『진단학보』 42, pp.99-112.

이병근(1981), 유음탈락의 형태론과 음운론, 『한글』 173·174, pp.223-246.

이병근(1986), 국어사전과 파생어, 『어학연구』 22.3, pp.389-408.

이병근(2004), 『어휘사』, 태학사.

이병기(2008), 중세 국어 '강세접미사'와 '보조용언'의 상관성, 『국어학』 53, pp.87-111.

이상규(2004), 『국어방언학』, 학연사.

이상억(1970), 『국어의 사동·피동 구문 연구』, 집문당.

이상춘(1925), 조선어문법, 『역대한국문법대계』1-36, 박이정.

이순길(1991), 파생어 형성에 있어서의 의미변화: 명사류를 중심으로, 동아대학교 대학원 석사학위논문.

이숭녕(1955), 접미사 -b(p)-계의 연구, 『진단학보』 17, pp.31-102.

이숭녕(1956), 접미사 -k(g)-ŋ에 대하여, 『서울대논문집』 4, pp.79-200(이숭녕(1961)에 재수록).

이숭녕(1957a), 국어조어론시고: 특히 어간형성에서의 한 접미사의 체계수립에 대하여, 『진단학보』 18, pp.47-86.

이숭녕(1957b), 濟州道方言의 形態論的 연구, 『동방학지』 3, pp.39-193(이숭녕(1985)에 재수록).

이숭녕(1961), 『국어조어론고』, 乙酉文化社.

이숭녕(1985), 濟州道方言의 形態論的硏究, 탑출판사.

이승재(1983), 재구와 방언분화, 『국어학』 12, 국어학회.

이양혜(2000), 『국어의 파생접사화 연구』, 도서출판 박이정.

이양혜(2002), 『한국어 파생명사 사전』, 국학자료원.

이양혜(2004), 한국어 파생접사의 확대 의미 연구: 의미 유사성을 가진 접두사를 중심으로, 『한국어학』 25, pp.267-296.

이유기(2003), 18세기 경상도 어휘의 연구: 『염불보권문』을 중심으로, 『한국어문학연구』 41, pp.37-81.

이은섭(2004), 동작 동사 파생과 동작성: '-거리-, -대-, -이-'의 동작성 구명을 중심으로,『정신문화연구』27.3(통권 96호), pp.115-136.

이익섭(1965), 국어 복합명사의 IC분석,『국어국문학』30, pp.121-129, [남기심 외 공편 1975에 재수록됨.]

이익섭(1975), 국어 조어론의 몇 문제,『동양학』5, pp.1-10.

이익섭・임홍빈(1983),『국어 문법론』, 학연사.

이익섭・채 완(1999),『국어문법론강의』, 학연사.

이재인(1989), 명사 파생 절차의 통시적 기술,『배달말』14, pp.75-88.

이정훈(2006), 파생접사 '-답-'의 통시적 파생,『생성문법연구』16, pp.491-513.

이진호(2001), 국어 비모음화와 관련된 이론적 문제,『국어학』37, pp.61-84.

이춘영(2004), 함북 명천방언의 불규칙 활용 연구, 서울대학교 석사학위논문.

이춘영(2015), 연변지역어의 인칭접미사 연구,『한중인문학연구』46, pp.323-352.

이현희(1985), 'ᄒᆞ다'어사의 성격에 대하여: 누러ᄒᆞ다류와 엇더ᄒᆞ다류를 중심으로,『한신논문집』2, pp.221-248.

이현희(1986), 중세국어의 용언어간말 '-ᄒᆞ-'의 성격에 대하여,『국어학신연구』, 탑출판사, pp.367-379.

이현희(1987a), 중세국어 '둗겁-'의 형태론,『진단학보』63. pp.133-150.

이현희(1987b), 국어의 어중·어말 'ㄱ'의 성격에 대한 종합적 고찰,『한신논문집』4, pp.225-282.

이현희(1991), 국어 어휘사 연구의 흐름,『국어학연구 100년사』, 일조각, pp.529-540.

이현희(1997), 중세국어의 강세접미사에 대한 일고찰,『한국어문학논고』, 태학사, pp.707-724.

이현희(2002), 중세·근대국어 형태론의 몇 문제,『문법과 텍스트』, pp.139-155.

이현희(2006), 후기 근대국어의 파생법,『후기 근대국어 형태의 연구』, pp.159-235.

이혜현(2002), 19세기 국어 파생법에 대한 연구: 경판 방각본 고소설을 대상으로, 안동대학교 교육대학원 석사학위논문.

이호승(2001), 단어형성과정의 공시성과 통시성, 『형태론』 3.1, pp.113-119.
이호승(2004), 단어형성법의 분류기준에 대하여, 『어문학』 85, pp.85-110.
이희승(1955/1974), 『국어학개설』, 민중서관.
임싱규(1994), 어근 형성 접미사의 설정 연구, 『우리말 연구의 샘터』(연산 도수희 선생 회갑기념논총), 문경출판사, pp.446-460.
임성규(1997), 형용사 파생에 관여하는 어근 접미사 연구, 『한국언어문학』 39, pp.151-169.
임홍빈(1979), 용언의 어근분리 현상에 대하여, 『언어』 4.2, pp.55-76.
임홍빈(1989), 통사적 파생에 대하여, 『어학연구』 25.1, pp.167-190.
임홍연(2015), 함북방언의 파생접미사: 『함북방언사전』을 중심으로, 서울대학교 석사학위논문.
임지룡(1984), 공간감각어의 의미 특성, 『배달말』 9, pp.119-137.
장경준(2002), '-어 ᄒᆞ(>하)-'통합 현상과 관련된 몇 가지 문제, 『형태론』 4.2, pp.215-229.
장윤희(2001), 중세국어 '-암/엄 직ᄒᆞ-'의 문법사, 『형태론』 3.1, pp.1-21.
전광현(1976), 남원지역어의 어말U형 어휘에 대한 통시음운론적 고찰, 『국어학』 4, pp.
전광현(1988), 17세기 국어의 접미파생어에 대하여, 『동양학』18, 단국대학교 동양학연구소, pp.1-25.
전상범 역(1987), 『생성형태론』, 한신문화사.
전상범(1995), 『형태론』, 한신문화사.
전학석(1993), 『함경도방언의 음조에 대한 연구: 회령, 경성, 함주 지방말의 음조를 중심으로』, 태학사.
전학석(1996), 육진방언의 음운론적 특성:두만강 이북에 분포되어 있는 육진방언을 대상으로, 『말소리』 31-32, pp.97-122.
전학석(2005), 중국에서의 우리말 방언의 실태 및 특성, 『방언학』 2, pp.249-266.
정병곤(1999), 남북한 언어의 파생어 형성에 대한 비교 연구, 동국대학교 석사학위논문.
정성경(2012), 전남 방언의 파생접미사 '-치-'와 '-씨-'의 기능, 『방언학』 15, pp.113-142.
정성경(2013), 전남 방언의 파생 접사 연구, 목포대학교 박사학위논문.

정승철(1995), 『제주도 방언의 통시음운론』, 태학사.
정승철(1994), 제주도 방언의 파생접미사: 몇 개의 재구형을 중심으로, 『대동문화연구』 30, pp.359-374.
정승철(2007), 피동사와 피동접미사, 『진단학보』 104, pp.127-146.
정승철(2013), '고무래'의 방언 분포와 방언형의 분화, 『국어학』 67, pp.35-61.
정승철(2014), 한국 방언자료집 편찬의 역사, 『방언학』 20, pp.7-35.
정용호(1988), 『함경도 방언 연구』, 교육도서출판사.
정인승(1956), 표준고등말본, 『역대한국문법대계』 1-31, 박이정.
정인호(1999), 전남방언 색채어의 형성 과정, 『한국문화』 24, 서울대 한국문화연구소, pp.61-79.
정인호(2013), 어감 표현과 전설모음화의 한 유형, 『우리말글』 57, 대구대학교 국어국문학과, pp.55-77.
정의향(2010), 평북 철산 지역어의 접미파생법 연구, 서울대학교 박사학위논문.
정향란(2004), 중국 연변지역 한국어의 파생접미사 연구, 인하대학교 석사학위논문.
정향란(2007), 연변지역어의 인칭접미사에 대하여, 『한민족어문학』 51, pp.259-280.
조남호(1988), 현대국어의 파생접미사 연구, 서울대학교 석사학위논문.
조성금(2015), 후기 근대한국어 접미파생법 연구: 중국소설 번역필사본 자료를 중심으로, 서울대학교 박사학위논문.
조항범(1998), 동물 명칭의 어휘사, 『국어 어휘의 기반과 역사』, pp.93-210.
차준경(2011), '-이'파생 명사의 다의 형성, 『한국어 의미학』 34, pp.431-450.
주시경(1910), 국어문법, 『주시경전집』(下)所收.
주시경(1911), 조선어문법, 『주시경전집』(下)所收.
주시경(1913), 조선어문법 재판, 『주시경전집』(下)所收.
채옥자(2002), 중국 연변지역 한국어의 음운체계와 음운현상, 서울대학교 박사학위논문.
채옥자(2005), 『중국 연변지역 조선어의 음운연구』, 태학사.
채 완(1986), 『국어 어순의 연구』, 탑출판사, pp.54-58.

채현식(1999), 조어론의 규칙과 표시, 『형태론』 1.1, pp.25-42.
채현식(2000), 유추에 의한 복합명사 형성 연구, 서울대학교 박사학위논문.
채현식(2002), '고기잡이'류 복합명사의 형성 문제에 대하여, 『형태론』 4.1, pp.143-152.
채현식(2003), 대치에 의한 단어형성, 『형태론』 5.1, pp.1-21.
최명옥(1982), 『월성지역어의 음운론』, 영남대학교출판부.
최명옥(1988), 국어 UMLAUT의 연구사적 검토: 공시성과 통시성의 문제를 중심으로, 『진단학보』 65, pp.63-80.
최명옥(2000), 중국 연변지역의 한국어 연구, 『한국문화』 25, pp.17-62.
최명옥 · 곽충구 · 배주채 · 전학석(2002), 『함북 북부지역어 연구』, 태학사.
최명옥(2005), 국어방언학의 체계, 『방언학』 1, pp.35-72.
최명옥(2006a), 국어의 공시형태론: 어간과 어미의 형태소 설정을 중심으로, 『이병근선생퇴직기념국어학논총』, 태학사, pp.13-39.
최명옥(2006b), 활용어간의 공시형태론: 평북 운전지역어를 중심으로, 『김규철교수정년기념논총』, 태학사, pp.393-431.
최명옥(2008), 『표준어의 공시형태론: 경주지역어를 실례로』, 서울대학교출판부.
최전승(1979), 명사파생접미사 -i에 대한 일고찰, 『국어국문학』 79·80, pp.245-265.
최전승 역(1992), 『역사 언어학』, 한신문화사.
최학근(1991), 『국어방언연구』, 명문당.
최현배(1937/1980), 『우리말본』, 정음사.
최형용(1997), 형식명사·보조사·접미사의 상관관계, 『국어연구』 148.
최형용(2002), 어근과 어기에 대하여, 『형태론』 4.2, pp.301-318.
최형용(2003), 『국어 단어의 형태와 통사』, 태학사.
최형용(2008), 국어 동의파생어 연구, 『국어학』 52, pp.27-53.
하치근(1983), 국어 접미사 설정의 몇가지 문제, 『국어국문학』 21, 부산대학교 인문대학 국어국문학과, pp.171-183.
하치근(1983), 유추와 어휘습득, 『국어국문학』 5, 동아대학교 국어국문학과, pp.115-134.
하치근(1984), 국어 접미사의 기능 연구, 『대학원 논문집』 9, 동아대학교, pp.125-141.

하치근(1985), 국어 인칭접미사 연구, 『국어국문학』 6, 동아대학교 국어국문학과, pp.171-194.

하치근(1986), 국어 사물접미사 연구(Ⅱ), 『국어국문학』 7, 동아대학교 국어국문학과, pp.233-250.

하치근(1987), 국어 파생형태론 연구, 『언어와 언어교육』 2, pp.131-154.

하치근(1988), 국어 파생접미사의 유형 분류, 『한글』 199, pp.25-46.

하치근(1989), 국어 파생접미사 연구, 부산대학교 박사학위논문.

하치근(1989), 국어 파생접미사의 통합 양상에 관한 연구, 『언어와 언어교육』 4, pp.5-41.

하치근(1992), 파생법에서 어휘화한 단어의 처리 문제, 『우리말 연구』 2, pp.33-57.

하치근(1993), 『국어 파생형태론』(증보판), 남명문화사.

하치근(1994), '국어 통사적 접사'의 수용 범위 설정에 관한 연구, 『언어와 언어교육』 9, pp.5-36.

하치근(1996), 국어 통사적 접사의 수용 범위 설정에 관한 연구, 『한글』 231, pp.43-104.

하치근(1996), 국어 이름씨 파생접사 '-이', '-음', '-기'의 특성 연구, 『언어와 언어교육』 11, pp.5-62.

하치근(1999), '-음'접사의 본질을 찾아서, 『형태론』 1.2, pp.359-369.

하치근(2009), 『우리말의 형태와 의미』, 경진.

하치근(2010), 『우리말 파생형태론』, 경진.

한영순(1967), 『조선어방언학』, 평양: 김일성종합대학출판사.

한진건(2000), 『육진방언 연구』, 역락.

허 웅(1963), 『언어학개론』, 정음사.

허 웅(1964), 15세기 국어의 사역 피동의 접사, 『동아문화』 2, 서울대 동아문화연구소, pp.127-166.

허 웅(1966), 서기 15세기 국어를 대상으로 한 조어법 서술 방법과 몇 가지 문젯점, 『동아문화』 6, 서울대 동아문화연구소, pp.1-53.

허 웅(1975), 『우리 옛말본』, 샘문화사.

허 웅(1995), 『20세기 우리말의 형태론』, 샘문화사.

홍석준(2015), 국어 색채형용사의 어휘형태론적 연구, 서울대학교 박사학위논문.

홍종선(1998), 구조 분석에서 형성으로: 국어 형태론 연구의 성과와 과제, 『어문논집』 38.1, pp.369-399.

황대화(1986), 『동해안방언연구』, 평양: 김일성종합대학출판사.

횡대화(1998), 『조선어 동서방언 비교연구』, 한국문화사.

황대화(1999), 『조선어방언연구』, 료녕민족출판사.

황화상(2001), 국어 형태 단위의 의미와 단어 형성, 고려대학교 박사학위논문.

趙習・宣德五(1986), 朝鮮語六鎭話的 方言特點, 『民族語文』 5.

宣德五・趙習・金淳培(1990), 『朝鮮語方言調査報告』, 延邊人民出版社.

小倉進平(1917), 京元・咸鏡鐵道沿線方言, 『朝鮮教育硏究會雜誌』 20.

小倉進平(1927), 咸鏡南北道方言, 『朝鮮語』 2, 朝鮮語文硏究會, pp.1-33.

河野六郎(1945), 『朝鮮方言學試考』, 京城: 東都書籍.

Aronoff, M.(1976), *Word formation in Generative Grammar,* Linguistic in-quiry Monograph1, Cambridge: The MIT Press.

Baayen, H.(1989), A corpus-based approach to morphological productivity: statistical analysis and psycholinguistic interpretation. Ph.D.Dessertation, Free University, Amsterdam.

Bauer, L(1983), *English word-formation*, Cambridge Univ. Press.

Dwing, B. & R. Skousen(1988), "Morphology in the Mental Lexicon: a New Look at Analogy", in G. Booji & J. Van Marle(eds), *Yearbook of Morphology*, Foris Publication.

Halle, M.(1973), "Prolegomena to a theory of word-formation", *Linguistic Inquiry* 4.

Hock, H. H.(1986), *Principles of Historical Linguistics*, Mouton de Gruyter.

Kiparsky, P.(1982a), "Lexical morphology and phonology", The Linguistics Society of Korea ed., *Linguistics in the Morning Calm,* Seoul: Hanshin Publishing Co..

Kiparsky, P.(1982b), "Word-formaition and the lexicon", F. Ingemann ed., *Proceedings of the 1982 Mid-American Linguistics Conference*, University of Kansas, Lawrence.(phonology and Morphology 1, 한신문화사).

Lieber, R.(1981a), *On the Organization of the Lexicon*, Indiana University Linguistics Club.

Lieber, R.(1981b), "Morphological conversion with in a restrictive theory of the lexicon", M.Moortgat, H. V. D. Hulst and T. HoeKstra eds., *The Scope of Lexical Rules*, Foris Publications.

Ljung, M.(1977), "problems in the derivation of instrumental verbs", E. Brekle and D. Kastovsky eds., *perspektivender Wortbildungsforschung*, Bonn: Bouvier Verlag Herbert Grundmann.

Scalise, S.(1984), Generative Morphology, Foris Publications, (전상범 역 1987, 『생성형태론』, 한신문화사).

Siegel, M. E. A.(1974), *"Topics in English Morphology"*, Doctoral Dissertation: MIT.(Published New York: Garland, 1979).

찾아보기

ㅇ